国家自然科学基金面上项目“海外投资集群化、外部化与‘逆向技术溢出’效应研究——基于信息科技企业的全球价值链分析》（项目批准号：71472187）”和中南财经政法大学金融学院国际投资学术团队项目支持

投资文献述评

Literature Review Focused on Investments

主编　顾露露

编委　吴泳涛　张　昌　王栋坤　张　璐　凌　丽

WUHAN UNIVERSITY PRESS
武汉大学出版社

图书在版编目(CIP)数据

投资文献述评/顾露露主编.—武汉：武汉大学出版社,2017.11
ISBN 978-7-307-19794-7

Ⅰ.投…　Ⅱ.顾…　Ⅲ.投资—文集　Ⅳ.F830.59-53

中国版本图书馆 CIP 数据核字(2017)第 283901 号

责任编辑:陈　红　　责任校对:汪欣怡　　版式设计:汪冰滢

出版发行：**武汉大学出版社**　(430072　武昌　珞珈山)
(电子邮件：cbs22@whu.edu.cn　网址：www.wdp.com.cn)
印刷：虎彩印艺股份有限公司
开本：720×1000　1/16　印张:17.5　字数:314 千字　插页:1
版次：2017 年 11 月第 1 版　2017 年 11 月第 1 次印刷
ISBN 978-7-307-19794-7　定价:45.00 元

序

投资既包括实业投资，也包括金融投资，与人们的生活密切相关。居民、企业、政府和其他经济组织可能进行各种形式的投资。实业投资曾被萨缪尔森称为经济中发号施令的因素。居民创业，企业扩大生产规模和进行技术创新，国民经济发展都离不开实业投资。金融投资为实业投资提供资金来源，同时是各类经济主体积累金融财富、获取财产性收益和进行风险管理的重要工具。中华人民共和国成立以来特别是实行改革开放政策以来，我国经济迅速增长，取得了举世瞩目的成就，投资是重要的引擎。今天的中国已进入新时代，我国社会主要矛盾已经转化为人民日益增长的美好生活需要和不平衡不充分的发展之间的矛盾。为了全面建成小康社会，并将我国建成富强民主文明和谐美丽的社会主义现代化强国，必须保持投资适度增长，并充分发挥投资在优化资源配置中的关键性作用。我们既要立足中国当前国情，深化供给侧结构改革，调整投融资结构，促进经济结构转型升级；又要仰望星空，放眼全球，通过跨国投融资，实现企业全球化资源配置，积极参与全球化治理，发出中国声音。

投资理论的发展渊源流长。西方经济学的许多名师大家十分重视对投资问题的分析，其中不乏诺贝尔经济学奖获得者。现有研究投资问题的文献十分浩繁，既有对实业投资的研究，也有对金融投资的研究；既有对直接投资活动的研究，也有对间接投资活动的研究。由于投资产生价值增值的重要源泉来自于创新，包括技术创新和公司治理创新，对于技术创新和公司治理的研究是投资学不可或缺的一部分。另外，随着经济全球化的发展，跨国公司影响力的日益增强，投资活动的全球化趋势又衍生出基于不同制度环境、要素禀赋和跨国界资本流动的国际投融资的研究。

投资实践的发展，呼唤投资理论的创新。投资理论的创新需要从现有文献中吸取营养份；需要从现有的文献中寻找理论创新的出发点。

《投资文献述评》一书主要从国际投融资、投资与技术创新以及公司治理三个研究方向收集整理国内外顶级期刊的最新相关研究成果，对这些最新的研究成果开展广泛研读和认真梳理，选择有代表性的文献进行述评，并对相关最新前沿研究热点或方法开展探讨。

《投资文献述评》收录的42篇文献中，国际投融资相关文献述评讨论了发达经济体和包括中国在内的新兴经济体国家对外投资或境外上市对企业直接价值创造或创新的影响；讨论了这些国家的企业对外投融资的区位选择、东道国制度环境以及社会责任履行等相关影响因素；投资与技术创新相关文献述评涉及宏观产业政策、知识产权保护政策和力度、技术多元化、企业高管、员工待遇及氛围等宏微观因素对企业技术创新的影响，也探讨了风险投资，特别是公司创业投资（CVC）对于公司IPO定价、企业生产效率、技术创新以及价值创造的作用；公司治理部分文献述评则讨论了产权性质、股权结构、高管薪酬、政治联系、董事会结构、企业社会责任投资等公司治理微观层面因素对企业价值创造和技术创新等的影响。

每一个投资学领域研究学者的生涯开始并持续于文献阅读。阅读最新或经典的文献是站在巨人的肩膀上看世界。对于现有文献的学习和梳理是开展创新性研究的基础。《投资文献述评》能让读者在最短的时间内熟悉、了解国际投融资、投资与技术创新以及公司治理三个方向的全球最新研究进展，是一本不可多得的好书，特此推荐。

中南财经政法大学　张中华

2017年10月于湖北武汉

前　　言

《投资文献述评》是一本投资专业教研类图书。本书共分两个部分。第一部分收录了42篇有关国际投融资、投资与技术创新、公司治理三个研究领域的经典文献研读笔记，针对每篇入选经典文献从问题导入、研究设计、主要结论、主要贡献以及前沿跟踪几个方面进行述评。本书可以帮助从事本领域研究的高校教师和博硕士研究生在相对较短的时间内了解和掌握本领域的主要经典文献；本书第二部分是一篇对美国东部顶级高校的调研报告。该报告从校园文化和主流价值观、本科教学课程设置、博硕士研究生培养等方面向读者汇报了作者通过20多天的实地考察和访谈之后，对于美国高等教育的一些理解和思考，同时也有针对性地对准备申请美国博硕士研究生的读者提供了一些相关信息和建议。

从科研的角度来看，对相关领域经典文献持续跟进研读是一项长期而不可或缺的工作。文献积累的数量和质量会正向影响我们的选题、研究设计和论文、课题的研究和写作。本书第一部分的文献述评写作历时一年多。从三个领域文献的挑选、论文的现场学习和讨论、述评行文框架的确定、每篇述评具体内容的写作、修改，到最后统稿成书饱含各位述评执笔人的辛勤劳动！正是大家的严谨求实、团队协作的工作态度才保证了这本高质量的文献述评作品的出世！本书第二部分的调研报告对于有意出国留学的博硕士研究生也提供了最新的相关信息和参考建议。

本书适用于从事投资相关专业领域研究学习的高校教师和博硕士研究生，也对需要通过较短时间熟悉了解本领域理论前沿的政策制定者和实务工作者具有较高的参考价值。感谢中南财经政法大学和金融学院相关领导和前辈的悉心指导，从而坚定了编者一鼓作气完成本书的信心！感谢清华大学杨国华教授对本书提出的宝贵意见和建议！感谢同事和亲朋好友在本书的撰写过程中所给予的鼓励和帮助！本书受国家自然科学基金面上项目《海外投资集群化、外部化与“逆向技术溢出”效应研究——基于信息科技企业的全球价值链分析》（项目批准号：71472187）和中南财经政法大学金融学院国际投资学术团队项目支持，特此致谢！

最后，受个人能力和学术水平的限制，书中的错误和遗漏在所难免，还请读者多加批评指正！

中南财经政法大学　顾露露

2017 年 10 月于湖北武汉

目　　录

国际投融资

述评:《对外直接投资逆向技术溢出的地区差异和门槛效应》 …………………… 3
述评:《双边投资协定、制度环境和企业对外直接投资区位选择》 ………… 7
述评:《中国企业走出去的制度障碍研究——以海外收购为例》 ………… 11
述评:《中国企业对外直接投资是否促进了企业创新》 ………………………… 15
述评:《境外上市、投资者监督与盈余质量》 ………………………………… 19
述评:《中国工业企业对外直接投资与企业生产率进步》 …………………… 25
述评:《双边政治关系、东道国制度环境与对外直接投资》 ……………… 33
述评:*Location and the Multinational Enterprise: A Neglected Factor* ………… 41
述评:*Cross-listing and Corporate Social Responsibility* ……………………… 45
述评:*Innovation Efficiency, Global Diversification, and Firm Value* ………… 50
述评:*The Performance of MNE Subsidiaries in China: Does It Matter to Be Close to the Political or Business Hub* ………………………………… 55
述评:*Firm-Level Determinants of Political CSR in Emerging Economies: Evidence from India* ……………………………………………………… 60

投资与技术创新

述评:《创业投资的治理作用——基于高管薪酬契约设计视角的实证研究》 ………………………………………………………………… 67
述评:《谁在利用政府补贴进行创新?——所有制和要素市场扭曲的联合调节效应》 ……………………………………………………… 72
述评:*CVC, Value Creation, and Innovation* ……………………………………… 81
述评:*CVC Portfolios and Firm Innovation* ……………………………………… 87
述评:*The Relationship Between Portfolio Diversification and Firm Value: The Evidence From Corporate Venture Capital Activity* ………………… 94

述评：*Are Employee-Friendly Workplaces Conducive to Innovation* …………… 102
述评：*Technological Diversification Through Corporate Venture Capital Investments：Creating Various Options to Strengthen Dynamic Capabilities* ………………………………………………… 109
述评：《知识产权保护执法力度、技术创新与企业绩效》 ………………… 115
述评：《风险投资与企业创新：影响和潜在机制》 ………………………… 122
述评：《创业投资促进了创新绩效吗？——基于中国企业面板数据的实证检验》 ……………………………………………………… 128
述评：《公司创业投资究竟怎样影响创业企业的 IPO 抑价——来自深圳创业板市场的证据》 ………………………………… 134
述评：《风险投资与企业生产效率：助力还是阻力》 ……………………… 140
述评：《实质性创新还是策略性创新？——宏观产业政策对微观企业创新的影响》 ………………………………………………… 146

公司治理

述评：《公司治理与技术创新：分行业比较》 ……………………………… 155
述评：《社会情感财富抑制了中国家族企业的创新收入吗》 ……………… 160
述评：《创业企业知识异质性与公司投资者知识创造》 …………………… 165
述评：《股权制衡、董事长任期与投资挤占研究》 ………………………… 171
述评：《创业投资管理对企业绩效表现的影响》 …………………………… 176
述评：《家族涉入、政治联系与制度环境——以中国民营企业为例》 …… 181
述评：《公司创业投资支持企业控制权配置实证研究》 …………………… 186
述评：《实际控制人直接持股可以提升公司价值吗》 ……………………… 192
述评：《控制权转让、产权性质与公司绩效》 ……………………………… 199
述评：*In the Name of Charity：Political Connections and Strategic Corporate Social Responsibility in a Transition Economy* ……………… 206
述评：*China's Secondary Privatization：Perspectives from the Split-Share Structure Reform* ……………………………………………… 212
述评：*Costs and Benefits of Friendly Boards During Mergers and Acquisitions* …………………………………………………………… 219
述评：《业绩考核制度可以促进央企创新吗》 ……………………………… 224
述评：《民营化企业的股权结构与企业创新》 ……………………………… 231

述评：*Does Transfer of Control Rights and Private Benefits of Control Increase Efficiency? Evidence from China's Privatization of the SOE's* …………… 237
述评：家族企业 CEO 更换过程中的利他主义行为 ……………………………… 242
述评：家族控制、风险投资和企业 R&D 投资 ………………………………… 247

调研访谈

拜访美国东部著名高校二十日调研报告………………………………………… 257
附录一　美国高校研究生申请……………………………………………………… 266
附录二　美国东部名校参访纪实…………………………………………………… 270

国际投融资

述评：《对外直接投资逆向技术溢出的地区差异和门槛效应》

论文原作者：李梅　柳士昌

期刊：《管理世界》2012 年第 1 期

【原文摘要】

本文利用 2003—2009 年中国省际面板数据，采用广义矩估计方法实证检验了对外直接投资的逆向技术溢出效应。研究结果表明，对外直接投资的逆向技术溢出存在明显的地区差异，积极的逆向溢出效应发生在发达的东部地区。在此基础上，本文利用门槛回归模型进一步检验了影响对外投资对全要素生产率和纯粹技术进步逆向溢出的各吸收能力因素的门槛特征，并从 R&D 强度、人力资本、经济发展、技术差距、金融发展和对外开放程度 6 个方面测算了引发积极逆向技术溢出效应的门槛水平。

【问题导入】

本文通过梳理文献，发现不同国家 OFDI 对其全要素生产率的影响存在差异，OFDI 逆向溢出效应所呈现的这种国别差异和 FDI 的溢出效应甚为相似。现有 FDI 溢出效应的相关研究表明，当东道国本身的经济发展达到一定水平之后，才可能对跨国公司所带来的先进技术进行有效的学习吸收和模仿。因此，本文认为，类似 FDI，OFDI 对母国的逆向溢出效应应该也具有“门槛效应”的特点：只有当影响 OFDI 逆向溢出效应的诸多因素超越了“门槛”水平，OFDI 才能促进母国的生产率提升。

【研究设计】

本文研究设计分为两个部分：

一、研究对外直接投资逆向技术溢出效应的地区差异

本文基于 C-H 模型，引入对外直接投资溢出作为渠道，构建国际 R&D 溢

出模型。另外基于以构建的国际 R&D 溢出模型分别构造相对技术进步变化（TC）与相对技术效率变化（EC）计量方程。全要素生产率的分解采用基于 DEA 方法的 Malmquist 生产率指数。

二、分析吸收能力与对外直接投资逆向技术溢出的门槛特征

本文以 Hansen（1999）的面板数据门槛模型为基础构建模型；分别检验了 R&D 强度、人力资本、经济发展、技术差距、金融发展和对外开放程度 6 个方面对吸收能力的影响。

三、数据情况

本文的主要分析数据来自《中国统计年鉴》、《国际统计年鉴》和 *OECD Factbook* 等。由于我国对外直接投资统计始于 2003 年，本文的样本期确定为 2003—2009 年。样本包括全国 29 个省、自治区和直辖市（不含港澳台数据），其中重庆的数据合并到四川省进行分析，西藏由于对外投资太少予以剔除。

【主要结论】

（1）对外直接投资在中国省份的逆向技术溢出存在明显的区域差异。对外直接投资仅对东部地区的全要素生产率、技术进步和技术效率产生了显著正的逆向溢出，广大中西部地区并未能从对外投资中获得正面效应。

（2）地区的 R&D 强度、人力资本等吸收能力对逆向溢出有显著的影响。当这些指标达到或超过门槛值时，对外投资的逆向技术溢出效应会出现显著提升，即对外投资对技术进步的逆向溢出表现出明显的门槛特征。

【主要贡献】

本文最主要的贡献是运用门槛回归模型检验对外投资对全要素生产率和纯粹技术进步的逆向溢出中各吸收能力的门槛特征，即当各吸收能力变量在门槛值之上时，对外直接投资逆向技术溢出效应显著为正；在门槛值之下，对外投资对纯粹技术进步的逆向溢出效应不显著或为负。

【前沿跟踪】

2014 年以来，关于对外直接投资逆向技术溢出门槛效应的相关研究主要从技术、制度、人力资本、信息化以及宏观经济等侧重点展开。

技术方面：尹建华，周鑫悦（2014）[1]认为技术差距对逆向技术溢出的影响存在两个门槛值；积极的逆向技术溢出效应主要存在于高技术差距区域，而中技术差距区域的技术溢出效应为负。李群峰（2015）[2]认为技术差距与

OFDI 逆向技术溢出存在双门槛效应；在双门槛决定的最佳技术差距区间内，相关地区的企业对先进技术吸收能力最强，OFDI 带来的逆向国际技术溢出效果最优。朱陈松，张晓花等（2015）[3]认为在企业研发强度达到某一门槛值后，能够实现逆向技术溢出效应；在未达到该门槛值之前，会出现无法实现逆向技术溢出效应的瓶颈阶段。

制度方面：夏京文，李景清（2014）[4]认为以对外直接投资为传导机制的国际技术溢出存在基于市场化水平的门槛效应，当地区的市场化程度跨越一定的门槛水平时，对外直接投资才能显著促进全要素生产率的增长。衣长军，李赛等（2015）[5]认为制度环境和吸收能力是新兴经济体能否获取 OFDI 逆向技术溢出效应的重要因素，且存在非线性门槛效应。

人力资本方面：罗丽英，郑兴（2015）[6]认为人力资本低于门槛值时，行业对外直接投资会对国内技术进步产生负面影响；而人力资本高于门槛值时，行业对外直接投资对国内技术进步会有积极影响。不同要素密集度行业对外直接投资逆向技术溢出的门槛效应存在显著差异。

信息化方面：徐德英，韩伯棠（2015）[7]认为技术获取型 ODI 逆向溢出对中国技术进步存在基于信息化发展水平的门槛效应；随着各国信息化水平的不断提升，技术获取型 ODI 逆向溢出对技术进步呈现逐渐减弱的抑制趋势。

宏观经济方面：卢汉林，冯倩倩（2016）[8]认为我国 OFDI 的逆向技术溢出效应不受经济自由度的影响，创新能力和金融发展水平均存在门槛效应，当其跨越门槛值时，OFDI 的逆向技术溢出效应显著增加。

【参考文献】

[1] 尹建华，周鑫悦．中国对外直接投资逆向技术溢出效应经验研究——基于技术差距门槛视角［J］．科研管理，2014（3）：131-9.

[2] 李群峰．OFDI 逆向技术溢出的最佳技术差距区间研究——基于面板门槛模型方法［J］．科技管理研究，2015（17）：202-5+16.

[3] 朱陈松，张晓花，朱昌平，等．对外直接投资逆向技术溢出与企业研发强度：基于门槛效应的研究［J］．科技进步与对策，2015（15）：75-80.

[4] 夏京文，李景清．经济市场化对中国对外直接投资逆向技术溢出的影响——基于中国省际面板数据的门槛回归分析［J］．技术经济，2014（9）：17-24+118.

[5] 衣长军，李赛，张吉鹏．制度环境、吸收能力与新兴经济体 OFDI 逆向技术溢出效应——基于中国省际面板数据的门槛检验［J］．财经研究，2015

（11）：4-19.
［6］罗丽英，郑兴．人力资本与不同要素密集度行业的OFDI逆向技术溢出门槛效应——基于19个行业2004—2013年面板数据［J］．现代财经（天津财经大学学报），2015（12）：16-28.
［7］徐德英，韩伯棠．信息化对ODI逆向技术溢出的门槛效应——基于20个国家或地区的面板实证［J］．北京理工大学学报（社会科学版），2015（6）：66-73.
［8］卢汉林，冯倩倩．我国OFDI逆向技术溢出效应的研究——基于省际面板数据的门槛回归分析［J］．科技管理研究，2016（4）：218-223.

（作者：吴泳涛）

述评：《双边投资协定、制度环境和企业对外直接投资区位选择》

论文原作者：宗芳宇　路江涌　武常岐

期刊：《经济研究》2012 年第 5 期

【原文摘要】

双边投资协定是两国政府为了促进和保护双边投资签署的协议。作为特定的联系两国的双边制度因素，双边投资协定给企业提供了不同于国家制度环境的保护，因而对企业的投资区位决策产生影响。本文建立了关于双边投资协定、东道国制度环境与母国制度对发展中国家企业对外投资区位选择作用的研究框架。基于中国上市公司 2003 年至 2009 年对外直接投资的数据，本文有三点发现：首先，双边投资协定能够促进企业到签约国投资；其次，双边投资协定能够替补东道国制度的缺位，对于促进企业到制度环境较差的签约国投资的作用更大；最后，双边投资协定还能够弥补母国制度支持的不均衡性，对于帮助非国有企业到签约国投资有着显著的积极作用。

【问题导入】

随着发展中国家 OFDI 的快速发展和发展中国家签订的 BIT 对于各项内容的日趋完善，发展中国家签订的 BIT 不仅能吸引外资，而且还能促进本国企业到签约国投资，因而对企业的投资区位决策的影响越来越大。而本文通过梳理文献发现：(1) 现有的国际商务领域相关文献主要关注东道国或母国的单方面因素以及两国的距离因素对企业投资区位选择的影响，系统研究母国和东道国之间特有的“双边联系因素”作用的文献还不多；(2) 政治经济学领域从国家层面研究发现 BIT 能帮助发展中国家吸引外资，但很少探讨 BIT 对发展中国家企业对外投资（OFDI）的作用。因此，这篇文章结合国际商务领域的企业对外直接投资理论和政治经济学关于 BIT 的研究，以我国企业对外直接投资为研究背景，探讨作为“双边联系因素”的 BIT 在发展中国家企业 OFDI 区位选择中的影响。

【研究设计】

本文研究设计分为两个部分：

一、理论分析 BIT 对我国企业对外投资区位选择的影响机制

BIT 作为东道国政府对签约国投资的承诺，从企业进入后的待遇、资产收益汇出、免于被征收和国有化以及损失赔偿等方面，提供了对投资每一环节的保护，能够有效保护跨国公司投入东道国的各种资产和收益，从而降低企业投资的风险和成本，因而能够促使企业到签约国进行投资。

结合发展中国家企业对外投资的现实情况和文献，本文认为 BIT 作为促进投资的特殊机制，其作用能否发挥主要取决于 BIT 与东道国制度能够提供的投资保护之间的差距。东道国制度环境越差，与 BIT 能够提供的投资保护差距越大，BIT 的作用越能凸显，替代东道国制度的缺位，从而吸引签约国企业来投资，因而 BIT 对制度环境较差的东道国的 FDI 投资的促进作用更大。

非国有企业到 BIT 签约东道国投资能够获得优惠政策和有效的产权保护，弥补母国制度支持的不足。而国有企业受到的母国制度支持较多，区位选择的约束相对较小，因此 BIT 提供的投资保护作用较不敏感。

二、实证检验 BIT 对我国企业对外投资区位的影响

本文首先采用 Logit 模型，做了年份和企业双向固定效应全样本回归。接着按照制度环境质量分组，将观测样本分为制度质量高于中国和低于中国两组分别进行回归，验证 BIT 和东道国制度质量的交互作用。最后作者将观测样本根据企业的所有权类型分为国有企业和非国有企业两组进行回归检验。

三、数据情况

本文的样本包括中国沪深两地股市 2003 年至 2009 年期间持续存在并新建海外子公司的 105 家上市公司。在此基础上去掉了三类企业：（1）股票代码虽然持续存在但实际上已发生重大变更的企业；（2）仅向避税地投资的企业，并在东道国集合中删除了避税地国家；（3）金融类企业。最后样本包括 92 家上市公司在 60 个国家新建的 283 家海外子公司的企业—年份—东道国区位三维组合共 7724 条企业—年份—区位的观测值。

【主要结论】

在样本中去除美国和加拿大这两个未与中国签订 BIT 的主要投资国的数据之后，全文的三个假设都得到了支持，即企业倾向于到与母国签订 BIT 的东

道国投资；BIT 对于引导企业到制度环境较差的签约国投资更有作用；BIT 能够弥补母国制度支持的不足，对于促进非国有企业到签约国投资更有作用。

【主要贡献】

这篇文章结合国际商务和政治经济学研究检验了母国和东道国之间的双边联系因素对于促进企业到签约国投资的作用，完善了国际商务研究中企业对外直接投资区位影响因素的理论框架。而且，本文研究了 BIT 对于发展中国家企业对外投资的作用，挖掘和探讨了 BIT 对于企业对外投资区位选择决策的机制和作用，弥补了已有政治经济学对 BIT 的研究中主要将发展中国家作为 FDI 流入对象的不足。最后文章发现，BIT 对帮助企业到制度环境较差的东道国投资作用更大，这与基于发达国家企业的研究中两者作用互补的研究结果相反，进一步证明研究发展中国家企业的对外投资具有重要的理论意义。

【前沿跟踪】

关于发展中国家 OFDI 区位选择的研究目前主要集中于从制度距离角度探讨。而双边投资协定给企业提供了不同于国家制度环境的保护，从双边投资协定视角解释对外投资区位也成为另一有力视角。

基于制度距离视角的研究：谢孟军（2015）[1]构造政治制度距离、经济制度距离和法律制度距离，运用引力模型实证得出制度距离与对外直接投资呈负相关。Han, J. 等（2014）[2]通过实证也得出制度距离会抑制中国 OFDI 的流出。李平（2014）[3]运用引力模型实证得出制度距离会抑制中国 OFDI 的流出，双边投资协定的签订减少了中国企业走出去的障碍，并且双边投资协定对制度距离的抑制具有显著的反向调节作用。

基于双边投资协定视角的研究：陈继勇，计飞（2015）[4]以美国上市公司为研究对象，发现美国企业对发达国家的直接投资中，双边投资协定和国家的制度环境存在着互补关系，对发展中国家和转轨经济体的直接投资中则没有发现类似现象。但以中国为研究对象的研究却表明 BIT 能够促进中国进行 OFDI，并且对发展中国家的促进作用较为明显，对发达国的促进作用不显著（许小平等，2016）[5]。杨宏恩等（2016）[6]通过构建中国 BIT 指数以体现 BIT 异质性，通过实证分析也表明发达国家制度环境相对完善，双边投资协定发挥作用的空间较小，而发展中国家制度环境较差，双边投资协定可以很好弥补东道国的制度缺陷，在很大程度上发挥保护进而激励外资企业投资的作用。邓新明，许洋（2015）[7]运用门槛回归模型也发现 BIT 对我国向制度环境较差的东道国进行投资的促进作用更明显，双边投资协定和东道国制度环境二者之间存在替代关系。

【参考文献】

[1] 谢孟军．出口抑或对外投资——基于制度距离的视角［J］．国际商务（对外经济贸易大学学报），2015（6）：114-124.

[2] Han, J., Chu, X. Y. and Li, K.. China's ODI Motivations, Political Risk, Institutional Distance and Location Choice [J]. Theoretical Economics Letters, 2014 (4): 540-547.

[3] 李平，孟寒，黎艳．双边投资协定对中国对外直接投资的实证分析——基于制度距离的视角［J］．世界经济研究，2014（12）：53-58.

[4] 陈继勇，计飞．双边投资协定、制度支持与对外直接投资新动向——基于美国上市企业的面板数据分析［J］．经济管理，2015（8）：1-11.

[5] 许小平，陆靖，李江．签订双边投资协定对中国 OFDI 的影响——基于"一带一路"沿线国家的实证研究［J］．工业技术经济，2016（5）：60-64.

[6] 杨宏恩，孟庆强，王晶，李浩．双边投资协定对中国对外直接投资的影响：基于投资协定异质性的视角［J］．管理世界，2016（4）：24-36.

[7] 邓新明，许洋．双边投资协定对中国对外直接投资的影响——基于制度环境门槛效应的分析［J］．世界经济研究，2015（3）：47-55+128.

（作者：平淑娟）

述评：《中国企业走出去的制度障碍研究——以海外收购为例》

论文原作者：张建红　周朝鸿

期刊：《经济研究》2010 年第 6 期

【原文摘要】

本文以海外收购为例，对制度因素在中国企业走出去过程中的作用进行理论探索和实证研究。总体结果表明，制度因素不仅有可能会直接影响企业国际化战略的顺利实施，而且会对影响企业国际化战略实施的其他因素产生显著的调节作用，从而间接地影响企业国际化的成效。对海外收购的实证研究的结果从三个方面证实了这一点：第一，东道国制度质量对中国企业海外收购的成功概率没有直接显著的影响，但东道国的制度质量对影响海外收购成功的其他因素——产业保护和收购经验有明显的负的调节作用；第二，收购企业的国有制形式对收购的完成有显著的负面影响，这一负面影响在市场化和民主化程度高的东道国更加突出；第三，东道国产业保护对中国企业海外收购的完成有负面影响，这一负面影响对国有收购者更加突出。本文的研究有助于我们深化对制度作用的认识，同时对于企业国际化战略的制定和实施有指导意义。

【问题导入】

随着中国及其他发展中国家国际化进程的加快，越来越多的学者开始认识到发达国家与发展中国家企业的国际化存在着很大的不同，有必要从发展中国家企业视角开展新的企业国际化问题研究。对此制度经济学的发展为我们提供了一个新的分析框架。新制度经济学认为制度研究是认识跨国企业行为的重要基础，越来越多的学者认为制度差异是认识发展中国家企业在国际化过程中行为差异的一个关键。然而现有文献对于制度因素如何影响企业的国际化行为还没有进行充分的研究。这篇文章的作者以此为切入点，研究制度因素如何直接和间接地影响中国企业“走出去”战略的顺利实施。

【研究设计】

本文的研究设计分为两个部分：

一、理论探索制度因素在中国企业走出去过程中的作用

对于跨国经营的企业来说，制度的因素来自两个方面。一方面是母国的制度，如 Buckley 等（2007）[1]在研究中国的对外直接投资时，明确提出企业对外投资的动机和能力决定于母国的各种制度因素；另一方面是东道国的制度，因为东道国的正式与非正式的规则能够决定跨国企业的行为和规范能否得到当地认可，并且影响母公司战略在子公司的实施效果。基于这一思想，一些学者认为东道国与母国在制度方面的差异决定跨国公司的进入选择及跨国经营的成败。本文从战略三支柱理论框架出发，以制度观为中心，结合资源观和产业观，从东道国的制度质量、产业保护、国际化经验等方面对中国企业海外收购成败的制度因素进行分析。

二、实证研究制度因素在中国企业走出去过程中的作用

本文采用 Logit 模型对制度因素对海外收购成败的直接影响进行参数估计。主要解释变量有东道国制度质量、民主与市场程度、是否资源类企业、是否国有企业、海外并购经验等。作者同时使用了交互项检验制度因素对影响企业国际化战略实施的其他因素的调节作用。

三、数据来源

本文采用的样本来自汤姆森金融数据库的全部中国企业海外收购的案例，共计 1306 起，样本的时间跨度是 1982 年 1 月到 2009 年 3 月，涉及的目标国有 89 个。为了保证数据的可靠性，本文还利用 Lexis-Nexis 新闻资料库对样本数据进行校对。实证检验中所用的微观层面和交易层面的数据主要是来自汤姆森金融数据库，宏观数据主要来自 PRS，IMF，GLOBE Project 等。

【主要结论】

直接作用：国有企业以及投资东道国对资源产业的保护因素显著不利于海外收购的成功，中国企业海外收购经验对海外收购的成功有显著的正面影响。

调节作用：虽然东道国的制度质量对于海外收购成败的直接影响不显著，但是东道国制度质量和产业保护的交互项对海外收购成败有显著的正调节作

用，东道国制度质量与中国企业海外并购经验对海外收购成败有负的调节作用，但这一调节作用对于制度质量高的国家不显著。东道国的民主与市场化的程度对收购企业的国有制有负调节作用，但这一调节作用只是在民主与市场化程度较高的情况下显著。当收购者为国有企业时，对资源类目标公司的收购成功率会显著低于对非资源类目标公司的成功率。

【主要贡献】

与之前学者的实证研究一致，本文的实证结果也表明东道国的制度质量对海外收购的直接影响不十分显著。但是，仅通过直接影响来判断制度的影响是不够的，本文的研究结果表明制度因素可以通过影响其他自变量与因变量的关系而间接地产生作用，例如制度质量越高的国家对资源的保护程度越高，因而资源型收购相对于其他类型的收购的成功率更低。这是本文对前人研究的一个拓展。

【前沿跟踪】

从东道国的制度质量角度研究海外并购成败的文章不多。胡彦宇和吴之雄（2011）[2]利用新制度经济学的主要思想，研究东道国的制度质量对海外收购成败的影响，得到东道国制度质量对企业的海外并购无显著的直接影响，而会通过正式性和非正式性制度要素的调节作用产生间接影响的结论。作者认为其原因是中国企业对东道国的法律法规和当地政府的执行准则不够了解，较高的制度质量并无助于明显降低交易成本，提高并购成功率。全诗凡，罗宏翔和姜建刚（2016）[3]研究了东道国的制度质量与我国企业海外并购的股权水平之间的关系，实证结果表明：东道国较低的制度质量并没有显著降低或提高我国企业的并购股权水平（并购股权水平用股权交易比例来度量。数值越大，表明我国企业海外并购的股权水平越高），而东道国与我国相同的法律起源成为我国企业提高并购股权水平的有力保障。

【参考文献】

[1] Buckley et. al., The Determinants of Chinese Outward Foreign Direct Investment. Journal of International Business Studies, 2007, 38 (4): 499-518.

[2] 胡彦宇，吴之雄．中国企业海外并购影响因素研究——基于新制度经济学视角的经验分析［J］．财经研究，2011（8）：91-102.
[3] 全诗凡，罗宏翔，姜建刚．经济风险、制度结构与海外并购股权选择［J］．经济问题探索，2016（7）：62-71.

（作者：王栋坤）

述评：《中国企业对外直接投资是否促进了企业创新》

论文原作者：毛其淋　许家云

期刊：《世界经济》2014 年第 8 期

【原文摘要】

本文利用 2004—2009 年企业层面微观数据，采用倾向得分匹配方法全面系统地评估了对外直接投资（OFDI）对中国企业创新的影响。研究结果显示：OFDI 与企业创新之间存在显著的因果效应，OFDI 对企业创新的促进作用具有持续性，并逐年递增；我们依据三种标准对 OFDI 进行分类，发现不同类型 OFDI 对企业创新的影响存在显著差异；我们还特别关注了 OFDI 对企业创新持续期的影响，发现 OFDI 在总体上显著延长了企业创新的持续期，但不同类型 OFDI 对企业创新持续期的影响存在差异。本研究为客观评估中国企业 OFDI 的成效提供了一个微观层面的经验数据，同时也为进一步实施“走出去”战略提供了有益的政策启示。

【问题导入】

自 2001 年“走出去”战略实施以来，我国对外投资规模提升显著，特别是我国科技企业对外投资规模呈现快速增长势头。如 2014 年 7 月 21 日，华为联合有关公司向英国物联网芯片设计公司 XMOS 投资 2600 万美元；2014 年 1 月到 2016 年 6 月，阿里巴巴在海外投资了 15 宗绿地项目，主要投资于美国；数字营销公司艾维邑动和软件公司金山软件也在走向海外。那么，我国企业对外直接投资的成效如何？企业通过对外直接投资是否提升了自身的创新能力？

【研究设计】

本文用分层递进的方法对 OFDI 与企业创新的正向因果关系进行验证。

一、初步判断 OFDI 与企业创新之间的关系

文章首先采用 probit 方法和泊松虚拟极大似然法，将企业创新密集度作为被解释变量，企业是否进行 OFDI 作为哑变量并加入其他控制变量，初步考察了 OFDI 对企业创新决策与企业创新密集度的正向关系。

二、采用 PSM 匹配方法解决模型估计偏差问题

1. OFDI 与企业创新之间的因果关系研究

其基本思想是构建一个与 OFDI 企业在对外直接投资之前主要特征尽可能相似的非 OFDI 企业，将其分为除了在 OFDI 上不同，其他条件都相似的两组企业，从而来构建“反事实”的对照组，用匹配后的样本来研究对外直接投资与企业创新之间的因果关系。

PSM 模型构建方法：本文将企业对外直接投资决策的概率作为 PSM 方法的匹配值，将影响企业 OFDI 的因素与企业对外直接投资决策的解释因素进行回归，得到相应的概率分值。然后，采用核匹配方法对两组企业进行相应的匹配。最后，根据所得到的匹配样本进行标准倾向得分匹配估计和倍差法倾向得分匹配估计，结果表明 OFDI 对企业创新具有即期的正向因果效应。

2. OFDI 对企业创新的持续性效应研究

本部分同样使用 PSM 方法匹配后样本来研究 OFDI 对企业创新的持续性效应，而在被解释变量和数据选取上相较于上一部分做出了改变。本部分利用企业新产品的销售数据来刻画企业的创新活动，并且以企业对外投资年度作为基期，考察企业对外投资后的 2～4 年内企业创新的动态变化过程，结果发现 OFDI 对企业创新密集度的正向影响程度随着企业对外直接投资年限的延长而增强。

3. 不同类型 OFDI 对企业创新影响的差异性研究

使用年数据将企业 OFDI 按照东道国收入水平、境外投资企业数量和企业经营范围进行划分，考察不同类型 OFDI 在企业对外投资年限延长的各期之内对企业创新的影响差异。

三、数据选取

本文研究所用的样本数据主要有两个来源，其一是国家统计局的《中国工业企业数据库》，选取时间跨度为 2004—2009 年。由于其中包含企业“研发支出”的指标统计年份仅为 2005—2007，本文将数据选取限制在了这 3 年内。另外，为了补足企业对外投资信息，文章采用了商务部的《境外投资企业（机构）名录》的信息数据进行综合分析。

【主要结论】

（1）企业对外直接投资显著促进了企业的创新活动，且这种积极作用具有持续性，影响程度逐年递增。

（2）不同类型 OFDI 对企业创新活动的影响存在差异：向高收入国家进行 OFDI 比向低收入国投资更能促进企业创新活动；短期，单分支机构 OFDI 对企业创新正向影响大于多分支机构 OFDI，长期，则相反；多样化 OFDI 和研发加工型 OFDI 对企业创新影响程度最大，其次是贸易销售型，非经营型 OFDI 基本不对企业创新活动产生影响。

【主要贡献】

（1）本文利用《中国工业企业数据库》和《境外投资企业（机构）名录》的合并数据，首次从微观层面全面系统地评估了对外直接投资对中国制造企业创新的因果效应。

（2）研究方法上，本文采用倾向得分匹配方法估计了 OFDI 对企业创新的因果效应，采用生存分析模型首次考察了 OFDI 对企业创新持续期的影响，进而拓宽了有关 OFDI 与企业创新关系的研究视角。

【前沿跟踪】

关于中国对外直接投资对产业升级和技术创新的影响研究可以分为宏观层面 OFDI 对产业结构、技术进步等的影响以及企业微观层面对企业生产率效应、学习效应等影响的研究。

产业结构：陈琳等（2015）[1]研究发现对外直接投资显著地促进了各地区的产业结构优化，对 2003—2012 年第二产业和第三产业内部各细分行业进行研究发现，对外直接投资并没有促进第二产业和第三产业内的生产率提升，即对外投资的产业内升级效应尚未显现。欧阳艳艳等（2016）[2]认为产业结构变化具有时间滞后性，其中产业技术高度化指标具有显著正空间依赖性。现阶段对外直接投资主要通过转移边际产业来促进经济“服务化”。李东坤等（2016）[3]使用空间杜宾模型估计表明，本地 OFDI 的发展不仅可以提升本地产业结构合理化水平，还将通过空间溢出显著推进周边尤其是邻接省份产业结构合理化水平的提升，且这种溢出效应在东部地区更为显著并随时间的推进日益增强。

技术学习与进步方面：霍忻等（2016）[4]探究显示，中国对外直接投资能够产生明显的逆向技术溢出效果，但影响效果不及外商投资、进口贸易和国内研发；逆向技术溢出作用程度受到国内研发强度、人力资本、知识产权保护程度以及技术差距等因素显著影响。李杏等（2016）[5]的研究结果表明，对外直接投资的逆向技术溢出存在明显的行业差异性。

企业微观层面：戴翔（2016）[6]认为企业“走出去”开展对外直接投资对生产率提升的促进具有滞后作用，但作用不大；生产率提升的促进作用主要体现在“走出去”的民营企业上，国有企业“走出去”的事后生产率提升效应不明显；高技术密集型企业“走出去”的生产率提升绩效要优于低技术密集型企业；“走出去”到其他发展中国家开展对外直接投资对生产率促进作用要优于到发达国家开展的对外投资。齐亚伟（2016）[7]认为我国企业对外直接投资的“学习效应”是存在的，并随着对外直接投资活动的持续，对外直接投资对生产率的提升效应越来越明显；相对于无研发投入的企业，持续研发企业对外直接投资的“学习效应”更加明显；企业投资区位选择为发达国家时，获取逆向技术溢出效应的可能性更大。

【参考文献】

[1] 陈琳，朱明瑞．对外直接投资对中国产业结构升级的实证研究：基于产业间和产业内升级的检验［J］．当代经济科学，2015（6）：116-121+126.

[2] 欧阳艳艳，刘丽，陈艳伊．中国对外直接投资的产业效应研究［J］．产业经济评论，2016（1）：9-19.

[3] 李东坤，邓敏．中国省际 OFDI、空间溢出与产业结构升级——基于空间面板杜宾模型的实证分析［J］．国际贸易问题，2016（1）：121-133.

[4] 霍忻，刘宏．中国对外直接投资的逆向技术溢出效应［J］．首都经济贸易大学学报，2016（2）：3-10.

[5] 李杏，钟亮．对外直接投资的逆向技术溢出效应研究——基于中国行业异质性的门槛回归分析［J］．山西财经大学学报，2016（11）：1-12.

[6] 戴翔．“走出去”促进我国本土企业生产率提升了吗？［J］．世界经济研究，2016（2）：78-89+136-137.

[7] 齐亚伟．研发创新背景下中国企业对外直接投资的学习效应研究［J］．国际贸易问题，2016（2）：111-121.

（作者：张璐）

述评：《境外上市、投资者监督与盈余质量》

论文原作者：沈红波　廖冠民　廖理

期刊：《世界经济》2009 年第 3 期

【原文摘要】

本文依据中国境内存在主要针对境外投资者的 B 股市场这一制度特征来考察境外上市如何改善公司盈余质量，以推断境外上市发挥捆绑效应的具体作用机制。我们选择 1998—2004 年中国资本市场中 AH 股、AB 股以及配对的 A 股公司为研究样本，检验发现，AH 股和 AB 股公司按国内会计准则所报告盈余的质量都高于 A 股公司，但 AH 股和 AB 股公司的盈余质量并不存在显著差异。检验结果表明，中国公司境外上市具有捆绑效应。鉴于 AB 股与 A 股公司的主要差异及 AB 股与 AH 股公司的共同之处都在于投资者群体，因此可以推断境外上市具有捆绑效应的主要作用机制是投资者监督。本文的结论支持市场约束带来的声誉捆绑比法律捆绑更为有效的观点。

【问题导入】

早在 1998 年不少学者就提出了捆绑理论，认为通过到境外更为发达的资本市场上市，将公司置于一个投资者保护更完善、法律监管更为严格的环境下，能够改善公司的治理水平，提升公司的价值。（Fuerst，1998[1]；Stulz，1999[2]；Coffee，2002[3]）。

依据捆绑理论，公司赴境外上市之后必须接受更加严格的法律监管，面对具有更高信息质量要求的公众投资者及财务分析师等市场力量的约束，从而改善公司的盈余质量。中国的特殊制度环境为研究该问题提供了机会：大量境内企业赴证券市场更为发达的香港公开发行 H 股；为了吸引境外资金，中国政府还在境内专门设立了针对境外投资者的 B 股市场。通过比较同时发行 A 股和 H 股的 AH 股公司、同时发行 A 股和 B 股的 AB 股公司以及 A 股公司三者之间的盈余质量差异，可以探究境外上市发挥捆绑作用的具体机制。

【研究设计】

一、理论分析境外上市捆绑效应的机制

公司通过境外上市置身于更为严格的法律监管与市场约束环境中，可以发挥捆绑作用，其机制主要有两类：法律捆绑和声誉捆绑。法律捆绑源于境外更加严格的法律监管；声誉捆绑则源于投资者、财务分析师等市场因素的约束。根据捆绑理论，境外上市有助于压缩公司盈余管理的空间，增大对盈余管理的惩罚力度，降低盈余管理的激励，从而最终减少盈余管理行为。

如果捆绑效应确实存在，内地公司赴香港上市将在法律监管与市场约束两方面同时得到改进。AB 股公司与 A 股公司都处于境内，除披露标准之外，二者受到的法律监管约束比较接近；如果捆绑理论成立，它们的盈余质量都要弱于还受到香港相关法规制约的 AH 股公司。在市场环境方面，AB 股公司的主要投资者是境外的投资机构，在境内资本市场，其受财务分析师等中介的约束更弱，其市场约束强于 A 股公司，但又弱于 AH 股公司。

二、实证检验捆绑效应是否存在及其内在机制

本文采用应计利润分离、收益平滑和线下项目三类方法度量公司的盈余管理程度。应计利润分离指标采用修正的 Jones 模型度量盈余管理程度。收益平滑指标采用经营活动应计利润和经营活动现金流量的 Pearson 相关系数来计量收益平滑程度。线下项目的度量方法为（投资收益+营业外收入-营业外支出）/公司上期期末总资产。

1. 单变量分析

本文通过检验 A 股、AB 股、AH 股三者之间盈余管理程度的差异对捆绑效应进行初步推断。从应计利润分离指标来看，AH 股公司和 AB 股公司的非正常应计利润都低于 A 股公司，表明 AH 股公司和 AB 股公司的盈余管理程度显著低于 A 股公司。这暗示内地公司赴香港上市存在捆绑效应。但是，AH 股公司和 AB 股公司之间的盈余管理程度没有显著差异。这说明在控制投资者监督的影响之后，境外上市不再具有明显的捆绑效应，即境外上市的捆绑效应可能是源于境外更有效的投资者监督所致。采用盈余平滑指标度量，可以得到完全相同的结论。从线下项目来看，AH 股公司的盈余管理程度显著低于 A 股公司，支持境外上市存在捆绑效应的推断。但是，AB 股公司的盈余管理程度显著低于 A 股及 AH 股公司，这似乎与前述结论矛盾。本文进一步通过多元回归分析发现以线下项目度量盈余管理程度时，境外上市的影响不显著。

2. 多元回归分析

本文以盈余管理程度为因变量，将公司是否同时发行 A 股和 H 股或 A 股和 B 股设定为虚拟变量，建立境外上市对盈余管理的影响模型。本文同时使用混合回归和随机效应面板模型。

从混合回归结果来看应计利润分离指标与收益平滑指标的回归结果一致。AH 股公司的盈余管理程度显著低于 A 股公司，表明公司赴香港上市具有捆绑效应。AB 股公司的盈余管理也显著低于 A 股公司。在法律监管方面，排除会计准则的影响之后，AB 股公司与 A 股公司非常接近。在市场约束方面，AB 股公司与 A 股公司所面对的主要差异在于投资者群体不同，这导致了投资者监督效应的差异。由此可以认为，AB 股公司与 A 股公司之间盈余管理程度的差异主要源于 AB 股公司受到更有效的投资者监督。F 检验表明，AH 股与 AB 股之间系数差异不显著。这说明 AH 股公司面对的更加严格的法律监管、财务分析师等中介力量的约束并没有起到捆绑作用，否则，AH 股公司的盈余管理程度应该低于 AB 股公司。从面板模型的估计结果来看，得到了与混合回归模型完全一致的结论。

3. 稳健性测试

（1）内生性问题处理。盈余管理程度较低的公司可能因为更低的上市成本而倾向于选择赴境外上市。为了处理该内生性问题，本文采用 Heckman 两阶段模型进行估计。结果显示，考虑内生性问题的影响后并没有改变前文的检验结果。

（2）其他稳健性测试。本文对 Jones 模型的计量方法、2001 年允许境内投资者进入 B 股市场的影响以及采取 1 配 3 的配对样本，进行稳健性测试，可以得到与前述基本相同的结论。这说明回归结果是稳健的。

三、数据来源与样本选择

本文使用的财务与治理数据来自 WIND 资讯和 CCER 数据库。上市公司的行业划分依据中国证券监督管理委员会 2001 年颁布的《上市公司行业分类指引》，其中制造业由于公司数量众多，取前两位代码分类，其他行业取第一位代码分类。本文选择的境外上市公司为 1998—2004 年所有同时在内地和香港发行 A 股和 H 股的非金融业公司。为了控制投资者监督效应的影响，本文还考察了同时发行 A 股和 B 股的上市公司。本文采用配对方法确定控制样本。在样本期间的每一年度，对每家 AH 和 AB 股公司分别选择一家仅在境内上市的 A 股公司作为配对公司，其中配对的标准主要有两条：一是行业相同；二是资产规模接近。最终本文的有效观测值为 1475 个。

【主要结论】

本文通过分析发现，AH 股和 AB 股公司按国内会计准则所报告盈余的质量都高于 A 股公司，但 AH 股和 AB 股公司的盈余质量并不存在显著差异。该结果表明内地公司赴香港上市具有捆绑效应，可以改善其按内地会计准则所报告盈余的质量，但这主要是境外上市使公司接受了更有效的投资者监督所致。也就是说，境外上市具有捆绑效应的主要作用机制是投资者监督。本文未能提供源于境外上市的法律监管加强有助于改善公司盈余质量的证据，即市场约束导致的声誉捆绑比法律捆绑更为有效。

【主要贡献】

本文的主要贡献是通过对比盈余管理程度，考察了境外上市是否以及如何改善公司盈余质量，捆绑效应的有效性，境外上市发挥捆绑效应的具体作用机制；从已有的经验证据中推断境外上市具有捆绑效应的主要作用机制是投资者监督。

【前沿跟踪】

近期交叉上市捆绑效应的研究主要集中在捆绑效应是否存在、约束机制以及对公司治理的影响。

捆绑效应是否存在：吴杰，李向阳（2015）[4]基于主成分分析法构造的上市公司治理指数，实证分析了我国境外上市公司的治理水平，结果发现境外上市公司的治理水平低于境内上市公司，即境内上市公司的投资者利益保护程度要优于境外上市公司，“绑定理论”对我国境外上市公司无效。孔宁宁，秦蕊（2015）[5]以内地赴香港上市的民营企业为样本，基于 IPO 效应和捆绑效应视角，实证考察境外上市对民营企业绩效的影响。研究结果表明，内地民营企业赴香港上市存在显著的 IPO 效应，但未显现出捆绑效应。贾巧玉，周嘉南（2016）[6]认为交叉上市企业倾向于减少应计盈余管理，但其真实盈余管理水平显著高于纯发行 A 股的上市企业；发行 A+H 股的上市企业应计盈余管理和真实盈余管理水平均与发行 A+B 股的上市企业无显著差异；发行 A+H+N 股的上市企业其应计盈余管理水平与发行 A+H 股、A+B 股的上市企业无显著差异，但其真实盈余管理水平显著低于这两种上市企业。覃家琦，邵新建（2016）[7]考察了 H+A 交叉上市公司是因为绑定了香港交易所的更严格的法律与监管制度而具有更高的投资效率与市场价值，还是因为受到更多的政府干预而具有相反的表现。结果支持政府干预假说：H+A 公司具有更低的静态与动态投资效率以及更低的市场价值。董秀良，张婷，孙佳辉（2016）[8]认为尽管从横向对比上看，交叉上市公司的信息披露质量优于非交叉上市的纯 A 股公司，但这主要是自选择问题造成的，而非交叉上市所引起的改善。

约束机制：侯晓红，魏文静（2016）[9]认为机构投资者持股对公司费用黏性具有显著的增强作用，而在交叉上市的公司中，由于受到严格的外部监管环境的约束，机构投资者对费用黏性的增强作用消失。

对公司治理的影响：程子健，张俊瑞（2015）[10]基于捆绑效应的视角，实证检验了在不同市场交叉上市与企业现金股利政策间的关系。结果表明：我国交叉上市公司分配的现金股利更少，表现为与非交叉上市公司相比，A+B 股与 A+H 股交叉上市公司的股利发放水平更低；而与其他 A+H 股交叉上市公司相比，A+H+N 股交叉上市公司也倾向于发放更少的现金股利。

总之，目前对于捆绑效应约束机制的研究都集中于探讨交叉上市的法律约束效应。而对交叉上市声誉约束的讨论最近才逐渐引起关注，鲜有学者将法律约束和声誉约束结合起来进行探讨。但以法律约束和声誉约束作为二分法将交叉上市约束效应进行细分，对声誉约束的研究已经引起研究者的充分重视。因此非常有必要研究声誉约束的有效性以及声誉约束对海外公司（特别是来自新兴市场的公司，如中国）交叉上市效果、风险的影响，并在此基础上为证券监管机构加强市场监管，交叉上市公司做好上市风险防范提供政策建议[11]。

【参考文献】

[1] Fuerst O. A Theoretical Analysis of the Investor Protection Regulations Argument for Global Listing of Stocks [J]. SSRN Electronic Journal, 1998, September, 10.

[2] Stulz R. M. Globalization of Equity Markets and the Cost of Capital [J]. Nber Working Papers, 1999, 12 (7021): 30-38.

[3] Coffee J. C. Racing towards the Top?: The Impact of Cross-Listings and Stock Market Competition on International Corporate Governance [J]. Columbia Law Review, 2002, 102 (7): 1757-831.

[4] 吴杰，李向阳．境外上市能改善公司治理水平吗？——基于中国境外上市公司的经验证据 [J]．商业研究，2015 (4): 100-105.

[5] 孔宁宁，秦蕊．民营企业境外上市与业绩变动研究——基于内地赴香港上市民营企业的经验证据 [J]．国际商务（对外经济贸易大学学报），2015 (4): 53-61.

[6] 贾巧玉，周嘉南．交叉上市企业应计盈余管理和真实盈余管理研究［J］．管理科学，2016（3）：97-111.
[7] 覃家琦，邵新建．中国交叉上市公司的投资效率与市场价值——绑定假说还是政府干预假说？［J］．经济学（季刊），2016，15（3）：1137-1176.
[8] 董秀良，张婷，孙佳辉．中国企业跨境交叉上市改善了公司治理水平吗？——基于分析师预测准确度的实证检验［J］．中国软科学，2016（9）：99-111.
[9] 侯晓红，魏文静．交叉上市、机构投资者异质性与费用黏性［J］．现代财经（天津财经大学学报），2016（8）：45-55.
[10] 程子健，张俊瑞．交叉上市、股权性质与企业现金股利政策——基于倾向得分匹配法（PSM）的分析［J］．会计研究，2015（7）：34-41+96.
[11] 徐建，李维安．交叉上市约束效应研究述评与未来展望——基于法律约束和声誉约束视角［J］．外国经济与管理，2014（4）：3-14.

（作者：吴泳涛）

述评：《中国工业企业对外直接投资与企业生产率进步》

论文原作者：蒋冠宏　蒋殿春
期刊：《世界经济》2014 年第 9 期

【原文摘要】

针对企业对外直接投资是否提升了企业生产率问题，我们利用数据匹配法为 2004—2006 年 761 家对外直接投资的工业企业找到可供比较的对照组，运用倍差法检验了企业对外直接投资的“生产率效应”。通过检验我们有如下发现：（1）企业对外直接投资显著提升了企业生产率，但提升作用随着时间推移逐渐降低；（2）企业的技术研发型外向投资不一定显著提升企业生产率；（3）东道国发展水平的差异对企业生产率的提升有较大影响。最后我们还计算了以对外直接投资企业为实验组的平均处理效应，结论仍然稳健。

【问题导入】

随着经济发展，中国对外直接投资问题备受关注。近年来中国不仅是吸收外商直接投资的大国，也是全球主要的资本输出国。已有文献虽然研究了国家或企业对外直接投资行为的“逆向技术溢出”或“逆向知识溢出”效应，但是并没有就企业对外直接投资的“生产率效应”给予直接回答。因此，企业对外直接投资后对企业生产率有何影响值得深入研究。特别是在中国企业大规模“走出去”背景下，企业对外直接投资是否提升了企业生产率和市场竞争力？对上述问题给予明确回答不仅是理论界亟待解决的问题，也能够更好引导中国企业对外直接投资。

【研究设计】

由于企业对外直接投资存在“自选择问题”，对外直接投资企业在投资之前就比非对外投资企业的生产率高。所以，如果将对外直接投资的企业与非对外直接投资企业进行比较，所得到的结论无疑是不可信的。因此本文采用数据匹配方法选择与对外直接投资企业最有可比性的企业作为对照组。然后，利用倍差法检验了企业对外直接投资对企业生产率的提升作用。此外基于稳健性考虑，本文也计算了以对外直接投资企业为实验组的“平均处理效应”。

一、模型设定

基于倍差法思想，本文将对外直接投资的企业视为实验组，将从未对外直接投资的企业视为对照组。同时本文也构造了两个二元虚拟变量 du 和 dt。du 表示企业是否对外直接投资，如果 $du=1$ 表示企业对外直接投资，如果 $du=0$ 表示企业从未对外直接投资。dt 为时间二元虚拟变量，如果 $dt=1$ 表示企业对外直接投资后的时期，如果 $dt=0$ 表示企业对外直接投资前的时期。令 tfp_{it} 表示 i 企业在时期 t 的生产率，Δtfp_i 表示 i 企业对外直接投资前后的生产率变化。若企业对外直接投资则将其两个时期的生产率变化记为 Δtfp_{i1}；若企业从未对外直接投资则将其两个时期的生产率变化记为 Δtfp_{i0}。因此，企业对外直接投资后对企业生产率的实际影响为：

$$\delta=E(\delta_i \mid du_i=1)=E(\Delta tfp_{1i} \mid du_i=1)-E(\Delta tfp_{0i} \mid du_i=1) \quad (1)$$

（1）式中 $E(\Delta tfp_i^0 \mid du_i=1)$ 事实上是不可观察的。因为企业对外直接投资后其非对外投资时的状态其实已经不可观测。在此，我们利用匹配的方法为对外直接投资企业找到了最相近的从未有过对外直接投资的企业。我们可以用从未对外直接投资企业的生产率变化代替对外直接投资企业的生产率变化，即 $E(\Delta tfp_i^0 \mid du_i=1)=E(\Delta tfp_i^0 \mid du_i=0)$。那么(1)式可转化为：

$$\delta=E(\delta_i \mid du_i=1)=E(\Delta tfp_i^1 \mid du_i=1)-E(\Delta tfp_i^0 \mid du_i=0) \quad (2)$$

然后依据倍差法将对外直接投资的企业视为实验组，从未对外直接投资的企业视为对照组，比较实验组企业和对照组企业在对外直接投资前后生产率的变化。如果实验组企业在对外直接投资后的生产率增加显著高于对照组企业，那么我们就有理由认为企业的对外直接投资促进了生产率提升。具体的检验模型如下：

$$tfp_{it}=\alpha_0+\alpha_1 du+\alpha_2 dt+\delta du\times dt+\xi_{it} \quad (3)$$

上式中 du 和 dt 的含义与前文一致，i 和 t 分别表示企业和时间；tfp_{it} 和 ξ_{it} 分别表示企业的生产率和模型误差项，且 $E(\xi_{it})=0$。（3）式中实验组企业在对外直接投资前后的生产率分别为 $\alpha_0+\alpha_1$ 和 $\alpha_0+\alpha_1+\alpha_2+\delta$，因此实验组企业的生产率变化为 $E(\Delta tfp_i^1 \mid du_i=1)=\alpha_2+\delta$。相对应对照组企业在对外直接投资前后的生产率分别为 α_0 和 $\alpha_0+\alpha_2$。因此对照组企业的生产率变化为 $E(\Delta tfp_i^0 \mid du_i=0)=\alpha_2$。根据（2）式可知：

$$\delta=E(\Delta tfp_i^1 \mid du_i=1)-E(\Delta tfp_i^0 \mid du_i=0)=\alpha_2+\delta-\alpha_2=\delta \quad (4)$$

由（4）式可知检验模型（3）的交互项（$du\times dt$）系数 δ 为企业对外直接投资后对其生产率变化的实际影响。如果显著为正则表示企业对外直接投资前后实验组企业的生产率增加大于对照组企业。这表明企业对外直接投资系统性增加了企业生产率，从而说明对外直接投资促进了企业生产率提升。基于稳健性考虑，本文还在式中加入其他控制变量和固定效应。

二、经验检验和结果分析

1. 马氏距离匹配

本文运用马氏距离匹配法进行匹配，马氏距离匹配的原理如下：对于实验组个体 $p\in(d_{pt}=1)$ 和对照组个体 $q\in(d_{qt}=0)$，d 为二值变量或表示个体是否属于特定组别，用 D_{pq} 表示实验组个体和对照组个体之间的马氏距离，其计算公式如下：

$$D_{pq}=(U_p-U_q)^T C^{-1}(U_p-U_q) \quad (5)$$

其中，Up 和 Uq 分别表示实验组和对照组的匹配变量的向量，C 为匹配变量的协方差矩阵。通过 D_{pq} 计算其最小值对应的对照组个体 q 就是与实验组 p 个体最接近的对照组个体。因此对照组个体就是匹配实验寻找的对象。具体而言如果满足如下条件：

$$D_{pq}=\min\{(U_p-U_q)^T C^{-1}(U_p-U_q)\};p\in d_{pt},q\in d_{qt} \quad (6)$$

则对照组个体 q 就是马氏距离匹配的最优值。当然，根据需要也可以选择匹配比例（$1:n$）表示想要匹配的对数。

2. 初始检验

基于 DID 方法和匹配的样本数据，本文对（3）式进行了初始检验。本文核心检验变量是交互项（$du\times dt$），结果显示（$du\times dt$）的系数显著为正，加入控制变量后，系数和显著性仍然稳健。这表明企业对外投资后的生产率增加显著大于非对外投资企业，从而证明企业对外直接投资显著提升了企业生产率。本文逐步控制了年份、地区和行业差异对企业生产率的影响，从检验结果看，（$du\times dt$）的系数也显著为正。这再次表明企业对外直接投资显著促进了企业生产率提升，说明中国企业的对外直接投资存在“生产率效应”。

3. 滞后效应检验

企业对外直接投资的“生产率效应”可能存在滞后作用。为检验这种猜测，本文进行了滞后效应检验。结果显示从核心变量（$du\times dt$）系数来看，投资 1 年后的系数都显著为正，说明企业对外直接投资存在“生产率效应”的滞后作用。比较企业对外直接投资的滞后效应，本文发现：第一，与投资 1 年后比较，投资2年后的系数增大；第二，与投资1年和2年后比较，投资3年后的系数下降，且不再显著。上述结果表明：企业对外直接投资的“生产率效应”存在先上升的过程且呈现滞后的动态趋势。

4. 对投资动机的检验

由于不同动机的投资与东道国要素联系的紧密程度有差异，这可能对企业投资的“生产率效应”产生一定影响。本文按照企业对外投资的动机进行了分类检验。结果显示：商贸服务和当地生产类对外投资显著促进了企业生产率的提升，且当地生产型投资对企业的生产率促进作用更加明显；技术研发和资源开发型投资对企业的生产率促进作用不确定。

接下来本文检验不同投资动机的“生产率效应”是否有滞后作用。结果显示：商贸服务型投资对企业生产率的提升逐年递减；在投资后1~2年内当地生产类投资的生产率提升作用是上升的，但第三年不再显著；技术研发类投资和资源开发类投资的系数在投资1~2年后都不显著。

5. 对投资东道国的检验

影响企业对外直接投资“生产率效应”的因素中，投资东道国是一个很重要的因素。投资高收入国家的企业更有可能接触到当今世界最先进的技术和管理经验，因而“生产率效应”可能更加明显。检验结果显示，（$du \times dt$）的系数都显著为正，说明企业不管投资高收入国家还是中低收入国家都存在“生产率效应”。但是从系数大小来看，投资中低收入国家的“生产率效应”更大。商贸服务和技术研发类投资的“生产率效应”衰减较快。因此总体来看投资高收入国家的“生产率效应”未必比投资中低收入国家大。企业投资中国香港以外地区显著促进了企业生产率提升。企业只在中国香港或传统避税港投资对企业的生产率提升作用不明显。总之企业对外投资的目的国对企业生产率的提升有重要影响。

接下来本文检验投资不同东道国的“生产率效应”是否存在滞后作用。结果显示，中国企业投资高收入国家1~2年后显著存在“生产率效应”，投资中低收入国家（$du \times dt$）的系数的显著性变化趋势和高收入国家一致。这说明其“生产率效应”的滞后作用与投资高收入国家一致。只有中国香港地区和避税港的样本回归后（$du \times dt$）的系数不显著说明企业投资中国香港地区和传统避税港并没有显著促进企业生产率提升。

总之，通过东道国的滞后效应检验本文认为，企业投资不同东道国的“生产率效应”存在滞后现象，但是投资不同东道国表现出较大差异。

三、稳健性检验

本文采用倾向得分匹配法重新匹配样本对上述结果进行稳健性检验。检验结果与前述结果有所差异，具体表现在：第一技术研发类投资和资源开发类投资的企业“生产率效应”不再显著；第二在中国香港地区投资的企业生产率效应变得显著。其他检验结果基本一致。

总之，通过偏向得分匹配获得对外直接投资企业的对照组企业后，检验结果基本与上节检验结论一致。这说明本文结论是稳健的。

四、数据来源

本文企业数据来自商务部统计的中国对外直接投资企业与中国工业企业统计数据库。实验组企业来自商务部统计数据库，对照组企业来自中国工业企业统计数据库。具体方法为，首先根据商务部统计的对外直接投资企业名称与中国工业企业统计数据库进行匹配，进而找到对外投资企业的财务数据。商务部统计的数据库公布了海外投资的母公司名称、海外投资分支机构名称、海外分支机构的主要工作性质、投资东道国、母公司所属省份及分支机构设立时间。因此可根据上述信息，与中国工业企业统计数据库进行匹配，完善对外投资企业的数据。本文处理组样本时间段为2004—2006年开始对外直接投资的企业，经过与中国工业企业数据匹配，获得970家对外直接投资的中国企业数据，进一步剔除在此期间连续进行对外直接投资的企业，样本只选择首次对外直接投资的企业；剔除了对外直接投资后没有形成两年以上时间序列数据的企业。因此本文最终获得761家对外直接投资企业。对照组数据来自中国工业企业统计数据库（2005—2007年），经过数据整理获得了21678家企业的面板数据。

【主要结论】

第一，中国企业对外直接投资显著提高了企业生产率说明企业对外投资的“生产率效应”显著存在。但是，随着时间推移，“生产率效应”对企业生产率的提升作用递减。

第二，技术研发类投资和资源开发类投资不一定提升企业生产率，特别是技术研发类投资并不一定促进企业生产率提升。这与鼓励中国企业“走出去”的“美好愿望”相违背。

第三，不同东道国对中国企业对外直接投资的“生产率效应”有不同程度影响。具体而言：与投资高收入国家相比投资中低收入国家的企业生产率效应更大；与投资中国香港地区相比，投资其他地区或国家的企业生产率效应更大。

总之，本文的研究结果说明中国企业的对外直接投资总体上促进了企业生产率提升。

【主要贡献】

本研究主要有以下贡献：首先，证明了中国企业的对外直接投资总体上促进了企业生产率提升，存在“生产率效应”。就企业对外直接投资的“生产率效应”给予了直接回答。其次，本文较为全面地分析了影响“生产率效应”的各种因素及其内在机制，不仅具有理论价值也能够更好引导中国企业“走出去”。

【前沿跟踪】

随着数据可得性的提高，学者们越来越多地从微观层面分析对外直接投资的“生产率效应”。已有研究重点回答了“生产率效应”是否存在以及影响“生产率效应”发挥的因素。

一、“生产率效应”是否存在

韩剑（2015）[1]采用中国企业微观层面数据进行实证检验后发现，目前中国企业对外投资实际上偏重成本导向，对外投资并不像出口一样存在着“生产率悖论”，其生产率要显著高于无对外投资企业。实证检验还进一步证实了垂直型比水平型对外投资有着更低的生产率门槛。严兵，张禹，李雪飞（2016）[2]基于江苏省2003—2007年企业层面的微观数据，实证研究了江苏省企业“走出去”的事后“生产率效应”。结果表明：OFDI存在“生产率效应”，但不同特征的企业“生产率效应”存在差异。戴翔（2016）[3]利用中国企业层面的微观数据，实证研究了我国企业“走出去”开展对外直接投资的事后生产率效应。王怡，谢雪玉（2015）[4]用《中国工业企业数据库》和《境外投资企业（机构）名录》合并而成的浙江省制造业2000—2007年企业层面的数据，实证分析了中国对美国直接投资与企业生产率的关系。

总的来看，以上研究证实了“生产率效应”存在，但不同类型的对外直接投资“生产率效应”的大小及持续时期存在差异。

二、影响“生产率效应”发挥的因素

李蕾，赵忠秀（2015）[5]选取1999—2010年沪深证券交易所上市的对外直接投资企业为研究样本进行研究。实证结果发现，对外直接投资企业的资本劳动比、员工受教育程度、企业运营成本、行业内竞争程度、市场占有率对其生产率有正向影响；企业规模、国家所有权水平对其生产率有负向影响。同时本文还发现，投资到发达国家反而会使母国企业生产率降低，企业经营成本越高其生产率也越高等现象。袁东，李霖洁，余淼杰（2015）[6]基于2002—2008年我国制造业企业数据和对外直接投资的数据，考察了母公司特征和子公司进入策略在其中的作用。袁其刚，樊娜娜（2016）[7]检验了2005—2011年对外直接投资对企业生产率的影响，并研究了初始投资目的地以及再次投资目的地的差异影响。齐亚伟（2016）[8]基于中国工业企业微观数据，采用倾向得分匹配方法检验2005—2007年我国企业对外直接投资的学习效应，并探讨了企业研发投入及投资区位对学习效应的影响。叶娇，赵云鹏（2016）[9]从企业微观层面的角度出发，利用2005—2007年《中国工业企业数据库》与《境外投资企业（机构）名录》合并的综合数据库，考察了OFDI对中国企业技术水平的影响。宋跃刚，吴耀国（2016）[10]基于1999—2007年《中国工业企业数据库》与《境外投资企业（机构）名录》的匹配数据，利用OP方法核算了工业企业的全要素生产率（TFP），运用固定效应模型和空间面板计量方法，实证研究了母国制度环境、对外直接投资对中国企业和省域TFP的影响。

总的来看，企业异质性受到了学者们的重点关注，企业的个体特征对"生产率效应"有重要影响。同时，对外直接投资的项目特征，如东道国、投资动机等，对"生产率效应"也有重要影响。但学者们得出的结果存在争议，例如一些学者研究认为投资高收入国家对"生产率效应"有正向影响，一些学者认为投资高收入国家对"生产率效应"有负向影响。

【参考文献】

[1] 韩剑．垂直型和水平型对外直接投资的生产率门槛——基于中国企业层面微观数据的研究［J］．中国经济问题，2015（3）：38-50.

[2] 严兵，张禹，李雪飞．中国企业对外直接投资的生产率效应——基于江苏省企业数据的检验［J］．南开经济研究，2016（4）：85-98.

[3] 戴翔．"走出去"促进我国本土企业生产率提升了吗？［J］．世界经济研究，2016（2）：78-89.

[4] 王怡，谢雪玉．中国对美国直接投资与企业生产率关系研究——基于浙江省制造业企业层面数据的实证分析［J］．宏观经济研究，2015（8）：151-9.

[5] 李蕾，赵忠秀．中国对外直接投资企业生产率影响因素研究［J］．国际贸易问题，2015（6）：114-24.

[6] 袁东，李霖洁，余淼杰．外向型对外直接投资与母公司生产率——对母公司特征和子公司进入策略的考察［J］．南开经济研究，2015（3）：38-58.

[7] 袁其刚，樊娜娜．企业对外直接投资目的地选择的生产率效应［J］．中南财经政法大学学报，2016（1）：123-31.
[8] 齐亚伟．研发创新背景下中国企业对外直接投资的学习效应研究［J］．国际贸易问题，2016（2）：111-21.
[9] 叶娇，赵云鹏．对外直接投资与逆向技术溢出——基于企业微观特征的分析［J］．国际贸易问题，2016（1）：134-44.
[10] 宋跃刚，吴耀国．制度环境、OFDI 与企业全要素生产率进步的空间视角分析［J］．世界经济研究，2016（11）：70-85.

（作者：吴泳涛）

述评：《双边政治关系、东道国制度环境与对外直接投资》

论文原作者：刘晓光　杨连星

期刊：《金融研究》2016 年第 12 期

【原文摘要】

在企业对外直接投资中，双边政治关系能否对东道国制度环境起到一定的优化补充效应？以往研究往往忽略了双边政治关系与东道国制度环境间的交互影响。本文基于 2005—2014 年中国企业对外直接投资数据，通过构建双边政治关系、东道国制度环境差异等指标进行实证分析，结果表明：第一，友好的双边政治关系对东道国制度环境具有一定的优化效应，促进企业海外投资，相反，双边政治冲突则表现出一定的恶化效应；第二，不论是正式制度还是非正式制度，友好的双边政治关系对东道国制度差异均起到了一定的补充效应，降低了东道国制度距离的阻碍，增强了企业海外投资的合法性；第三，进一步，友好的双边政治关系与东道国制度环境的互补效应，能够显著提升企业对外直接投资的成效；第四，在较差的东道国制度中，双边政治关系的优化互补效应更为显著。

基于上述分析，在中国“一带一路”战略实施进程中，一方面要增强与投资东道国的互联互通，注重与制度环境差异较大的国家进行政治交流，另一方面要积极构筑企业自身的所有权优势，保障企业对外投资收到实效。

【问题导入】

对外直接投资是一国参与国际分工的重要途径。随着中国“走出去”战略进程推进的加快，作为中国企业国际化的重要手段，中国对外直接投资近年来迅猛发展。截至 2015 年，中国对外直接投资流量创历史新高（1456.7 亿美元），金额仅次于美国，居世界第二位，初次实现了资本净输出。2016 年全年，中国境内投资者共对全球 164 个国家和地区的 7961 家境外企业进行了非金融类直接投资，累计实现投资 1701 亿美元，中国企业对外直接投资浪潮仍将继续。企业对外直接投资的成功与否与东道国制度环境，两国制度差异以及双边政治关系有着密不可分的关系。学术上已有文献研究了双边政治关系和东道国制度环境对中国企业对外直接投资的影响效应，而进一步的研究还存在着哪些改进空间呢？发表在《金融研究》上的这篇文章，指出了三个可行的方向，即：第一，微观企业层面的投资结构性特征的经验研究；第二，双边政治关系与东道国制度环境的互补性或者两者之间的交互效应的考量；第三，对企业投资成效的考察。

【研究设计】

一、研究主题

（一）双边政治关系对企业 OFDI 的影响

针对双边政治关系现有文献主要从友好外交关系、高层互访以及双边投资协定的签署等角度进行分析。从外交关系来说，建立外交关系的时间越长，越有利于各种规则的完善和保护投资者的利益，进而有助于投资者对东道国制度的适应与自我调整和修正（Makino and Tsang，2011；张建红和姜建刚，2012）。高层互访作为外交活动的一个重要组成部分，可以被视为海外投资商政治权利从母国向东道国的扩散过程。双边投资协定是调节和规范 OFDI 的主要手段，双边投资协定通过保护投资产权以及保障外资投资的公平和优惠待遇，促进了签约国之间的双边投资（Neumayer and Spess，2005；Desbordes and Vicard，2009；宗芳宇，2012）。

（二）东道国制度环境及制度差异对企业 OFDI 的影响

在针对中国样本的研究中，存在诸多分歧性结论。一些学者认为，东道国政权稳定性和监管质量影响企业进入，但不影响投资规模（蒋冠宏和蒋殿春，2012）。另一些学者研究发现，中国企业对外直接投资不太关心对方国家的政治制度和政治稳定度，而更关心政府效率、监管质量和腐败控制（王永钦等，2014）。

在东道国与母国间的制度“距离”方面，为了成功嵌入当地环境，减少组织协调与适应成本，企业在国际化初期倾向于到与母国文化距离、心理距离和制度距离较近的国家投资。政治和经济制度差异对发展中国家吸收中国 OFDI 有显著的负向影响，对发达国家则不显著（冀相豹，2014）。但另一部分学者研究发现，中国 OFDI 总体偏向于与自身制度环境差距较大并且制度环境较差的国家或地区（岳咬兴和范涛，2014），且东道国风险越大，中国对外投资企业过度债务依赖现象越严重，累积的信用风险越高（郭桂霞等，2016）。

（三）双边政治关系与东道国影响的交互效应

由前文的分析来看，双边政治关系可能对东道国制度环境具有一定的优化互补效应。东道国制度环境能够为母国投资提供基础性保障机制，即东道国政治稳定、法律制度完善、产权保护到位，能够促进企业投资提升。双边政治关系同样能够为母国投资企业提供一系列的投资合约等制度安排，降低跨国企业的交易费用，增强管理者与投资者的信心。但东道国制度环境的异质性对激励效应发挥存在显著的影响。当东道国制度环境较差时，由于东道国无法为母国投资者提供基础性保障措施，投资者面临着较高的投资风险，此时，双边政治关系通过建立外交、高层互访、签订投资协定等方式建立一系列制度联系能更好地为母国企业降低东道国制度环境的风险冲击。

在制度差异方面，当投资母国与东道国制度环境存在显著差异时，双边政治关系有助于企业克服制度差异，降低跨国投资的门槛和适应成本。东道国制度环境若与本国差异太大，一方面使得企业在熟悉当地市场、搜寻市场和人际信息、进行沟通与洽谈、保证合约履行等相关活动方面增加额外成本；另一方面会造成外资企业在东道国面临如何获取内外部合法性的困难，增加了企业投资风险。良好的双边政治关系建立的制度联系能够在一定程度上弥补存在显著差异的东道国制度环境，降低母国投资者的进入壁垒，增强母国企业投资的合法性。

二、模型

$$odi_{ijt}=\alpha+\beta_1\cdot pol_{jt}\times rul_{jt}+\beta_2\cdot pol_{jt}+\beta_3\cdot rul_{jt}+\varphi\cdot U_{jt}+\eta_{jt}+\mu_{jt}+\varepsilon_{it}$$

下标 i，j，t 分别指示企业、东道国和时期，代表企业对外直接投资的集约边际（intensive）与扩展边际（extensive）；借鉴 Keuschnigg（2008）关于企业海外投资二元边际的构架方法，文章将集约边际（intensive）定义为一年中某企业在某一东道国所投资的行业数量，将扩展边际（extensive）定义为一年中某企业在某一东道国所投资的行业数量；pol_{jt} 为双边政治关系变量，包括建交时间（diplomacy）、高层互访（visits）、政治冲突（conflict）以及双边投资协定（bit）等衡量标；rul_{jt} 为东道国制度环境变量；$pol_{jt}\times rul_{jt}$ 为双边政治关系与东道国制度环境的交叉项，相应地包括建交时间（diplomacy_rul）、高层互访（visits_rul）、双边冲突（conflict_rul）和双边投资协定（bit_rul）等交叉项；U_{jt} 是国家层面的控制变量；η_{jt} 表示企业—国家个体效应；μ_{jt} 表示年份效应；ε_{jt} 为随机误差项。

三、实证回归结果

文章首先采用方差膨胀因子（VIF）对模型变量进行了多重共线性检验，发现模型变量不存在多重共线性问题。对于集约边际的分析，文章采用面板随机效应模型而不采用固定效应模型的原因在于：一方面，模型包含不随时间变化的解释变量，随机效应模型允许把这类变量引入模型，而固定效应模型要求控制面板所有数据随个体变化但不随时间变化；另一方面，文章样本数据为短面板，采用随机效应模型可以在一定程度上避免自由度的损失，提高估计效率。对于扩展边际的回归分析，文章遵循 Hayashi（2000）采用负二项回归计数模型，以避免出现数量偏差而导致异方差问题（在回归末尾的显著性检验中，Hausman 检验的 P 值显著大于 0.1 不显著，因此接受零假设采用随机效应模型；Lnalpha 估计系数强烈拒绝"不存在过度分散参数"的原假设，因此采用二项回归模型具有合理性）。

在第一个回归中，从 OFDI 二元边际估计结果来看，交叉项建交时间（diplomacy_rul）、高层互访（visits_rul）和双边投资协定（bit_rul）的估计系数为正，在扩展边际中更为显著，支持了双边政治关系对东道国制度环境起到了一定的优化促进效应的观点。良好的双边政治关系在一定程度上能够为母国投资企业提供一系列正式的投资合约等制度安排，降低跨国企业的交易费用，增强管理者与投资者的信心，促进企业的再投资行为（Desbordes and Vicard，2009；Duanmu，2014）。对于其他变量，东道国制度环境变量（rul）在二元边际估计中的系数为正但不显著，说明投资东道国制度环境对于企业对外投资的正向促进效应不显著（Kesternich and Schnitzer，2010）；非正式制度环境差异（cd）估计系数为负但不显著，说明投资母国与东道国非正式制度差异较大一定程度上会抑制企业的海外投资行为。双边政治关系中建交时间（diplomacy）、高层互访（visits）和投资协定（bit）变量的估计系数为正，尤其在扩展边际估计中显著性水平更高，这表明两国外交关系的延续发展以及双边投资协定的争端解决机制的完善，有利于投资者利益的保护，为母国投资企业在东道国投资提供制度安排（张建红和姜建刚，2012）。相反，双边政治冲突（conflict）对企业 OFDI 造成显著的负面效应，这可能与中国企业对外直接投资的沉没成本高、转移能力弱的特征有关，当中国与东道国间国家利益不一致而发生政治冲突时，东道国政府会较为容易地将政治冲突的成本转移给境内的中国投资企业，甚至可能采取索取中国投资商的产权和进行资产没收等处罚手段（Büthe and Milner，2008）。因而，双边政治冲突对企业 OFDI 投资规模和跨国家—行业投资行为产生了显著的抑制效应。

第二个回归用随机效应模型对双边政治关系和东道国制度差异的关系进行检验。制度差异变量估计系数均为负，说明母国与东道国制度差异在一定程度上阻碍了企业的对外直接投资行为，支持了部分学者制度差异越大越不利于企业对外直接投资的观点。其次，从双边政治关系与制度差异变量的交叉项估计来看，高层互访（visits）、投资协定（bit）和建交时间（diplomacy）与东道国制度环境的交叉项估计系数基本显著为正，即在投资母国与东道国制度环境存在显著差异时，友好的双边政治关系有助于企业克服制度差异，降低跨国投资的门槛和投资成本，促进企业海外投资发展。相反，双边政治冲突与制度差异的交叉项估计系数（conflict_diff）显著为负，说明双边政治冲突放大了两国间制度差异对投资的门槛效应。无论是正式制度差异还是非正式制度差异，友好的双边政治关系均能在一定程度上对东道国制度环境起到优化互补效应。

文章接着以企业对外投资成败为被解释变量进行分析，设定投资成败虚拟变量，即为企业 i 在年份 t 投资东道国 j 的对外投资成效，如果项目未失败，则 $suc_{ijt}=1$，否则 $suc_{ijt}=0$，分析采用 logit 和 probit 模型。第三个回归的结果与前文基本一致，良好的双边政治关系对东道国政治环境有一定的优化互补作用，可以化解投资风险，保障企业投资成效。

四、数据选取

文章研究使用的企业海外投资数据主要来自 2005—2014 年美国企业研究所和美国传统基金会设立的中国“全球投资跟踪”数据库（China Global Investment Tracker）；双边政治关系数据，包括建交时间、政治冲突、高层互访等数据均来源于中华人民共和国外交部官方网站；双边投资协定数据来源于联合国贸发会议的 BIT 数据库；世界治理指标（WGI）数据来源于世界银行；文章对文化距离的度量由 Hofstede（2014）提供的文化距离各维度的数据计算得出；东道国 GDP、GDP 平减指数、贸易额、汇率水平、人均 GDP 等世界发展指标数据均来源于世界银行数据库；东道国地理距离指数来自于 CEPII 数据库。最终得到 1168 个样本。

五、稳健性检验

（一）制度偏向性检验

文章发现双边政治关系和东道国制度环境的交叉项对中国 OFDI 二元边际存在显著的影响效应后，作者进一步探讨友好的双边政治关系对于不同质量的东道国制度环境的优化互补效应是否具有一定的差异。文章参考蒋冠宏和蒋殿春（2012），进行了制度偏向性检验。具体来说，本文以东道国制度质量的中位数作为东道国制度环境的分类标准进行分组，检验企业 OFDI 的制度偏向性。结果发现不论是对于集约边际还是扩展边际，双边政治关系与东道国制度环境的交叉项在较差的制度环境样本中估计系数较为显著，因此，双边政治关系对东道国制度的互补效应往往偏向于较差的东道国制度环境。

（二）关于内生性问题

出于稳健性的考虑，文章针对双边政治关系、东道国制度环境与对外直接投资之间可能存在的内生性问题，分别选择了系统内部的工具变量和系统外部的工具变量，进行两阶段最小二乘法估计（2SLS）。文章参考 Desbordes 和 Vicard（2009）的做法，采用双边政治关系的滞后变量，作为系统内部双边政治关系有效的工具变量；同时引入了一个系统外部的有效工具变量作为双边政治关系的工具变量，进行稳健性检验，回归结果基本一致，进一步检验了文章结论的稳健性。

【主要结论】

文章基于企业对外直接投资二元边际和成败的视角，对双边政治关系、东道国制度环境与企业对外直接投资的影响关系进行全面系统的分析，深入探究双边政治关系对于东道国制度环境的交互效应，通过构建企业-国家维度下的投资二元边际和投资成败指标，实证分析发现：

第一，友好的双边政治关系对东道国制度环境具有优化促进效应，在一定程度上为母国投资企业提供一系列正式的投资合约等制度安排，进而有效地促进企业的海外投资行为，而双边政治冲突则对东道国制度环境产生了一定的恶化效应。

第二，不论是正式制度还是非正式制度，双边政治关系均在一定程度上对东道国制度环境差异起到了弥合效应，促进了企业海外投资。

第三，在对企业对外投资成效影响中，双边政治关系同样能够起到对于东道国制度环境的优化补充效应，显著提升企业投资成效。

第四，在制度偏向性视角下，双边政治关系对于较差的东道国制度环境的补充优化效应更强。

【主要贡献】

随着中国企业国际化步伐的加快，许多学者针对中国企业对外直接投资的影响因素进行探究，制度因素和双边政治关系作为重要因素成为他们关注的焦点。这篇文章在以往文献的基础上，增加了如下边际贡献：

第一，增加了对于微观企业层面投资的结构性特征的经验研究。

第二，对双边政治关系与东道国制度环境的互补性或者两者之间的交互效应进行了实证考察。

第三，对企业对外直接投资规模进行了分析，对于企业投资成效进行了一定的考察，较为全面地分析了双边政治关系、东道国制度环境与对外直接投资三者间的具体关系以及交互影响。

【前沿跟踪】

关于中国企业对外直接投资的近期文献，研究多集中在中国企业性质差异分析、东道国与母国视角分析、中国企业对外投资动机等方面。

企业性质方面，很多学者将中国企业分为国有企业和民营企业分别进行研究：陈丙利（2015）[1]指出，从总体来看中国企业 OFDI 并不属于风险偏好型，东道国国家风险对中国企业 OFDI 区位选择并没有显著的影响；但国有企业由于承担着国家政治使命并且能得到政府的政策支持，其 OFDI 属于风险偏好型，而民营企业的 OFDI 属于风险规避型。单娟等（2016）[2]提出，国有企业主要偏向于投资资源丰富、政治风险较高的国家，而私有企业则偏向于规避风险。与国有企业相比，私有企业更倾向于被东道国广大的市场所吸引。

东道国与母国视角方面，蒋冠宏（2015）[3]研究后发现四点：第一，虽然高收入国家的政治稳定降低了我国企业风险，但低收入国家的制度对我国企业投资更为敏感；第二，法制和腐败控制的差异与我国企业投资高收入国家的风险呈现负相关，而政府效率差异与我国企业投资中低收入国家的风险呈现正相关；第三，东道国传统文化中的保守和阶层观念增加了我国企业风险，而东道国传统文化中的自我意识和平等意识有助于降低我国企业风险；第四，我国企业风险与文化距离呈现“U”形趋势。张艳辉等（2016）[4]认为，中国对外投资倾向于东道国政府稳定性弱，拒绝腐败程度低以及社会经济状况（失业率、消费者信心指数、贫困程度等）好的国家。也有学者从母国视角进行研究，冀相豹，葛顺奇（2015）[5]提出，母国制度环境是促进中国 OFDI 迅速发展的主要因素之一，其中，东部地区的制度环境对 OFDI 的促进作用要明显高于中西部地区，这是造成国内各地区 OFDI 差异的主要因素之一。

中国企业 OFDI 的动机方面，赵蓓文（2015）[6]发现自然资源寻求型 OFDI 具有风险偏好的特点，市场寻求型 OFDI 则具有风险规避的特点，而东道国风险对战略资产寻求型 OFDI 的影响则不显著。

【参考文献】

[1] 陈丙利．东道国风险与中国对外直接投资的区位选择——基于微观企业数据的实证分析［J］．现代管理科学，2015（11）：45-47.

[2] 单娟，吴珂珂，董国位．中国企业 OFDI 区位选择的决定因素——基于国有企业和私有企业差异的视角［J］．华东经济管理，2016（1）：87-92.

[3] 蒋冠宏．制度差异、文化距离与中国企业对外直接投资风险［J］．世界经济研究，2015（8）：37-47，127-128.

[4] 张艳辉，杜念茹，李宗伟，石泉．国家政治风险对我国对外直接投资的影响研究——来自 112 个国家的经验证据［J］．投资研究，2016（2）：19-30.

[5] 冀相豹，葛顺奇．母国制度环境对中国 OFDI 的影响——以微观企业为分析视角［J］．国际贸易问题，2015（3）：76-85.

[6] 赵蓓文．经济全球化新形势下中国企业对外直接投资的区位选择［J］．世界经济研究，2015（6）：119-126，129.

（作者：倪子晴）

述评：*Location and the Multinational Enterprise*：*A Neglected Factor*

论文原作者：John H. Dunning
期刊：Journal of International Business Studies，1998，29（1）：45-66

【原文摘要】

This article first traces the changing world economic scenario forinter national business over the past two decades, and then goes on to examine its implications for the location of foreign direct investment and multinational enterprise activity. It suggests that many of the explanations of the 1970s and early 1980s need to be modified as firm-specific assets have become mobile across natural boundaries. A final section of the article examines the dynamic interface between the value-added activities of multinational enterprises in different locations.

【问题导入】

21 世纪以来，经济全球化和一体化不断发展，各国都在加大对外投资力度。跨国公司作为对外投资的主体，其存在的外部环境也越来越复杂。为更好地理解跨国公司海外经营，有必要从理论上梳理跨国公司存在的原因。1986 年，Wilfred J. Ethier 提出了经典的 OLI 三角所有权优势、区位优势和内部化优势（ownership，location and internalization）的研究框架，但他过于强调三者的均衡关系。公司层面的所有权优势和内部化优势、东道国国家层面的区位优势，这三者间的均衡关系是否一直稳定不变？实务中，企业进行跨国经营的第一步即是投资区域选择，那么理论上，OLI 三角中区位选择的重要性是否被忽视了呢？约翰·邓宁教授的这篇文章非常经典。

【研究设计】

文章首先从总体上提炼了过去 20 年（1970 年至 1990 年）全球经济变化

的三大特征及其对FDI区位选择的影响；然后，微观上叙述了企业区位选择决定因素的四大动机及其改变对企业竞争力的影响；最后，宏观上进行了跨国经济行为的国家层面解释。

一、总体上，跨国经济行为的世界性变化

文章指出了三大变化特征：一是人力资本在财富创造中越来越起决定性作用；二是经济全球化趋势越来越明显；三是伴随经济全球化出现的资本合作越来越频繁，各投资主体间互为利益相关者。

二、微观上，区位选择的决定性因素

起初，区位选择并未引起国际经济方面学者的过分关注，一方面他们认为国内投资区域的选择理论可以推广到国际；另一方面学者或对现有的解释较满意，如成本最小化因素、特定优势因素和内部化中间产品因素等，或对此不感兴趣。世界经济的三大变化特征，不仅扩大跨国公司的市场范围，而且通过影响FDI的生产和交易成本，进而决定FDI的产业结构和地理分布。对投资区位的选择不在于企业经营行为模式，而在于其投资动机，即资源寻求动机、市场寻求动机、效率寻求动机和战略资产寻求动机，文章以列表形式详细对比了20世纪70年代和90年代跨国公司海外投资的四大动机差异。

三、宏观上，国家层面的经济行为地理分布

1950年前，国际经济行为解释基于对资源的再配置和比较优势理论，这是交易的一般均衡模型的基础，但这种研究需要严格的假设条件，如市场完全竞争、产品同质性、规模效应不变等。此后，这些假设在三个方面得以缓解：一是基于学者们对FDI和MNE的研究，将学习经验、市场结构等变量引入模型；二是对产业集群导致的区域集中给予了更多关注；三是不同国家间的消费者差异也得到更多认同。

【主要结论】

本文主要叙述了过去20年（1970年至1990年）间的全球经济变化趋势及其对FDI和跨国公司行为的影响。其中尤为注重以下三点：

一是无形资产，特别是人力资本在财富创造中的作用，而这些人力资本可来自不同的区域；二是资源禀赋，区域所特有的资源禀赋，以及这种禀赋所起作用的改变与投资企业核心竞争力补充间的动态关系；三是以国际贸易理论为基础的解释，依托现有的国际贸易理论对跨国公司行为进行解释，解释跨国公司投资的特定动机和决定因素，以及相关跨国活动的共有治理结果，三者应同等重视。

【主要贡献】

一、将区位选择的研究置于时代背景下，总体分析了 1970 年至 1990 年三大全球经济变化特征，并在此基础上阐述了微观上的企业区位选择决定因素和宏观上的跨国经济行为解释。

二、对于经典跨国公司 OLI 研究框架，本文提出了自己的见解，既肯定企业微观层面的所有权优势和内部化优势，又从宏观上强调区位选择与跨国公司间的关系，对传统和已有理论采取折中的方法加以综合归纳，形成了新的国际投资理论解释范式。

【前沿跟踪】

关于 FDI 的区位选择，前沿研究主要集中在其影响因素，具体可分为以下三部分：

一是国外对 FDI 区位选择的研究。关于影响因素的动态变化，Ramírez-Alesón M. 和 Fleta-Asín J. （2016）[1]认为区位选择因素的重要性会受到国家发展程度的影响。

二是我国对 FDI 的吸引。在中央政府层面，李玉梅，王丽丽（2015）[2]通过构建 FDI 吸引力指数、FDI 潜力指数和 FDI 贡献指数 3 个指标，运用无量纲化的标准方法，综合评价得出我国仍是吸收 FDI 最强的发展中国家。在地方政府层面，廖显春，夏恩龙（2016）[3]通过三阶段的非完全竞争市场模型，分析了地方政府主导下的环境规制与腐败程度对外资企业投资的影响。

三是我国企业对外直接投资。赵蓓文（2015）[4]考虑了我国和东道国两方面的因素，认为中国企业对外直接投资的区位选择在很大程度上取决于企业投资动机和东道国环境；谢孟军（2015）[5]从东道国角度出发，运用 D-S 区位选择模型，实证得出我国 OFDI 的区位选择不仅要考虑东道国的经济发展水平，更要考虑东道国政治层面的影响因素；余官胜，林俐（2015）[6]利用企业数据构造二值选择模型，发现浙江省企业海外集群是吸引新晋企业对外投资的重要区位优势。余官胜，都斌（2016）[7]则从投资母国角度出发，从微观层面研究投资国企业融资约束如何影响其对外投资的国别差异。

【参考文献】

[1] Ramírez-Alesón M., Fleta-Asín J. Is the Importance of Location Factors Different Depending on the Degree of Development of the Country? [J].

Journal of International Management, 2016, 22 (1): 29-43.
[2] 李玉梅, 王丽丽. 三维视角下中国吸引FDI国际竞争力评估 [J]. 国际商务 (对外经济贸易大学学报), 2015 (2): 68-75.
[3] 廖显春, 夏恩龙. 为什么中国会对FDI具有吸引力? ——基于环境规制与腐败程度视角 [J]. 世界经济研究, 2015 (1): 112-119, 129.
[4] 赵蓓文. 经济全球化新形势下中国企业对外直接投资的区位选择 [J]. 世界经济研究, 2015 (6): 119-126, 129.
[5] 谢孟军. 政治风险对中国对外直接投资区位选择影响研究 [J]. 国际经贸探索, 2015 (9): 66-80.
[6] 余官胜, 林俐. 企业海外集群与新晋企业对外直接投资区位选择——基于浙江省微观企业数据 [J]. 地理研究, 2015 (2): 364-372.
[7] 余官胜, 都斌. 企业融资约束与对外直接投资国别区位选择——基于微观数据排序模型的实证研究 [J]. 国际经贸探索, 2016 (1): 95-104.

(作者: 张昌)

述评：*Cross-listing and Corporate Social Responsibility*

论文原作者：Narjess Boubakri et al.

期刊：Journal of Corporate Finance，2016（41）：123-138

【原文摘要】

This paper investigates the dynamics of cross-listing and corporate social responsibility（CSR）. Using a sample of 10815 firm year obversations from 54 countries over the period 2002—2011, we find that cross-listed firms have better CSR performance than non-cross-listed domestic firm. This result is robust to endogeneity and different types of cross-listing. We also find that CSR increases (decreases) significantly after cross-listing on CSR performance is stronger for firm from countries with weaker institution , lower country-level sustainability , and higher liability of foreignness , and for firms operating in industries with high litigation risk. Finally we find that cross-listed firms with better CSR performance exhibit higher valuation.

【问题导入】

改革开放以来，我国经济取得了巨大成就。但与此同时，经济增长方式的过于粗放和企业追求利润的短期行为导向，引发了一系列诸如环境污染、安全事故和食品安全等问题。这些社会责任问题，日益成为政府和学术界，乃至普通百姓共同关注的焦点。特别是现阶段，我国大力推进生态文明建设，客观上也要求投资具有越来越多的责任属性。那么，企业社会责任如何衡量？有哪些影响因素？本文从企业交叉上市的角度，研究交叉上市对企业社会责任实施的影响。

【研究设计】

关于交叉上市与企业社会责任，已有理论和文献存在两种截然不同的观点：一是负向关系，代理理论认为交叉上市公司会面临更严格的监管、法律和声誉环境，这会增强对投资者的保护，进而有效减少企业内部人员通过以实施企业社会责任的方式来侵占小股东利益，这种激励的减少会引发企业内部人员对企业社会责任投资的减少；二是正向关系，交叉上市会通过三种机制来增强企业社会责任，即公司治理水平的加强、诉讼风险的增加和克服作为外来企业的不利因素。

针对两种观点，文章提出了两种相对应的假设：H1 交叉上市与企业社会责任负相关；H2 交叉上市与企业社会责任正相关。

一、实证设计

本文的主要研究问题是交叉上市与否对企业社会责任的影响，为此做如下回归：

$$CSR=\alpha+\beta_1 CROSS\_LISTING+\beta_2 CONTROLS+\beta_3 Fixed\_Effects+\varepsilon$$

其中 CSR 为企业社会责任得分，CROSS_LISTING 为是否交叉上市的虚拟变量，CONTROLS 指公司层面财务相关的控制变量，并且模型固定了国家、行业和年份。

本文亮点之一就是除了主回归外，还做了一系列的辅助回归来拓展研究结论，具体而言：

（1）企业社会责任在上市和退市间的变化。此回归分析已交叉上市的企业中交叉上市对企业社会责任的动态影响，可缓解模型结果的自选择的有偏估计。

（2）本国特征是否对结果有影响。为此，此部分回归加入三个变量：虚拟变量 COMMON，指国家是否为普通法国家；Djankov 等（2008）使用的 ANTI-SELF-DEALING 指数；FINANCIAL STRUCTURE 指代金融发展水平，计算参考 Beck 和 Levine（2002）。

（3）诉讼风险与企业社会责任关系。交叉上市于美国，不仅会面临更好监管和更低融资成本，也意味着会有相对于其他国家更多的被诉讼可能。此回归引入虚拟变量 LITIGATION_RISK 指代高诉讼行业，即生物技术、计算机、电子和零售业，标准的划分来自 Francis 等（1994）和 Koh 等（2014）。

（4）交叉上市企业的社会责任行为对投资者估值的影响。已有文献表明企业社会责任能减轻企业的风险（Kon et al.，2014；Lee and Faff，2009）；促进信息的流动（Dhaliwal et al.，2012；Gao and Zhang，2015），进而有助于投资者对企业做出更高的估值。文章采用 MTB（账面市值比）衡量企业市值，做了两步回归：第一是交叉上市对企业市值的回归；第二是引入企业社会责任的滞后项、两者交叉项和其余控制变量的回归。

二、数据与样本

文章以美国境外的上市公司为基础，将企业的 ADR 股票上市交易信息认定为交叉上市，ADR 包括四种情形，即 Level Ⅰ（场外交易）、Level Ⅱ & Ⅲ（在 NASDAQ/AMEX/NYSE 交易）、Rule144a（交易对象为私人机构投资者）。为横向比较不同 ADR 模式下的企业社会责任差异，文章剔除了一个公司有多种 ADR 情形的样本，然后删除数据缺失观测值，最后得出 2002 年至 2011 年 54 个国家的 10815 个观测值。

其中 ADR 信息来自主要存托机构网站，如纽约银行、花旗银行、德意志银行和 J. P. 摩根；企业社会责任数据取自汤森路透的 ASSET4 数据库；公司层面财务信息来源于 Compustat Global 数据库。

三、内生性

作者考虑到可能存在企业社会责任绩效表现好的公司，更倾向于交叉上市。为解决这种内生性问题，文章采用了两个方法。

第一，PSM（倾向得分匹配法）。首先计算倾向得分，构建被解释变量为是否交叉上市这一虚拟变量，其余控制变量、披露指数和反自我交易指数为解释变量的 Probit 模型；然后将交叉上市和非交叉上市公司，与最接近的倾向得分匹配；最后将匹配样本再进行回归分析，得出交叉上市公司的社会责任指标仍然显著。

第二，DID（双重差分）。设置样本期内任一时间交叉上市的公司为处理组，而从未交叉上市的公司为对照组，此即第一个虚拟变量 CROSS-LISTEDFIRM；另一虚拟变量 CROSS-LISTINGFIRM 则表示是否在指定的年份在美国市场上交叉上市。然后，考察处理组和对照组在企业社会责任上的变化差异，结果显示交叉上市对企业社会责任存在显著的正向影响。

【主要结论】

本文采用了 2002 年至 2011 年 54 个国家的 10815 个观测数据，实证得出：

（1）交叉上市对企业社会责任存在显著的正向影响；

（2）按交叉上市企业来源国划分，弱的金融体系和低企业社会责任行为的国家，以及存在外来者不利因素的企业，会表现出更多的企业社会责任行为；

（3）在高诉讼风险行业的公司，其企业社会责任行为也较多，说明企业社会责任可以作为对抗诉讼风险的一个保险机制；

（4）交叉上市并有着较高企业社会责任行为的公司，投资者对其的估值也相应较高，说明投资者对具有企业社会责任行为的公司，有着更多的兴趣。

【主要贡献】

（1）交叉上市研究领域，已有文献较多涉及的是其财务绩效影响，而对其社会绩效影响研究较为匮乏，本文正是对此的积极探索与实践。

（2）本文的研究结论得出，交叉上市不仅有利于提升公司的财务表现，也有利于促进社会和环境改善。

（3）在企业社会责任研究领域，还存在着企业社会责任是否产生价值的争论，本文给出了肯定的答复，并且投资者对企业的估值也会随着企业社会责任的提升而相应提高。

（4）文章将在美国交叉上市企业按来源国分类，指出本国特征也会影响企业社会责任的表现，进一步细化了研究。

【前沿跟踪】

对于交叉上市和企业社会责任的关系研究，涉及较少，更多的是研究其中一个方面。

一、交叉上市

（1）企业价值方面，Imen Ghadhab 和 Slaheddine Hellara（2016）[1]运用事件研究法，得出额外的交叉上市会递减公司的价值。

（2）公司财务绩效方面，Walid Y. Busaba（2015）[2]发现不同于传统的先内后外的交叉上市，很多中国企业会先在境外上市，然后再返回国内上市，并且这些公司通常交叉上市后表现出更低的财务绩效。

（3）投资效率和市场价值方面，覃家琦和邵新建（2016）[3]运用 2006 年至 2014 年中国 H+A 股交叉上市公司的平衡面板数据，通过数据包络分析法度量投资的静态效率和 Malmquist 生产率指数及其次级指数来衡量投资的动态效率，得出交叉上市公司存在更低的市场价值，从而支持政府干预假说，拒绝绑定假说。

二、企业社会责任

（1）企业社会责任的影响因素方面，汤晓建（2016）[4]从内部控制与制度环境的角度分析了企业社会责任的信息质量，得出内部控制对企业社会责任具有正向调节作用，弱的制度环境会抑制企业社会责任信息披露质量的提高；Paul B. McGuinness 等（2017）[5]分析了中国企业中存在的女性高管比例和境外投资者对企业社会责任的影响，并实证得出正向关系的结论。

（2）企业社会责任的运用方面，权小锋等（2015）[6]结合中国资本市场的环境和制度背景，从非对称风险这一视角切入，系统分析与检验了企业社会责任对股价崩盘风险的客观表现与传导路径，得出两者存在显著正向关系。

【参考文献】

[1] Imen Ghadhab, Slaheddine Hellara. Cross-listing and Value Creation. Journal of Multinational Financial Management, 2016（37）: 1-11.

[2] Walid Y. Busaba. The Dark Side of Cross-listing: A Newperspective from China. Journal of Banking & Finance, 2015（57）: 1-16.

[3] 覃家琦，邵新建. 中国交叉上市公司的投资效率与市场价值——绑定假说还是政府干预假说？[J]. 经济学（季刊），2016（3）：1137-1176.

[4] 汤晓建. 内部控制、制度环境与企业社会责任信息披露质量 [J]. 会计与经济研究，2016（2）：85-104.

[5] McGuinness, P. B., et al. The Role of Board Gender and Foreign Ownership in the CSR Performance of Chinese Listed Firms. Journal of Corporate Finance, 2017（42）: 75-99.

[6] 权小锋，吴世农，尹洪英. 企业社会责任与股价崩盘风险："价值利器"或"自利工具"？[J]. 经济研究，2015（11）：49-64.

（作者：张昌）

述评：*Innovation Efficiency, Global Diversification, and Firm Value*

论文原作者：Wenlian Gao　Julia Chou

期刊：Journal of Corporate Finance, 2015, 30 (c): 278-298

【原文摘要】

This paper investigates whether multinational firms are less or more efficient in innovation activities than domestic firms. Using patents and citations scaled by R&D expenses and R&D capital as measures of innovation efficiency, we find that multinational firms have lower levels of innovation efficiency than purely domestic firms. This finding has been supported by additional evidence using peer pressure as an exogenous shock to firm's strategy of going international. We also find that information asymmetry and the low cost of capital could be the major channels through which global diversification impacts innovation efficiency adversely. Our results further suggest that innovation efficiency is more valuable to multinational firms that mainly diversify into developed markets or markets with better patent protection.

【问题导入】

众所周知，有着快速增长的 R&D 支出的跨国公司，在知识资本的创造中发挥着核心作用。截至 2013 年美国跨国公司是行业 R&D 的主要力量，占美国全部 R&D 支出的 3/4（2013 Benchmark Survey of the Bureau of Economic Analysis）。跨国公司有着这样大规模的 R&D 活动，那么它们相比国内同行是否取得了更好的研发活动成果或拥有更高的创新成效呢？或者说，它们的 R&D 支出是否更有效率呢？在全球市场中，跨国公司的创新效率如何影响公司价值？我们来看看本篇作者如何尝试回答这些问题。

【研究设计】

关于国际化与创新效率的关系，已有理论与文献存在两种截然不同的观点：一是正向关系，跨国公司相比国内公司可以更好实现创新活动的规模经济效应（Ciftici and Cready，2011），在有风险的 R&D 项目中保证财务安全（Kogut，1985；Kogut and Kulatilaka，1994），获得更多的国际人力资源和知识储备（Macher and Boerner，2006）。二是负向关系，企业总部与分支机构之间管理的复杂性、协作成本和信息不对称导致资源配置的低效率（Wulf，2009），较多基于软信息的 R&D 项目选择较难交流（Singh，2008），跨国公司较低的资本成本可能导致较低的创新效率（Hann et al，2013），跨国公司的创新成果转化较国内公司更耗时、复杂且难度更大（Baum et al，2012）。

针对两种观点，文章提出了两种相对应的假设：H1：跨国公司比国内公司有更高的创新效率；H2A：跨国公司比国内公司有更低的创新效率。并且提出：H2B：创新效率对主要投资于发达市场或专利保护程度高的市场的跨国公司更有价值。

一、实证设计

1. 国际化与创新效率的主模型

$$
\begin{aligned}
\mathrm{IE}_t = &\beta_0 + \beta_1\mathrm{GblDiv}_{t-1} + \beta_2\mathrm{IO}_{t-1} + \beta_3\mathrm{Age}_{t-1} + \beta_4\mathrm{Ln(Sales)}_{t-1} + \beta_5\mathrm{RDs}_{t-1} + \\
&\beta_6\mathrm{Lev}_{t-1} + \beta_7\mathrm{EBIT}_{t-1} + \beta_8\mathrm{CapEx}_{t-1} + \beta_9\mathrm{Adv}_{t-1} + \beta_{10}CF_{t-1} + \\
&\sum\beta_i\mathrm{Industry\ Controls} + \sum\beta_j\mathrm{Year\ Controls} + \varepsilon
\end{aligned}
$$

其中 IE_t 为Crd：专利引用数与研发支出额之比；

Crdc：专利引用数与研发资本之比；

Prd：专利申请数与研发支出额之比；

Prdc：专利申请数与研发资本之比；

其中 i 公司第 t 年研发资本 $= \mathrm{R\&D}_t + 0.8\mathrm{R\&D}_{t-1} + 0.6\mathrm{R\&D}_{t-2} + 0.4\mathrm{R\&D}_{t-3} + 0.2\mathrm{R\&D}_{t-4}$

GblDiv 为哑变量，表示是否进行国际化，IO 为机构持股者比例，Age 为公司年龄，Ln（Sales）为销售额对数值，RDs 为研发支出与销售额之比，Lev、CapEx、Adv、EBIT、CF 分别表示长期负债率、折旧后的资本支出、广告支出、息税前利润和特别项目前收入加上折旧和摊销值，且以上变量均为滞后一期。

2. 国际化与创新效率的稳健性检验

本文针对国际化与创新效率的关系，进行两个方面的稳健性检验。

一是考虑内生性：同行压力的影响（如果一个行业内成立时间最久或规模最大的公司为全球多元化经营的公司，就认为存在同行压力），同行压力可能影响一个公司是否进行国际化的决策：基于学习效应（Leary and Roberts，2014），若行业内规模最大或历史最久的公司进行全球多元化经营，那么行业内较小的、经营较差的公司也会模仿进行国际多元化战略。以往研究并未说明同行压力与企业创新效率的直接关系，为了对其进行说明，作者对有无同行压力行业进行分组，对比其创新效率的差异。

二是排除企业所在行业的多元化经营战略的影响，确保国际化公司创新效率低不是所处行业的特殊多元化战略导致的（Suru，2024）。作者把样本公司按所处行业是否多元化经营分为两组，比较其创新效率的差异。

3. 检验影响创新效率的渠道

作者对四个渠道：监管成本、信息不对称、产品复杂性和资本成本按相应的程度高低把样本分别分为两组按主模型进行回归检验。

监管成本由管理层持股和治理指数（Gompers et al，2003）表示；信息不对称由分支机构跨行业的分散程度和分区销售额的赫芬达尔-赫希曼指数表示；产品复杂性由高新技术密度与资产周转率表示；资本成本由加权平均资本成本表示。通过比较两组哑变量 GblDiv 系数的大小是否有显著差异，来验证哪一渠道对跨国企业创新效率有显著负向影响。

4. 创新效率对公司价值的影响

$$EV = \beta_0 + \beta_1 IE + \beta_2 IndDiv + \beta_3 Size + \beta_4 RDs + \beta_5 Lev + \beta_6 EBIT + \beta_7 CapEx + \beta_8 Adv + \sum \beta_j Year\ Controls + \varepsilon$$

模型中 EV 表示公司价值增量，IE 同上主模型为创新效率指标，其他为控制变量。根据模型，作者试图验证不同跨国公司所经营不同地区的外部制度环境是否会影响创新效率的价值创造。其中制度测度之一为专利保护，由来自《世界竞争力年报》的知识产权指标和专利权指标（来自 Ginarte 和 Park，2008）分等级衡量，把跨国公司样本分为专利保护强弱两组；测度之二为市场化程度，若跨国公司子公司分布在发达国家比例大于或等于 50%则把该公司列入发达市场分组，否则列入新兴市场分组。分别对两组按模型进行回归检验。

二、数据选取

创新效率与国际化关系的样本区间为 1980—2003 年的美国全部上市公司，共 17369 个观测值的面板数据，创新效率数据来源于 NBER 专利数据库，公司数据来源于 Compustat 数据库；创新效率与公司价值研究的数据为 1993—2003

年的 898 个跨国公司，共 3726 个观测值，跨国公司国外子公司信息来源于 DCA 数据库。

【主要结论】

跨国公司比仅在国内经营的公司拥有较低的创新效率，这主要是公司总部与分支机构管理人员的严重信息不对称和跨国公司 R&D 项目较低的预期回报率造成的（较低的资本成本率使得跨国公司能接受国内公司不可能接受的较低回报率的 R&D 项目）；如果跨国公司有更多位于发达市场或有更强知识产权保护的市场，则该类公司若创新效率高，带来的公司的回报更高。强调市场发展和专利保护在跨国公司价值创造中扮演的重要角色，尤其是对 R&D 密度大的跨国公司有更大意义。

【主要贡献】

（1）先前研究主要集中于公司国际化对公司价值的影响，本文检验了国际化对公司投资效率的影响，拓展了现有研究对企业国际化影响后果的认识。进一步指出了国际化影响创新效率的两个渠道：信息不对称与资本成本（跨国公司比国内公司拥有更低资本成本，可以接受更低预期回报的 R&D 项目，由此拥有较低生产率的研究项目的跨国公司可能比国内公司有更低的 R&D 生产率）。

（2）文章拓展了近来对公司所处环境如何影响公司创新效率的研究，指出创新效率可以为在发达国家和较好专利保护的地区投资的跨国公司带来更多的价值，补充了现有的解释创新对公司行为影响以及无形资产对跨国公司价值影响的研究。

【前沿跟踪】

现有对公司国际化的研究角度众多，这里仅从国际化与企业创新效率的关系角度进行梳理，目前国内对企业国际化与创新效率的研究结论不一。

负相关：代彬等[1]就国际化战略对企业研发创新行为的影响进行了回归分析，并基于产权性质和融资约束对样本进行分组，结果显示国际化战略对企业研发创新能力的提升具有显著的抑制作用；国际化战略对企业研发创新能力的负向影响仅在非国有企业中存在；融资约束的缓解会强化国际化战略对企业研发创新的负面效应。

正相关：吴剑峰等[2]通过对 1349 家制造业企业的实证分析发现：企业的

国际化水平与技术创新绩效呈现正相关关系；企业的研发管理对上述关系会发挥正向调节作用——只有在企业注重研发投入和知识产权管理时，国际化经营才能促进企业的技术创新绩效。王公为[3]等发现国际化广度对企业创新能力具有显著正向影响，国际化深度对企业创新能力具有显著正向影响，国际化广度和深度对企业创新能力具有正向交互作用。高照军[4]分析了内向型与外向型模式对创新绩效的影响机制，研究发现企业国际化程度提高创新绩效，但受到创新模式的不同调节作用。

其他：高照军[5]对南宁高兴技术企业进行实证研究表明，国际化水平与技术创新绩效呈倒U形关系。吴航[6]等研究发现机会识别能力和机会利用能力在出口和创新绩效，对外直接投资与创新绩效之间均起到部分中介作用。

【参考文献】

[1] 代彬，何勤勤，刘星．国际化战略与企业研发创新能力——来自中国制造业上市公司的经验证据［J］．技术经济，2016（8）：1-6，91.

[2] 吴剑峰，乔璐，杨震宁．新兴市场企业的国际化水平、研发管理与技术创新绩效的关系研究［J］．国际商务（对外经济贸易大学学报），2016（4）：140-151.

[3] 王公为，彭纪生．国际化对新兴市场企业创新能力的影响——基于不同维度的交互作用［J］．科技进步与对策，2016（5）：91-96.

[4] 高照军．开放式创新模式影响国际化企业创新绩效的实证研究［J］．科学管理研究，2016（2）：58-61+107.

[5] 高照军．国际化视角下企业集团对子公司创新绩效的影响研究［J］．科学学与科学技术管理，2016（8）：116-125.

[6] 吴航，陈劲．新兴经济国家企业国际化模式影响创新绩效机制——动态能力理论视角［J］．科学学研究，2014（8）：1262-1270.

（作者：张璐）

述评：*The Performance of MNE Subsidiaries in China：Does It Matter to Be Close to the Political or Business Hub*

论文原作者：Teng, L. , et al

期刊：Journal of International Management, 2017（23）：292-305

【原文摘要】

This study examines the impact of distance on financial performance of multinational enterprise (MNE) subsidiaries in China. We hypothesized and found that MNE subsidiaries performed better when located closer to the country's business hub, but performed less well when located closer to the political hub. We also hypothesized that distance effects are moderated by subsidiary size, subsidiary network, and state capital contribution to subsidiary. Our findings were based upon 45248 MNE subsidiaries with location and geographic distance measured atthe prefectural level in China.

【问题导入】

外商直接投资（FDI）是东道国弥补资金缺口，获得先进技术和知识，促进经济发展的重要手段之一。凭借庞大的国内市场、巨大的发展潜力以及不断改善的投资环境，中国吸引着大量的 FDI。截至 2015 年，中国实际利用外资额达到 1262.67 亿美元。而我国 FDI 的一个主要形式就是在华设立子公司，这就造成母公司和子公司分属不同国家、有着不同制度基础。已有文献通过制度理论分析认为，国家的制度是其比较优势，不同的制度安排承载着不同的激励效应和市场交易成本，从而会产生差异性的经济绩效。但制度间的异质性不仅存在于国家层面，还可以存在于一国之中，而现有文献对此鲜有涉及。那么，一国之中不同区域的子公司，其经营绩效是否真的存在显著差异呢？若有，这些差异又会受到哪些因素的调节？

针对以上两个问题，本期推送的文章以中国为研究背景，将对制度距离的度量从国家间层面拓展至一国内部层面，分析其与跨国子公司绩效的影响。并在此基础上，提出3个可起调节作用的子公司特征，即：规模、网络化和国有入股。

【研究设计】

已有研究对制度距离的度量均集中在国家层面，包括政治距离、经济距离和文化距离等。作者在研究设计上，不仅考虑了这些国家层面的因素，更具新意的是将一国内的距离加以考量，即：跨国子公司在东道国地理上离其经济中心和政治中心的距离。

一、研究假设

（1）一国的经济中心对跨国子公司有着诸多益处。首先，基础设施建设更好，资本和资源更集中，信息也更易获得，这些有利于企业从事生产；其次，人力资本和劳动力规模也更大，这对于刚成立和处于发展期的子公司而言，更为重要；再次，经济管理机构和商业交易在一国经济中心也更发达，从而使得企业间交易也更有效；最后，对市场和客户贴得更近，也有利于企业评估和应对商业风险。因此，文章提出假设：

H1：跨国子公司离东道国经济中心越近，其经营绩效更好。

（2）离一国的政治中心越近，也对跨国企业有一定好处，例如：更易形成政治关联和更便捷的行政审批。然而，作者认为这些收益不足以弥补成本。因为，越近也意味着更严的监管和执行压力；越远反而会有更少的政治干预、官僚干扰和寻租行为。因此，文章提出假设：

H2：跨国子公司离东道国政治中心越远，其经营绩效更好。

（3）跨国子公司的规模会调节经济/政治中心距离对子公司的影响。一方面，子公司越大对其经营绩效更有益，因为它更有能力适应当地的市场环境、克服外来者劣势，对当地就业和经济发展的贡献也更多，政府也会更重视；另一方面，子公司越大对其经营绩效更不利，因为沉没成本更多，企业经营调整更困难。因此，文章提出假设：

H3：离一国经济/政治中心的距离对跨国子公司经营绩效的影响，受到子公司规模的调节。

（4）许多跨国公司在某一东道国不止设立一家子公司，这些同属于一家母公司的子公司们会抱团，形成一种网络化。这会有利于对内的资源共享和对外的谈判议价。因此，文章提出假设：

H4：离一国经济/政治中心的距离对跨国子公司经营绩效的影响，受子公司网络化的调节。

（5）跨国子公司并非全部是母公司独资设立，还可能有其他资本，例如东道国政府。这种国有资本入股，相当于子公司获得当地政府背书，因而具有类似于当地国有企业的比较优势。因此，文章提出假设：

H5：离一国经济/政治中心的距离对跨国子公司经营绩效的影响，受子公司东道国政府入股的调节。

二、变量与模型

因变量：ROA，作者发现样本数据不满足正态分布，故设立 ROA 是否大于 0 这一哑变量，将样本划分为盈利子公司（取 1）和非营利子公司（取 0）。

自变量：常理上认为中国的经济中心是上海，政治中心是北京。不同于以往文献仅限于省级层面，作者将子公司地理方位延伸至县级层面，计算其到上海和北京的距离，最后再取自然对数。

调节变量：跨国子公司规模选取其销售收入，国有入股选择政府对子公司出资的认购额，网络化由同一家母公司在中国所有子公司的数量指代。

控制变量：

（1）跨国子公司层面，外资占比、外籍员工占比、人均销售收入、设立时间；

（2）跨国子公司县级所在地层面，当地人口、人均 GDP、大公司数量、自由职业者占比、FDI 占当地 GDP 比重；

（3）跨国公司母国层面，人均 GDP、制度距离（遗产基金）、文化距离（Hofstede，2001）。其中，制度距离和文化距离的计算较为简洁，均取两者各维度的算术平均数，国家间距离即为两国得分之差。

回归模型选择 logit 模型，并且按照 SIC 的两位数代码，控制了行业。

三、数据与样本

基于中国是 FDI 流入第二大、国土面积较大和 FDI 投资国来源分散的国家，文章中东道国选取为中国。

初始样本来源为 2002 年国家统计局对外资投资企业的专项调查。剔除母公司来自中国香港和澳门的样本，因为这两个地方经常作为对中国投资的中间地；删除子公司总资产或总营业收入为 0 的样本。最终，文章得到 45248 个跨国公司在中国设立的子公司样本。

四、内生性

第一，样本自选择问题，具体而言：

（1）跨国子公司可能更倾向于选择公司在当地盈利的区域，为此，作者选择当地企业 ROA 替代，即当地县级企业 ROA 均值；

（2）跨国子公司经营更好，可能是由于某一行业在中国经营更好，为此，作者选取中国企业的行业 ROA 均值替代；

（3）由于样本本身可能在经济中心（上海）或政治中心（北京），作者剔除了跨国子公司设立在上海和北京及其 200 公里以内的样本。

以上回归后，结果仍然稳健。

第二，工具变量。离政治中心距离（北京），参考 Firth 等（2013）选择当地政府的影响力作为 IV，用当地政府的开支衡量；离经济中心距离（上海），选择当地经济发展程度作为 IV，用当地人均收入衡量。采用 2sls 回归分析，结果仍然显著。

【主要结论】

文章以在中国的跨国子公司为样本，分析了其离中国经济中心（上海）和政治中心（北京）的距离对经营绩效的影响和可能存在的调节效应，结果得出：

（1）离经济中心（上海）越近，跨国子公司更有可能是盈利的；

（2）离政治中心（北京）越远，跨国子公司更有可能是盈利的；

（3）跨国子公司规模，会显著负向调节经济中心距离对跨国企业盈利可能性，而政治中心距离则不显著；跨国子公司网络化和国有入股，会显著正向调节政治中心距离对跨国子公司盈利可能性，而经济中心距离则不显著。

【主要贡献】

（1）将跨国子公司区位选择这一国家间制度因素的影响拓展至一国内部层面。结果显示不仅仅是一国内的距离对跨国公司经营绩效存在影响，并且距离经济中心或政治中心的远近也存在着影响。

（2）文章不仅提出了距离经济中心或政治中心远近对跨国子公司的经营绩效影响，并且，实证给出了 3 个在其中起调节作用的跨国子公司特征，即规模、网络化和国有入股。

（3）已有文献研究了一国内的距离特征会影响跨国子公司的诸多行为，例如进入模式。但这篇文章则给出了更为直接的影响，即子公司的经营绩效。

【前沿跟踪】

现有对制度距离的研究较为丰富，各自的切入点不一而足。概括而言：

（1）对制度距离的测量。更多的还是集中在国家层面，不同文献的差异，主要在于指标维度的选取和计算方法的使用，以及这两者的搭配上。陈怀超，范建红（2014）[1]则是基于专家建议和两步骤调研，开发出管制距离、规范距离和认知距离量表，有利于全面考察制度距离对跨国公司国际化的影响。

（2）对企业经营的影响。贸易方面，许家云等（2017）[2]首次将相邻效应引入传统的制度与贸易关系的分析框架，运用空间面板模型深入考察了制度距离、相邻效应对中国与“一带一路”国家双边贸易的影响，结果表明：中国与“一带一路”沿线国家之间在文化、法律、宏观经济制度以及微观经济制度方面的差异显著抑制了双边进出口贸易的发展，并且这种抑制作用在长期更为显著。跨国并购方面，张弛，余鹏翼（2017）[3]利用2009—2015年中国企业222起跨国并购数据进行实证分析，结果发现：如果被并购的企业属于敏感行业，正式制度距离与跨国并购绩效负相关，对于水平并购这种负相关尤为显著；而在水平并购中非正式制度距离与跨国并购绩效呈负相关。海外进入模式方面，吴亮，吕鸿江（2016）[4]以制度理论为基础，整合知识转移和合法性两条逻辑，研究表明：规范制度距离越大，中国企业选择独资进入模式的可能性越大；相反，规范制度距离越大，中国企业选择合资进入模式的可能性越大；同时，两者之间还存在着调节作用。

【参考文献】

[1] 陈怀超，范建红．制度距离构成维度的厘定和量表开发［J］．管理评论，2014（9）：69-77，159.

[2] 许家云，周绍杰，胡鞍钢．制度距离、相邻效应与双边贸易——基于“一带一路”国家空间面板模型的实证分析［J］．财经研究，2017（1）：75-85.

[3] 张弛，余鹏翼．制度距离对中国企业跨国并购绩效影响的差异性——基于水平与垂直并购的比较［J］．国际经贸探索，2017（2）：44-58.

[4] 吴亮，吕鸿江．制度距离与中国企业海外进入模式选择——一个整合知识转移和合法性的框架［J］．经济经纬，2016（3）：102-107.

（作者：张昌）

述评：*Firm-Level Determinants of Political CSR in Emerging Economies*：*Evidence from India*

论文原作者：Shirodkar　Vikrant et al

期刊：Journal of Business Ethics，2016

【原文摘要】

Multinational companies（MNCs）frequently adopt corporate social responsibility（CSR）activities that are aimed at providing "public goods" and influencing the government in policy making. Such political CSR（PCSR）activities have been determined to increase MNCs' sociopolitical legitimacy and to be useful in building relationships with the state and other key external stakeholders. Although research on MNCs' PCSR within the context of emerging economies is gaining momentum, only a limited number of studies have examined the firm-levelvariables that affect the extent to which MNCs' subsidiaries in emerging economies pursue PCSR. Using insights from resource dependence theory, institutional theory, and the social capital literature, we argue that MNCs'subsidiaries that are critically dependent on local resources, have greaterties to managers of related businesses and to policy makers, and that those that are interdependent on the MNCs' headquarters and other foreign subsidiaries, are more likely to be involved in PCSR. We obtain support for our hypotheses using a sample of 105 subsidiaries of foreign firms that operate in India. Our findings enhance our understanding of the factors that determine MNCs' political CSR in emerging economies.

【问题导入】

跨国公司作为全球经济一体化的主要载体，其利益相关者也较一般企业更多。与利益相关者建立互信关系、获取竞争优势，进而促进企业可持续发展的一种可行措施是履行社会责任。那么，跨国企业在东道国子公司的企业社会责任表现与国内公司有何差异呢？以往研究文献主要从国家层面制度差异加以解释，那么企业自身的微观层面是否也会起作用呢？对此的回答，不仅能从理论上丰富企业社会责任方面的研究，更能在实务中服务我国企业“走出去”战略。

针对以上问题，本期推送的文章以企业层面微观特征为切入点，分析了跨国子公司的社会责任行为。并且，文章采用翔实的一手调查数据，克服了之前研究无实证证据的缺陷，使得结论更为可靠。

【研究设计】

跨国公司的企业社会责任行为，特别是在发展中国家或新兴经济体，文章认为更多地表现为政治目的，以便公司在东道国更有效地经营。对此的论证，以往研究多从非完全市场等角度予以解释，本文一大贡献是以子公司特征加以说明。具体而言：

一、研究假设

1. 资源依赖理论

在发展中国家，企业发展所需资源可能掌握在企业的一些外部相关者中，企业履行社会责任，会促使其与外部相关者的沟通交流，进而有利于企业获得此类资源。为此，作者提出：

H1：东道国资源对跨国子公司越重要，子公司越有倾向实施 CSR

2. 跨国公司内部的相互影响性

跨国子公司的行为可能受到母公司或另外国家子公司的影响。进而，文章提出：

H2：这种相互影响越大，跨国子公司 CSR 实施得越多

3. 管理者关联

跨国子公司在东道国存在外来者劣势（LOF），对此的一个对策是建立管理者关联，既包括与外部政治方面的关联，又有与外部商业方面的关联，包括供应商、关键客户、市场合作方等。因此，文章提出：

H3：跨国子公司发展管理者关联，则会实施更多 CSR

二、数据与样本

跨国子公司的数据较难获得，作者采取调查问卷的方式。样本东道国选择印度，因为：一是已有研究表明 CSR 是在印度建立政治关联的有效手段，并且近期印度政府强制要求全部公司 CSR 花费不得少于净利润 2%；二是虽然印度是 FDI 流入大国，但跨国企业的一些资源还是由政府掌握。

文章首先从 Amelia Publications 得到印度 2011—2012 年跨国公司名录，剔除外资占比少于 25%、联系方式不全的公司后发出 1010 份问卷。回收得到 120 份，并舍弃 15 份缺损数据样本。最终文章得到 105 份有效问卷。

三、变量设置

文章主要变量数据均来自于调查，采用五级李克特量表加以刻画，其中 1 为最不重视、5 为最重视。

因变量 PCSR：跨国子公司的政治（Political）倾向社会责任行为（CSR）。调查跨国子公司高层人员对以下三者的重视情况：（1）媒体宣传广告与政策有关的具体问题；（2）基层政治活动；（3）与其他组织联盟。

解释变量：

（1）Resource criticality（资源的关键属性），参考 Srivastava 等（2001）的标准，并进行因子分析后，得出有形资源（4 种）和无形资源（3 种）；

（2）International interdependence（内部影响性），参考 Subramaniam 和 Watson（2006）的 4 个调查元素衡量；

（3）Managerial ties（管理者关联），调查高管的私人关系（包括各级政府官员、监管或相关组织、供应商、客户、竞争对手、市场合作方和技术合作方）。

控制变量：Subsidiary size（子公司规模），以员工数指代；Subsidiary age（子公司年龄），以在印度设立时间衡量；Industry type（行业类型），0 为制造业、1 为服务业；Localownership（所有权），以外资占比份额衡量。

四、模型

相比较数据收集整理的复杂，文章回归模型较为简洁，分两步使用了多元线性回归：

第一步，因变量与控制变量回归。模型结果显示，控制变量中子公司规模和外资占比显著；

第二步，加上主要解释变量后，再次回归。模型结果得出，资源的关键属性显著，假设 1 得证；内部影响性不显著，假设 2 不成立；管理者关联中仅政治联系显著，假设 3 部分成立。

【主要结论】

文章基于印度这一新兴经济体 2011—2012 年的跨国子公司样本，采取问卷调查并实际有效利用 105 份问卷，实证研究了跨国子公司 PCSR 的企业层面影响因素。边际贡献有：

（1）此类研究前期文献较少，且仅是涉及烟草这一个行业，本文拓宽了行业领域，丰富了研究。

（2）前期关于跨国子公司在新兴经济体的文献，较多关注制度层面，强调市场等宏观层面因素，本文则从企业自身这一微观层面入手，使得问题分析更为立体。

【前沿跟踪】

现有关于跨国子公司在东道国的社会责任行为，受限于数据较难取得，实证研究方面较少，替代方式为案例研究；此外更多的是关注跨国企业或企业社会责任中的一个方面。概括而言：

（1）两者关系的案例研究。张爱玲和邹素薇（2017）[1]通过系统分析戴姆勒集团在美国、中国和印度履行企业社会责任的情况，发现戴姆勒在不同东道国履行企业社会责任存在明显的国别差异，造成这种国别差异的原因有跨国公司自身的因素，但东道国因素起主导作用。

（2）跨国公司方面。葛顺奇和罗伟（2015）[2]以全球价值链为视角，以“工序构成”衡量“产业结构”，分析跨国公司进入是否及如何影响制造业企业的价值链并改变中国制造业产业结构，得出：跨国公司进入不仅影响生产效率和产出构成等传统变量，还对制造业的工序构成产生直接影响。陈怀超（2016）[3]以中国跨国公司为研究对象，从资源基础观出发，分析了战略柔性对中国跨国公司国际化绩效的影响，研究结果表明：战略柔性对中国跨国公司国际化绩效有着正向的显著影响；在这一影响过程中，东道国环境不确定性起到了正向的调节作用，东道国市场竞争强度的调节作用不显著，子公司股权结构起到了部分中介作用。

（3）企业社会责任方面。前期大多文献研究表明，企业履行的社会责任越多，其避税程度越低。然而，李增福等（2016）[4]针对中国民营上市企业的研究发现，企业捐赠越多，其避税程度反而越高，并将这一现象称为“中国民营企业社会责任背离之谜”，提出了“慈善捐赠—寻租—避税”的假说加以解释，进一步的研究表明，法制环境好的地区，企业慈善捐赠的避税效应更强；具有政治关联的民营企业，其慈善捐赠的避税效应更强。许晟等（2016）[5]基于 524 份由中小家族企业中高层管理者填写的调查问卷，50 个中小家族企业所有者深度访谈和 32 个精英访谈，探索了中小家族企业社会责任认知、动机与实践之间的关系并进行实证分析，研究表明：中小家族企业社会责任认知显著影响其社会责任动机与实践，企业社会责任动机在企业社会责任认知与实践的关系中起到中介作用。

【参考文献】

[1] 张爱玲，邹素薇．跨国公司在东道国履行企业社会责任的国别差异——以戴姆勒集团为例［J］. 对外经贸，2017（2）：45-50.

[2] 葛顺奇，罗伟．跨国公司进入与中国制造业产业结构——基于全球价值链视角的研究［J］. 经济研究，2015，50（11）：34-48.

[3] 陈怀超．战略柔性影响中国跨国公司国际化绩效了吗？——东道国环境的调节作用和子公司股权结构的中介作用［J］. 中央财经大学学报，2016（2）：94-103.

[4] 李增福，汤旭东，连玉君．中国民营企业社会责任背离之谜［J］. 管理世界，2016（9）：136-148，160，188.

[5] 许晟，余明阳，薛可，周光．中小家族企业社会责任认知与实践的实证研究［J］. 管理学报，2016，13（12）：1859-1865.

（作者：张昌）

投资与技术创新

述评：《创业投资的治理作用——基于高管薪酬契约设计视角的实证研究》

论文原作者：陈孝勇　惠晓峰

期刊：《南开管理评论》2015 年 18 卷第 2 期

【原文摘要】

本文选取 2009—2012 年深圳交易所上市的创业板和中小板上市公司为研究对象，研究了创业投资参与对民营和国有企业高管薪酬契约的影响。实证研究发现：(1) 创业投资能够显著改变民营企业高管薪酬与业绩的敏感性，但是创业投资并没有显著改变国有企业高管薪酬与业绩的敏感性；(2) 对民营企业而言，创业投资参与降低了高管薪酬与会计业绩之间的敏感性，但是提高了高管薪酬与市场业绩敏感性。实证结果表明，创业投资在民营企业高管薪酬制定过程中发挥了作用，创业投资更加重视市场业绩在高管薪酬契约中的作用；创业投资对国有企业高管薪酬契约影响非常有限；创业投资参与民营和国有企业的动机可能存在差异。

【问题导入】

创业投资，也称风险投资或风险资本（Venture Capital，VC）主要通过向创业企业进行股权投资，以期在所投资创业企业发育成熟或相对成熟后转让股权获得资本增值收益。根据国内知名创业投资研究机构——清科研究中心发布的数据，2015 年中国创投市场共发生投资 3445 起，同比上升 79.7%；其中披露金额的 3113 起投资交易共计涉及金额 1293.34 亿元人民币，同比上升 24.6%；在披露案例的全部投资交易中，平均投资规模达 4154.64 万元人民币。可以看出，创业投资已经成为我国资本市场一支不可或缺的重要力量。创业投资的影响也成为学术界研究的热点。创业投资可以通过优化公司治理，设计有效的激励和约束机制来缓解代理问题带来的影响，改善公司业绩。股东与高管之间的委托代理关系是公司治理机制需要解决的核心问题之一。委托人和代理人之间的利益偏离需要通过薪酬合约建立起利益关联机制，设计合理的高管激励契约在缓解股东与高管之间代理问题中发挥重要作用。创业投资与其所投资企业的高管薪酬业绩敏感性之间的关系反映创业投资是否在高管薪酬契约制定中发挥作用。鉴于我国国有企业和非国有企业在经营目标、外部环境和公司治理等方面存在着巨大差别，本文在中国制度背景下，重点通过研究创业投资与高管薪酬业绩敏感性之间的关系以揭示创业投资在国有和民营企业治理中发挥的作用。

【研究设计】

本文首先从理论层面分析创业投资与高管薪酬业绩敏感性之间的关系，然后构造计量经济模型，区分了民营企业和国有企业，分别考察民营企业高管薪酬与会计业绩之间的关系、民营企业高管薪酬与市场业绩之间的关系和国有企业高管薪酬与创业投资参与之间的关系。最后，作者得出结论并提出建议。

一、模型

$$COM3 = \alpha_0 + \alpha_1 VC + \alpha_2 Performance + \alpha_3 VC \times Performance + \sum Control + \varepsilon \quad (1)$$

模型（1）中 COM3 为前三位高管的薪酬总额，VC 为虚拟变量，有创业投资参与的公司，VC 赋值为 1，否则为 0。Performance 为会计业绩，分别用总资产收益率（ROA）、净资产收益率（ROE）以及净资产营业利润收益率（ROEop）三种业绩指标表示。VC×Performance 为 VC 参与和会计业绩的交乘项。Control 表示控制变量。如果系数显著大于 0，说明企业建立了业绩为基础的薪酬，业绩越好，薪酬也越高。如果系数显著（大于）小于 0，说明风险投资参与显著（提高）降低了企业高管薪酬业绩敏感性。薪酬业绩敏感性越高，代表管理层与股东利益协调越好，代理成本越低。

$$COM3 = \beta_0 + \beta_1 VC + \beta_2 Marker\ P + \beta_3 VC \times Marker\ P + \sum Control + \varepsilon \quad (2)$$

模型（2）中，Market P 代表市场业绩，本文用托宾 Q 值代表市场业绩。VC x Market P 为 VC 参与和市场业绩的交乘项。如果大于 0，说明 VC 参与提高了高管薪酬与市场业绩之间的敏感性。

二、判断民营企业高管薪酬与会计业绩之间的关系

本文首先选取民营企业为样本，使用模型（1），以高管薪酬为被解释变量，企业是否为创投支持企业（VC）作为哑变量并分别加入 ROA 以及 ROA

与 VC 的交互项、ROE 以及 ROE 与 VC 的交互项、ROEop 以及 ROEop 与 VC 的交互项和其他控制变量进行多元回归分析。

三、判断民营企业高管薪酬与市场业绩之间的关系

使用模型（2），以高管薪酬为被解释变量，分别以 VC、Tobin Q（代表市场业绩）为解释变量，再在模型中加入 VC 和 Tobin Q 的交互项和其他控制变量进行多元回归分析。

四、国有企业高管薪酬与创业投资参与之间的关系

选取国有企业为样本，建立与第二部分相同的模型，进行多元回归分析。

五、数据选取

考虑到我国在 2009 年推出创业板市场，本文选取 2009—2012 年深圳交易所上市的创业板上市公司和中小板上市公司为研究对象。通过查阅招股说明书中“发行人基本情况”部分，手工搜集创业投资相关信息。本文将上述手工搜集的 VC 数据，与清科数据库中“私募股权”部分的“投资机构”数据进行对照，确保创业投资数据的准确性。在剔除数据缺失的观察值后，本文获得 3005 个公司年度样本观察值（其中有 VC 参与的样本观察值为 1226，无创业投资参与的样本观察值为 1779，国有样本观察值为 520）。

【主要结论】

（1）创业投资参与的国有、民营企业高管薪酬均明显高于没有创业投资参与的国有、民营企业；

（2）创业投资能够改变民营企业高管薪酬与业绩的敏感性，但创业投资并未明显改变国有企业高管薪酬与业绩的敏感性；

（3）在创业投资参与的民营企业中，创业投资降低了高管薪酬与会计业绩之间的敏感性，但增强了高管薪酬与市场业绩之间的敏感性，这说明创业投资会加大市场业绩在民营企业高管薪酬契约制定过程中的作用，降低会计业绩在高管薪酬契约中的权重。

【主要贡献】

（1）国外学者对高层管理人员薪酬激励与绩效关系的研究已经比较成熟，也得出了较为一致的结论，但基于成熟市场经济国家的研究结论并不一定适合处于经济转型期的中国企业。在我国二元经济结构下，国有企业和民营企业面临不同的生存环境和制度约束，创业投资在两种不同性质的企业中发挥的作用存在很大差异。本文将样本分为国有企业和民营企业分别进行建模和分析，增

加了结论的准确性。

（2）本文把高管业绩分为会计业绩（ROA、ROE、ROEop）和市场业绩（Tobin Q），会计业绩主要反映企业历史经营信息，而市场业绩具有前瞻性。作者分别考虑民营企业、国有企业与两种业绩之间的关系并结合创业投资参与变量对其的调节作用，制定的研究设计非常完善，提高了结论的可信度。

【前沿跟踪】

现有文献对于创业投资的研究主要基于影响创业企业创新效率的角度、影响创业企业绩效的角度和创业投资机构的角度这三个方面。

影响创业企业创新效率的角度：徐唱（2016）[1]研究发现有创业投资支持的上市高新技术企业技术创新效率要高于没有创业投资支持的上市高新技术企业，说明创业投资对于提高技术创新有一定的促进作用，此外，是创业投资的参与促进了高新技术企业的技术创新效率，而不是高新技术企业技术创新效率的提高吸引了创业投资的进入；戚湧，陈尚（2016）[2]通过对创业投资网络位置属性的特征向量中心性对企业创新绩效的影响进行实证分析，并用权力指数进行强度测试，发现创业投资网络的位置属性对企业创新绩效具有正的影响，投资机构网络特征向量中心性和权力指数越大，企业创新绩效越好。

影响创业企业绩效的角度：韩瑾等（2016）[3]研究发现不同管理风格下VC参与程度与企业绩效间存在显著倒U形关系，在VC参与程度达到最优值之前，随着参与程度的增加，企业绩效随之提升，VC参与程度对企业绩效具有促进效应，但超过最优值后，随着VC参与程度的增加，企业绩效却呈递减趋势，VC参与程度对企业绩效具有抑制效应；孙晶（2016）[4]基于2004—2015年中小板上市企业数据，对创业投资给企业价值提升和运营表现带来的影响进行了研究，指出了我国的创业投资家既没有在首次公开发行股票的进程中为其投资的公司带来价值，也没有提高运营表现的现状，通过采用匹配样本方法，展开创业投资对其投资对象的投资效果调查，结果发现与那些没有进行创业投资的公司相比，有创业投资的公司会出现更高的IPO抑价水平，并且首次公开发行（IPO）前后的运营表现都更差的问题；邹小芃等（2016）[5]研究发现有创业投资支持的被投资企业在上市之前的经营业绩趋于下滑，而这种影响在上市之后并不显著，创投的退出对公司经营绩效的影响不显著，联合投资的创投机构数量在一定阶段对被投资公司的经营绩效产生负向影响，而创投机构的持股比例和创业投资时间的影响不显著。

创业投资机构的角度：黄福广等（2016）[6]研究发现风险投资机构高管团

队知识背景和从业经验显著影响其高科技投资偏好，进一步研究发现，在不同产权性质的风险投资机构中，高管团队知识背景对高科技投资偏好的影响具有差异性；徐勇，贾键涛（2016）[7]研究发现多元化的投资策略为创业投资机构提供了有效的知识来源渠道，行业多元化知识使得创业投资机构在价值发现和适应行业波动方面更具优势，地域多元化知识帮助投资机构有效克服不同区域间的制度差异，它们均对投资绩效具有显著提升作用，联合投资作为调节变量削弱了地域多元化对投资绩效的正向影响，而对行业多元化与投资绩效的影响并不显著。

【参考文献】

[1] 徐唱．基于 DEA 方法的我国创业投资对高新技术企业技术创新效率影响的实证研究［J］．经营管理者，2016（7）：1-2.

[2] 戚湧，陈尚．创业投资网络位置属性对企业创新绩效的影响［J］．中国科技论坛，2016（7）：86-91.

[3] 韩瑾，党兴华，石琳．不同管理风格下创业投资参与程度对创业企业绩效的影响［J］．科技进步与对策，2016（3）：103-108.

[4] 孙晶．创业投资对企业价值和运营的影响研究——基于 2004—2015 年中小板企业数据［J］．技术经济与管理研究，2016（8）：31-39.

[5] 邹小芃，杨芊芊，戴杭骁．创业投资对企业经营绩效的影响研究——基于中小板和创业板上市公司的实证分析［J］．浙江金融，2016（8）：55-63.

[6] 黄福广，贾西猛，田莉．风险投资机构高管团队知识背景与高科技投资偏好［J］．管理科学，2016（5）：31-44.

[7] 徐勇，贾键涛．多元化投资策略对创业投资绩效影响的研究——基于中国创业投资的经验证据［J］．中山大学学报：社会科学版，2016（5）：151-160.

（作者：凌丽）

述评:《谁在利用政府补贴进行创新?——所有制和要素市场扭曲的联合调节效应》

论文原作者:杨洋　魏江　罗来军

期刊:《管理世界》2015 年第 1 期

【原文摘要】

本文采用中国工业企业数据库(2003—2007 年)的面板数据,从资源获取和信号传递的角度来剖析不同所有制企业如何利用政府补贴进行创新,以及要素市场扭曲对政府补贴有效性的调节效应,并在此基础上进一步考察了要素市场扭曲与所有制的联合调节效应。结果发现:相比国有企业,政府补贴对民营企业创新绩效的促进作用更大;要素市场扭曲程度低的地区,政府补贴对企业创新绩效的促进作用更大;所有制对政府补贴和企业创新绩效的调节作用还依赖于要素市场的扭曲程度。

【问题导入】

政府补贴作为促进企业自主创新能力提高的重要政策工具之一,在我国被长期执行且取得了显著成效,每年对于科技企业的政府补贴,可达上万亿元。这也引起了理论界和政策界的反思。一种观点认为,从公共产品的溢出效应角度出发,政府的补贴能够解决因为研发创新活动过程中不可避免的知识泄露以及非完全专有性带来的市场失灵问题;另一种观点认为,政府补贴有可能挤出企业自身研发投入进而一定程度阻碍企业的创新行为。

这一悖论在转型经济背景下显得更为突出:一方面,所有制作为制度安排的潜在表征,不同类型的企业在资源获取和管理能力上都有很大的差异,进而在利用政府补贴进行创新的机制上也有不同;另一方面,要素市场与产品市场的市场化进程不同步带来的要素市场扭曲问题,显著影响政府补贴对不同类型企业创新行为的影响。那么,在转型经济背景下,到底何种类型的所有制企业更倾向于利用政府补贴进行创新呢?要素市场扭曲又如何影响这些关系呢?针对这些问题，我们来看看这篇发表在《管理世界》上的文章。

【研究设计】

一、实证假设

（一）不同所有制企业利用政府补贴进行创新活动的差异

首先，从资源基础观出发，通过将政府补贴可以通过直接的创新资源补充机制影响企业创新行为；其次，从信号理论出发，通过将政府补贴作为一种利好投资的信号传递给私人投资者，可以帮助企业贴上被政府认可的标签，进而帮助企业获取所需创新资源提升创新绩效。国有企业和民营企业在自身资源禀赋和制度逻辑两个方面存在巨大差异导致各自在利用政府补贴进行创新的资源获取和信号传递两个具体机制方面存在明显不同。

（1）资源禀赋：对企业而言，通过政府补贴获取资源进而提升创新绩效是其利用政府补贴进行创新的主要途径，然而这一途径对国有企业不是那么重要。相比之下，政府补贴对于民营企业而言特别重要，一方面，民营企业的发展和创新首先面临着较大的资源、资金等方面的约束，长期以来受到资源匮乏和融资难问题的困扰，尤其是中小企业。那么此时外部融资以及外部机会就更能促进民营企业进行创新。另一方面，相比国有企业，民营企业在组织和管理能力上有优势，而这些优势使得民营企业能更有效地将已有的创新资源转化为创新产出。

（2）制度逻辑：对国有企业而言，由于本身主导制度逻辑为政府主导逻辑，通过把政府补贴当做一种信号，进而提升创新绩效这一过程机制显得不是那么重要。对民营企业而言，由于其主导制度逻辑为市场主导逻辑，通过把政府补贴当做一种信号，进而提升创新绩效这一过程机制可能比资源获取机制更为重要。一方面，对于民营企业自身而言，获得政府补贴往往意味着政府传递给企业乃至其所处行业认可的信号，基于这一信号可以帮助民营企业获取更多的外部投资者提供的创新资源，进而提升创新绩效。另一方面，在转型经济背景下，由于制度缺失的存在，经济逻辑主导的民营企业需要获取更多的非正式政府连带关系，获取政府补贴是其顺应政策导向，获取合法性的重要渠道，可以帮助他们转变自己的战略，更加积极地投入创新活动中，因而补贴所带来的信号作用被进一步放大，最终带来企业创新绩效的增长。综上所述，本文提出以下假设。

H1：相比国有企业，政府补贴对民营企业创新绩效的促进作用更大。

（二）要素市场扭曲下企业利用政府补贴进行创新活动的差异

我国正处于经济转型的过程中，市场化进程已经取得了公认的成功，但是由于各地区资源禀赋、地方政策的不同，市场化程度存在着明显的地域差异，这就为我们分析在市场化进程的不同阶段，政府补贴对企业创新激励作用的差异提供了可能。

首先，要素市场扭曲会减弱利用政府补贴进行资源获取提升创新绩效这一机制。一方面，要素市场扭曲程度高的地方，要素市场的改革和产品市场的改革面临的“不对称”现象严重，政府对要素的定价权和分配权的控制权大，这就使得企业从政府补贴中获取创新资源的交易成本远高于从产品市场中获取创新资源的交易成本，进而削弱利用政府补贴进行资源获取提升创新绩效这一机制。另一方面，要素市场与产品市场之间的差异越大，寻租活动产生的超额收益对企业的吸引力越大，那么企业获得的政府补贴中会有很多转移到寻租活动中去，进而挤出本来应该进行的流程创新和产品创新。其次，要素市场扭曲程度高带来寻租空间的存在也会导致政府补贴的信号传递作用被削弱。这是因为在要素市场扭曲的情境下，企业所受到的政府主导逻辑和市场主导逻辑之间冲突的影响更加强烈，政府补贴所释放出的对特定企业和特定行业支持的信号比起在要素市场扭曲程度低的情境下更弱，甚至可能是虚假的信号。

综合以上两点，本文提出以下假设：

H2：随着要素市场扭曲程度的提高，政府补贴对企业创新绩效的促进作用会被削弱。

（三）要素市场扭曲和所有制的联合作用

为了更好地考察国有企业和民营企业从政府补贴中获取创新收益的差异，本文进一步考察了在要素市场扭曲程度不同的情况下，国有企业和民营企业对政府补贴的不同反应。

首先，要素市场扭曲会减弱民营企业利用政府补贴进行资源获取进而提升创新绩效方面的优势。在要素市场扭曲程度高的时候，存在着大量的“寻租”空间。一方面，尽管地方政府还是会有“父爱主义”来保护和偏向国有企业，但是寻租活动的存在，使得民营企业也有可能通过“公关”行为来获取优惠的资源和保护，这就导致国有企业资源禀赋上的相对优势有所减少；另一方面，寻租活动的存在，占用了企业的人力、物力，使得民营企业原有的管理能力优势也被削弱，大量的精力被投资于寻租活动，企业拿到补贴之后也无法将其充分地投入本该投入的创新活动中，那么民营企业原有的组织和管理能力的优势也不复存在。

其次，要素市场扭曲所带来的信号扭曲导致补贴所具有的信号传递作用在民营企业也濒临“失灵”。民营企业在寻租活动带来的高回报率的诱惑下，为了抓住机会获取资源、缩小与国有企业在资源获取上的差距，会转变策略，致力于政府官员的公关活动，从而获取政府补贴，在这样的情境下获取的补贴就不再具有其原有的促进企业积极投入创新的信号激励作用。

综上所述，我们可以发现，在要素市场扭曲程度高的时候，民营企业相对于国有企业而言，对政府补贴的正向反馈也大大减少。即要素市场扭曲程度低的时候，政府补贴对民营企业创新的促进作用更大；要素市场扭曲程度高的时候，国有企业和民营企业对政府补贴激励反应的差异缩小。那么，本文提出以下假设。

H3：所有制对政府补贴和企业创新绩效的调节作用还依赖于要素市场扭曲程度。

二、模型

为了检验政府补贴对国有企业和民营企业创新活动激励作用的差异，以及企业所处的要素市场扭曲程度对这种促进作用产生的影响，本文用以下简要模型来进行数据回归。

$$\begin{aligned}\text{InnoPerf}_{ijt} = {} & \beta_0 + \beta_1 \text{Controls}_{ijt} + \beta_2 \text{Subsidy}_{ijt} + \beta_3 \text{SOE}_{ijt} + \beta_4 \text{Distortion}_{ijk} + \beta_5 \text{SOE}_{ijt} \times \\ & \text{Subsidy}_{ijt} + \beta_6 \text{Distortion}_{ijk} \times \text{Subsidy}_{ijt} + \beta_7 \text{SOE}_{ijt} \times \text{Distortion}_{ijk} + \beta_8 \text{SOE}_{ijt} \times \\ & \text{Subsidy}_{ijt} \times \text{Distortion}_{ijk} + \gamma_{ijk} + \varepsilon_{ijkt}\end{aligned}$$

其中，因变量企业创新绩效（InnoPerf_{ijt}）：本文选取了新产品产值占总产值的比例来代理测量企业创新绩效，这一指标反映创新成果产业化之后的绩效，是应用化的绩效（陈劲、陈钰芬，2006），因此相对全面地同时反映过程创新和产品创新，更加适合本文研究的问题。

政府补贴（Subsidy_{ijt}）：本文采用政府的直接补贴作为政府补贴的测量，并进行了对数化的处理。

要素市场扭曲程度（Distortion_{ijk}）：本文用 Distortion＝（各省份地区产品市场市场化进程程度指数－要素市场市场化进程程度指数）/产品市场市场化进程程度指数来作为测度地区要素市场扭曲程度的指标（张杰等，2011）。

另外，为了剔除其他因素对本文的回归模型和数据分析的影响，本文还控制了以下变量：企业规模（Size_{ijk}）、企业年龄（Age_{ijk}）、研发强度（RI_{ijk}）、资本密集度（CI_{ijk}）、冗余资源（SR_{ijk}）、人力资本（RC_{ijk}）、出口（EX_{ijk}）。此外，为了控制这种时间效应和不同行业创新能力存在差异这两种影响，模型采取了对年份和行业的固定效应。

三、实证回归结果

回归结果显示：政府补贴对企业创新绩效存在显著的正向激励；所有制和政府补贴以及要素市场扭曲程度和政府补贴的交互项是显著为负的，这就意味着所有制和要素市场扭曲程度对政府补贴和企业创新绩效关系都存在着显著的负向调节。因此假设 1 和假设 2 得到支持。

政府补贴、所有制形式以及要素市场扭曲这 3 个变量之间的交互项是正的且显著的。为了更加直观地展示这种联合调节效应，本文将结果绘制成交互效应示意图（见图 1），从图中我们可以发现，对于要素市场扭曲程度低的时候的民营企业，政府补贴和创新绩效之间的正向关系较为明显。而相比之下，在其他情况下，政府补贴对企业创新绩效的激励作用几乎没有，甚至为负。具体来说，要素市场扭曲程度低的时候，政府补贴对国有企业和民营企业创新绩效的影响差异很大，对民营企业而言，正向的激励作用很明显，而对国有企业而言则呈现出了一种负向的影响；而在要素市场扭曲程度高的时候，政府补贴对国有企业和民营企业创新绩效的影响的差异就缩小了，无论对国企还是民企，这种激励作用都消失了。因此，假设 3 也得到了支持。

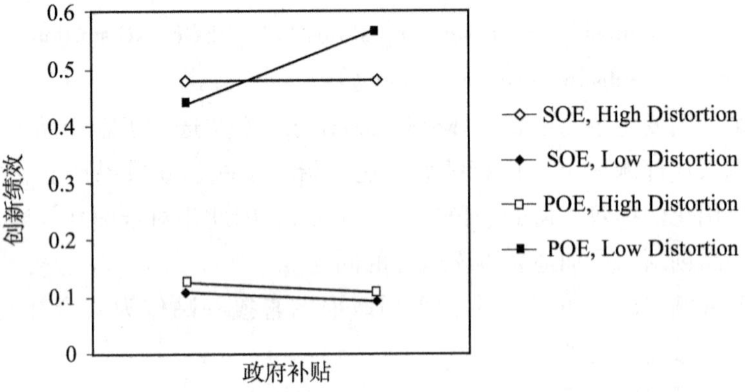

图 1

四、数据情况

本文的数据主要来自中国工业企业数据库和樊纲等（2011）的《中国市场化进程指数报告》。首先，关于企业层面的数据来自于中国工业企业数据库，由于 2002 年中国颁布了新的《国民经济行业分类》，并于 2003 年正式实施，为了使行业口径前后一致，本文只选取了该数据库从 2003 年开始的数据；

同时，2008 年和 2009 年的数据库中有部分变量未进行统计，因此本文选取了该数据库中 2003—2007 年的数据作为样本。其次，本文模型中关于要素市场扭曲的数据来自于樊纲等（2011）的《中国市场化进程指数报告》中最新的、重新经过同基调整的各项指数。最后本文遵循以下逻辑对数据进行了检查和删误处理：出现下面的逻辑关系作为错误记录并删除：（1）企业总产值为负；（2）企业的各项投入为负，包括职工人数、中间投入、固定资产原值和固定资产净值；（3）企业固定资产原值小于固定资产净值；（4）工业增加值或中间投入大于总产出；（5）新产品产值为负。通过删除错误值，本文的样本最终包含 207944 个观测值，共 50137 个企业（非平衡面板），样本企业共涵盖了 38 个制造业行业。

五、内生性

为了避免潜在的内生性问题，本文作了以下两个努力。

首先，为了剔除可能存在的反向因果，本文参照 Belderbos 等（2014）以及 Zhang 等（2011）的做法，用 T 期的按行业计算的政府补贴数对 $T-1$ 期的企业创新绩效的行业均值做回归；同时还对按行业计算的政府补贴数的变化（T 期按行业计算的政府补贴数减去 $T-1$ 期按行业计算的政府补贴数）对 $T-1$ 期的企业创新绩效的行业均值做回归。结果显示这两个回归的系数都是不显著的。因而，可以认为在本文的数据中，这种潜在的反向因果关系带来的内生性担忧并不存在。

其次，为了获取更加稳健的估计量，本文又进一步引入工具变量（IV）。文章第一个选取的 IV 是按行业统计的政府补贴均值，这在政府补贴相关研究中较为通用；第二个 IV 则是参考 Lewbel（1997）的思想和方法，构建（企业创新绩效-企业创新绩效均值）×（政府补贴-政府补贴均值）作为政府补贴的工具变量，该方法的特点就在于不需要借助外部变量就可以构建一个有效的工具变量。采用多重工具变量两阶段最小二乘法（2SLS）进行估计，对比之前的估计结果，所关注的关键变量的系数和显著性水平都保持一致，这也进一步验证了之前结果的稳健性。

【主要结论】

本文将资源观整合到经济学的研究框架中，结合信号理论，从资源获取和信号传递两个角度来剖析不同所有制企业由于资源禀赋和制度逻辑的差异，各自如何利用政府补贴进行创新，并进一步分析要素市场扭曲对政府补贴有效性的调节效应以及它们的联合调节效应，得出：

第一，相比国有企业，政府补贴对民营企业创新绩效的促进作用更大；

第二，要素市场扭曲程度低的地区，补贴对企业创新绩效的促进作用更大；

第三，所有制对政府补贴和企业创新绩效的调节作用还依赖于要素市场扭曲程度：要素市场扭曲程度低的时候，政府补贴对民营企业创新的促进作用更大，而相反要素市场扭曲程度高的时候，国有企业和民营企业对政府补贴激励反应的差异缩小。

【主要贡献】

首先，本文的研究在已有的关于政府补贴对企业创新活动的正效应的基础上，将研究情境设为经济转型过程，不仅考虑了政府补贴对国有企业和民营企业创新活动的影响的差异，还将中国经济转型过程中呈现出来的要素市场改革进程与产品市场改革进程严重“不对称”的现象考虑进来，考察了要素市场扭曲程度对政府补贴和企业创新关系的调节作用。

其次，尽管已有少量的国内研究考察了所有制的调节作用（刘虹等，2012），但是他们在考察所有制调节的时候都仅仅考察了单独的所有制因素对政府补贴效应的调节，而本文除了考察了所有制形式和要素市场扭曲程度这两个因素的单独调节作用，还考察了区域层面的制度因素（要素市场扭曲）和组织层面的制度因素（所有制）如何共同作用于政府补贴和企业创新绩效的关系，进一步揭示了所有制调节效应的复杂性，这也大大丰富了现有的关于政府补贴效应的研究。

最后，已有的关于政府补贴对企业创新活动的影响的研究很多使用地区层面或是行业层面数据（如 Hu，2001；李永等，2014），这就导致研究的主体可能除了个体企业外还包括其他的组织机构。而本文选择从企业层面来考察，剔除了上述潜在的干扰效应，更有力、更真实地反映了政府补贴对企业创新的影响。

【前沿跟踪】

长期以来，由于知识溢出等市场失灵现象的存在，企业在创新活动中的支出通常是低于社会最优水平的。为了解决这一问题，各国政府往往通过运用诸如 R&D 资助、财政补贴和税收优惠等政策工具来予以干预。这些政策干预的主要目的在于：一是降低有效的研发成本；二是促使企业增加研发投入；三是提升创新活动的效率。现在的许多文献，从分规模、分行业等视角来探讨和验证转型背景下中国的政府 R&D 资助、企业 R&D 投入和创新效率之间的关系。

单就企业规模而言：郭迎锋等（2016）[1]利用我国大中型工业企业省际面板数据发现，政府对企业的 R&D 资助会对企业自身 R&D 投入形成杠杆效应，且该效应随着工业化进程而不断增强。胡军燕和袁川泰（2016）[2]运用 1995—2014 年大型工业企业与政府投入相关数据，分析政府 R&D 投入对企业基础研究的影响，结果显示：企业自身基础研究投入少且占比呈现下降趋势；政府 R&D 投入短期对基础研究投入有替代作用，但长期有显著促进作用。丁凯（2016）[3]采用 2000—2008 年我国 17 个三位码高技术产业的分行业数据对国有产权比重和企业平均规模大小两个因素在这个影响过程中所起的作用进行了实证分析，结果显示企业平均规模与政府 R&D 补贴的影响效果呈正向关系。

就分行业而言：晏发发等（2016）[4]以 2011—2015 年我国深交所和上交所农业上市公司为研究对象，利用多元回归对我国农业上市公司的技术创新进行实证研究，研究结果表明：政府 R&D 资助与企业自主创新呈正相关关系；企业 R&D 人员比例与企业技术创新呈正相关关系。张鸿武和钟春平（2016）[5]选取工业行业层面的数据，对知识产权保护、R&D 补贴在推动中国工业行业技术创新中的作用进行了面板分析，结果表明：立法的铺垫和执法的缓慢提升，使得知识产权保护强度得到提高，这种制度安排对技术创新产生了显著的正向促进作用；相反，R&D 补贴对技术创新的效应并不明显，这意味着政府的短期资金投入和激励并没有达到预期目标。方文雷和何赛（2016）[6]以上市高新技术企业为研究样本，通过构建门槛面板模型，实证检验了政府财政补贴水平下企业自主 R&D 投入对 R&D 产出的影响。实证分析的结果表明：不同政府补贴水平下，企业 R&D 投入与 R&D 产出呈现出非线性关系，即企业自主研发投入对其研发产出的影响存在政府补贴水平的门槛效应。

【参考文献】

[1] 郭迎锋，顾炜宇，乌天玥，王立勇．政府资助对企业 R&D 投入的影响——来自我国大中型工业企业的证据［J］. 中国软科学，2016（3）：162-174.

[2] 胡军燕，袁川泰．政府 R&D 投入对企业基础研究的影响——基于大型工业企业数据的实证研究［J］. 科技管理研究，2016（20）：27-31.

[3] 丁凯．所有权与企业规模差异下政府 R&D 补贴效应研究［J］. 特区经济，2016（1）：45-46.

[4] 晏发发，陈驹嵘，张浩军，武赛，肖杰强．政府 R&D 资助、R&D 人员比

例、R&D 投入与自主创新——基于农业上市公司 2011-2015 年数据的实证研究 [J]. 现代经济信息，2016 (14)：24-25，164.
[5] 张鸿武，钟春平．知识产权保护还是 R&D 补贴？——提升中国工业技术创新能力的公共政策选择 [J]. 东南学术，2016 (2)：55-67，248.
[6] 方文雷，何赛．政府补贴与企业 R&D 投入、产出的门槛效应——基于上市高新技术企业的实证分析 [J]. 金融纵横，2016 (1)：65-72.

（作者：王栋坤）

述评：*CVC, Value Creation, and Innovation*

论文原作者：Thomas J. Chemmanur　Elena Loutskina　Xuan Tian

期刊：Review of Financial Studies, 2014, 27 (8): 2434-2473

【原文摘要】

We analyze how corporate venture capital (CVC) differs from independent venture capital (IVC) in nurturing innovation in entrepreneurial firms. We find that CVC-backed firms are more innovative, as measured by their patenting outcome, although they are younger, riskier, and less profitable than IVC-backed firms. Our baseline results continue to hold in a propensity score matching analysis of IPO firms and a difference-in-differences analysis of the universe of VC-backed entrepreneurial firms. We present evidence consistent with two possible underlying mechanisms: CVC's greater industry knowledge due to the technological fit between their parent firms and entrepreneurial firms and CVC's greater tolerance for failure.

【问题导入】

自熊彼特提出“创新理论”以来，创新对于一国长期经济增长和竞争优势具有重要作用已成为共识。然而，培育创新的最优组织结构是一个正在争论的课题。Lerner[1]（2012）指出以公司形式进行的研发活动规模虽大，但研发人员缺乏权变报酬（contingent compensation）的激励；独立风险基金（IVC）尽管有与创新绩效挂钩的激励，但投资标的仅仅局限在个别行业内，面对市场不确定性显得脆弱。因此最好的结构就是将二者混合，而公司创业投资（CVC）就具有二者的特征，这样的体系可以持续、有效地培育创新。

近十年来 CVC 投资金额快速增加，2015 年 CVC 已占到全球风险投资数量的 25%。然而，相较于实践的快速发展，基于创业视角的 CVC 促进创新的研究几乎没有。那么 CVC 的创新绩效如何？是否比 IVC 更能促进创新呢？本文将基于创业企业视角分析 IVC 与 CVC 的相对创新效率来弥补这个理论与实践之间的空隙。

【研究设计】

一、IVC 与 CVC 的制度比较

首先，CVC 比 IVC 的生命周期更长。CVC 是非金融母公司独立的隶属机构，它们为母公司的利益进行投资，具有不受限制的运营期限；IVC 一般以有限合伙制的形式建立起来，运营期限受到合同约定的限制。此外，CVC 仅仅由母公司建立，则意味着它的资金来源于母公司，不会受到合同限制；而 IVC 的资金来源于合伙人，数量受到最初承诺的限制。更长的投资期限和相对不受限制的资本供给，使得 CVC 对探索和实验以及投资于长期的创新企业具有更加开放的态度；尽管这些企业可能不会马上产生财务回报，但具有高潜力。

其次，CVC 与 IVC 对经理人员的激励机制不同。IVC 的经理人员工资基于投资项目的业绩；CVC 的经理人员拥有固定的工资，他们的年终奖与母公司的绩效挂钩。而且 IVC 通常要求经理人员参与投资（co-investment）；CVC 既不要求经理人员参与投资也不允许其自愿参与投资。CVC 这样的制度设计会改变经理人员的动机，对于创业企业来说是一把双刃剑。一方面缺乏基于项目绩效的激励机制使得经理人员能够容忍更大的失败，这对于培育创新是一件好事；另一方面基于母公司绩效的激励机制使得经理人员具有剥削、利用创业企业来提高母公司绩效的动机，这对于培育创新是一件坏事。

最后，CVC 与 IVC 目标不同。IVC 仅仅追求财务目标；而 CVC 不仅追求财务目标还追求战略目标。因此 CVC 项目通常会寻求母公司与创业公司之间的共同点。一个紧密联系的创业公司可以利用母公司的工厂、渠道、商标、技术来生产、销售它的产品。因此母公司可以为创业公司提供唯一的产业知识和技术知识。母公司与创业公司之间这样的技术配合（technological fit）使创业企业拥有优越的产业和技术专长以及对自身技术更好的理解，而这些有利于培育创新。

总之，相较于 IVC，CVC 拥有更长的投资期限、非基于投资项目绩效的激励机制和来自母公司的技术支持，这些使得 CVC 可以为创业企业提供更好的技术支持并能够容忍更大的失败，从而更有益于培育创新；但 CVC 的目标在于增强母公司绩效，这有可能削弱培育创新的动机和效率。

二、变量设定

创新变量：本文选取专利数和专利引用量的对数值作为创新产出的替代指标。本文使用的 NBER 专利数据库存在两种截断问题（truncation problems）。

一是，只有当专利被授予后才会被记录，而申请与授予之间大约存在两年的滞后。当使用过去几年的专利数据时会观察到一个较小的最终批准的专利申请数量。这是因为有些专利尚处于审查当中。因此作者引入基于申请-授予分布计算的权重来进行修正。二是，专利引用通常需要经过一定的时间后才会被引用，这会导致近几年的专利引用量被低估。因此作者通过估计专利引用滞后的分布情况来进行修正。

解释变量：本文分别在模型中引入以下变量来作为 CVC 支持的替代指标，是否有 CVC 投资（CVC dummy）、CVC 投资基金的数量（number of CVC）、CVC 份额（CVC share）。

控制变量：基于以往的研究，本文选取了公司规模、研发密度、有形资产占比、盈利能力、杠杆水平、投资占比、赫芬达尔指数、托宾 Q 值、金融约束（KZ 指数）、上市年龄作为控制变量。

三、实证分析

本文实证分析分为五个部分。

第一部分：本文检验了 CVC 和 IVC 培育的上市企业在上市前后的创新产出情况。模型如下：

$$\text{Ln}(\text{citations/patent})_{it}=\beta_0+\beta_1\text{CVC}(\text{CVC dummy/ number of CVC/CVC share})_{it}+\beta_2\text{controls}_{it}+\varepsilon_{it}$$

因变量为上市前三年和上市后四年的专利数量和专利引用量的对数值；控制变量取上市当年的数值；固定了年度效应和行业效应。基于上市前的数据回归结果显示，无论是以专利数量还是引用量作为因变量，所有 CVC 支持变量的系数显著为正，说明 CVC 培育的企业有更高的创新产出。基于上市后数据的回归结果与上述结果一致。

第二部分：CVC 培育的上市企业在个体特征上与 IVC 的企业存在显著差异，这些可能导致上述结果不准确。因此本文基于倾向得分匹配法对配对样本的创新产出进行检验。结果显示 CVC 比 IVC 具有更大的创新产出。

第三部分：CVC 有可能更愿意让其最具创新力的企业上市，只考虑上市公司的样本会使结果不准确。因此本文进一步基于双重差分法对所有风险投资样本的创新产出进行了分析。本文将样本分成四类：上市、注销、并购、私有。结果显示无论是分类样本还是全样本 CVC 都比 IVC 具有更大的创新产出；而且从动态来看，在接收第一轮融资后 CVC 项目的创新产出增幅更大。

第四部分：为了证明 CVC 不是因为更倾向投资于成熟的企业（这类企业往往具有更好的创新产出能力）而导致上述结果。本文进一步分析 CVC 在投资时对企业成熟度的倾向。结果显示 CVC 更倾向于在早期投资于年轻的企业。

第五部分：尽管不能完全排除自选择效应的影响，但以上四个部分基本证明了 CVC 比 IVC 更能促进创新。因此本文进一步检验了可能的两种机制。（1）技术配合。本文引入虚变量 CVC_w（是 CVC 且与投资公司处于同行业为1，否则为0）来检验，结果显示 CVC_w 显著为正，说明存在技术配合的 CVC 项目具有更大的创新产出。进一步基于倾向得分匹配和双重差分模型进行的检验与上述结论一致。（2）容忍更大的失败。本文使用 IVC 与 CVC 在失败案例上的投资期限来衡量对失败的容忍度。单变量和多元回归分析结果均显示 CVC 项目更能容忍失败。

四、数据来源

本文上市公司数据来源于 Securities Data Company（SDC）Global New Issues Database；风险投资数据来源于 Thomson VentureXpert；专利数据来源于 NBER；投资企业数据来自于 Dun & Bradstreet（D&B）database。作者手工收集了信息来识别风险基金中的公司创业投资基金（CVC）。然后将风险投资信息与上市企业信息合并得到 CVC 与 IVC 培育上市的公司。最终本文得到 1980—2004 年 2129 个风险基金培育上市的企业，其中 462 家是 CVC 培育上市企业。

【主要结论】

这篇论文基于创业企业的视角，分析了 CVC 与 IVC 在培育创新上的不同，得出：

（1）尽管 CVC 培育的企业要比 IVC 培育的企业更加年轻、风险更高、利润更低，但它们有着更高的创新产出。

（2）本文解释了两种可能的机制使得 CVC 更能培育创新：一是投资公司与创业公司之间的技术配合；二是相比于 IVC，CVC 能够忍受更大的失败。

【主要贡献】

本文基于创业企业的视角研究了 CVC 促进技术创新的机制，填补了这方面研究的空白。具体说来：

一是从创业企业的角度定量证明了 CVC 比 IVC 具有更高的创新产出。由于数据可得性的限制，以往研究多是分析 CVC 对于上市的投资公司的影响。本文以上市的创业企业数据为基础，并基于倾向得分匹配和双重差分模型对全样本进行研究，为基于创业企业视角的研究提供了新的研究思路。

二是为可能的两种机制进行了实证检验，并提出了衡量失败容忍度的指标，即在失败案例上的投资期限。

【前沿跟踪】

目前关于 CVC 与技术创新的研究重点关注两个领域。

一是 CVC 项目特征与技术创新之间的关系及作用机制

ML Sang，T. Kim 等[2]（2015）研究发现 CVC 数量与从创业企业转移知识的水平呈倒 U 形关系；CVC 结构与投资公司知识多样性对这个 U 形关系具有调节作用。

A. Wadhwa，C. Phelps 等[3]（2015）分析得出 CVC 组合多样性与投资公司创新绩效之间存在倒 U 形关系；多样性的影响取决于知识资源组合的深度。

万坤扬，陆文聪[4]（2016）研究发现创业企业知识异质性与公司投资者知识创造之间存在"U 形"关系，吸收能力、卷入强度对此"U 形"关系有积极的调节作用。进一步研究发现，创业企业知识异质性与公司投资者知识创造之间在控股型 CVC 项目治理结构下呈"倒 U 形"关系，而在非控股型 CVC 项目治理结构下呈"U 形"关系。

Alvarez-Garrido E.，Dushnitsky G.[5]（2016）发现 CVC 比 IVC 具有更高的创新产出；创业公司的绩效对其利用公司资产的能力敏感。

二是从企业间层面分析 CVC 对技术创新的影响。

Galloway T. L.，Miller D. R.[6]等（2017）发现 CVC 投资对于战略联盟的形成具有单独影响；CVC 培育公司的创始人如果具有高度的权力，那么则更可能组建专注创新的联盟。相较而言，IVC 培育的企业会避免专注创新的联盟。

Baierl R.，Anokhin S.[7]等（2016）基于 CVC 竞争中的合作视角，研究了网络属性、公司创新与财务绩效的关系。结果表明，合作竞争者的中心在各自的 CVC 网络中对企业创新有积极影响，而属于限制子组则抑制创新。反过来，创新与后续财务绩效正相关。

总的来看，基于投资企业视角的研究已经比较成熟，学者们越来越多地关注 CVC 对于企业间层面技术创新的影响以及它对创业企业技术创新的影响。

【参考文献】

[1] Lerner J. The Architecture of Innovation: The Economics of Creative Organizations [J]. General Information, 2012, 51 (6): 1783-1801.

[2] Sang M. L., Kim T., Jangs H. Inter-organizational Knowledge Transfer through

Corporate Venture Capitalinvestment [J]. Management Decision, 2015, 53 (7).

[3] Wadhwa A., Phelps C., Kotha S. Corporate Venture Capital Portfolios and Firm Innovation [J]. Journal of Business Venturing, 2015, Forthcoming (1): 95-112.

[4] 万坤扬, 陆文聪. 创业企业知识异质性与公司投资者知识创造 [J]. 科研管理, 2016, 37 (2): 9-19.

[5] Alvarez-Garrido E., Dushnitsky G. Are Entrepreneurial Venture's Innovation Rates Sensitive to Investor Complementary Assets? Comparing Biotech Ventures Backed by Corporate and Independent VCs [J]. Strategic Management Journal, 2016, 37 (5): 819-34.

[6] Galloway T. L., Miller D. R., Sahaym A., et al. Exploring the Innovation Strategies of Young Firms: Corporate Venture Capital and Venture Capital Impact on Alliance Innovation Strategy [J]. Journal of Business Research, 2017, 71 (c): 55-65.

[7] Baierl R., Anokhin S., Grichnik D. Coopetition in Corporate Venture Capital: The Relationship between Network Attributes, Corporate Innovativeness, and Financial Performance [J]. International Journal of Technology Management, 2016, Forthcoming (1/2): 58-80.

（作者：吴泳涛）

述评：*CVC Portfolios and Firm Innovation*

论文原作者：Anu Wadhwa　Corey Phelpsb　Suresh Kothac

期刊：Journal of Business Venturing，2016，31（1）：95-112

【原文摘要】

This study examines the conditions under which portfolios of corporate venture capital（CVC）relationships influence corporate investor innovation performance. We investigate this question using longitudinal data on CVC investment portfolios of 40 telecommunications equipment manufacturers. We find an inverted U-shaped effect of portfolio diversity on corporate investor innovation performance. We also find that the effect of diversity depends on the depth of knowledge resources available in the portfolio. These results contribute to the interorganizational learning, corporate venture capital and open innovation literatures by showing how the breadth and depth of knowledge resources available in a portfolio of external partnerships with young ventures interact to influence firm innovation.

【问题导入】

企业获得持续经济效益的核心是科技知识的商业探索与创新绩效。对于后者，企业往往形成协作的、组织间的知识共享关系。由于这种共享关系在全球范围内的各个行业都越来越受欢迎，研究探索其对组织学习和创新的影响也逐渐受到人们的关注。虽然多数研究侧重于分析个人间的协作关系，但最近研究已经开始聚焦组织间的关系特征及其对学习、创新和组织绩效等方面的影响。企业间关系的组合至关重要，因为投资组合内的各部分可以形成相互补充或者相互替代的关系，从而影响组合的价值创造。最近的研究探讨了投资组合多样性如何影响它们之间的相互依存关系，特别是对企业创新的影响方面。尽管学者们在这方面的研究兴趣越来越大，但投资组合多样性又是如何影响企业创新的呢？来看看这篇以 CVC 为视角的文章。

【研究设计】

本研究选取全球电信设备制造商行业，采用1989—2000年公司投资者的数据对研究假设进行验证。

一、研究假设

投资组合多样性可从四个方面影响公司投资者的创新产出：获取新颖知识的可能性；创业企业之间的竞争性；公司投资者的相对吸收能力以及投资者在管理其关系中所面临的资源约束。鉴于以上投资组合多样性带来的有利和不利的影响，作者提出：

H1：公司投资者的投资组合多样性与公司投资者的创新绩效呈倒U形关系。

投资组合的技术知识深度会促进公司投资者对于知识的吸收，因此作者提出：

H2：公司投资者投资组合的技术知识深度将调节投资组合多样性与创新绩效之间的倒U形关系。增加投资组合技术知识深度将提高多样性的积极影响，增加多样性影响的幅度，减少多样性对企业创新绩效的负面影响。

投资组合的伙伴总数是公司投资者获得知识的间接途径，因此作者提出：

H3：公司投资者投资组合的合作伙伴总数将调节投资组合多样性与企业创新绩效之间的倒U形关系。增加投资组合的合作伙伴将提高多样性的积极影响，增加多样性影响的幅度，减少多样性对企业创新绩效的负面影响。

二、变量设置

1. 因变量

公司投资者的创新绩效：未来7年内，在第t年申请专利的向前引用总数（向前引用：专利被其他专利引用）

2. 自变量

投资组合的多样性：$\text{Portfolio Diversity}_{i,t-1} = \frac{1}{N}\sum_{j=1}^{N} d_{ij}\lambda u_j$，其中$d$为公司投资者与创业企业的距离，计算公式为，$d_{ijt} = 1 - \left[\sum_{k-1}^{K} f_{jk} f_{jk} / \left(\sum_{k=1}^{K} f_{jk}^2\right)^{1/2} \left(\sum_{k=1}^{K} f_{jk}^2\right)^{1/2}\right]$，表示在行业$k$中公司投资者$i$的四位数SIC代码总数的比例，表示在行业k中创业企业的四位数SIC代码总数的比例，K表示投资企业和创业企业所处的行业类别总数。所有的d组成了一个对称的矩阵D。$\lambda U = DU$，U是D的特征向量，λ是D的特征值。

3. 调节变量

投资组合的知识深度：在过去 4 年内的投资组合(包括 $t-1$ 年) 所拥有的专利的平均数量。投资组合的合作伙伴总数：在过去 4 年内投资组合(包括 $t-1$ 年) 所拥有的合作伙伴的平均数量 (包括与其他 CVC 投资者所形成的关系)。

三、回归结果

由于因变量非负且过度离散，本文采用负二项模型进行回归。另外，根据 Hausman 检验结果，本文用固定效应进行相应的估计。

回归结果显示：投资组合多样性平方的系数显著为负，因此假设 H1 成立。

投资组合多样性平方与投资组合知识深度的交互项的系数显著为正，结合绘制的图 1 进行分析，在投资组合多样性较低和较高的程度时，较高水平的投资组合深度均会促进投资组合的多样性对于公司投资者创新绩效的影响。因此，假设 H2 成立。

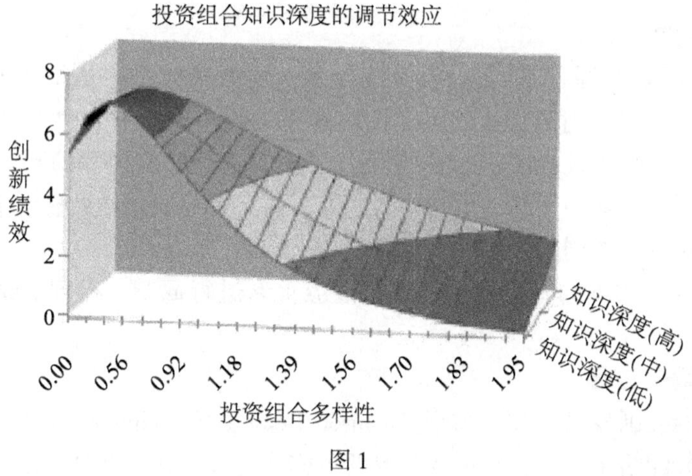

图 1

投资组合多样性的平方与投资组合的合作伙伴总数的交互项的系数显著为正，结合绘制的图 2 进行分析，仅仅在投资组合多样性较高的程度时，投资组合的合作伙伴总数才会促进投资组合的多样性对于投资企业创新绩效的影响，所以假设 H3 成立。

四、稳健性检验

(1) 剔除在 $t-4$ 至 $t-1$ 的四年内，没有进行过 CVC 投资的投资企业样本 (由于此类样本无法获得投资组合的相关数据)，用剩余样本进行回归，得到

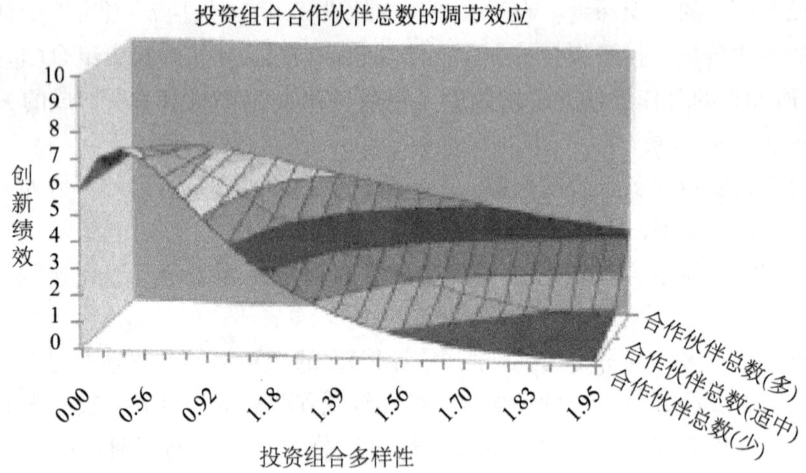

图 2

的结论与前文一致。

（2）采取两种附加的衡量投资组合多样性的指标——投资组合内部多样性（衡量投资组合内部行业的多样性）和平均投资组合多样性（投资组合内部行业的多样性以及投资组合公司与公司投资者行业多样性的平均）分别进行回归分析。前者的回归结果与前文一致，而后者的回归结果显示平均投资组合多样性对投资者创新绩效没有任何影响。

（3）在原样本的基础上，用随机效应重新进行回归，得到的结论与前文一致。

五、数据来源

本文的美国专利数据来源于 Thomson Reuters 的 Delphion 数据库。由于专利经常被分配给子公司，它可能会改变名称或合并，作者在公司层面统计专利的数量。每个样本公司的所有部门、子公司和合资企业的数据来源于 Who Owns Whom 和 Directory of Corporate Affiliations。CVC 数据来源于 VentureXpert 数据库。公司投资者的财务数据来源于 Compustat，年度报告，SEC filings，日本公司手册，Worldscope 和 Global Vantage。公司投资者收购数据和目标联盟数据来源于 SDC M&A database，SDC alliance database，Factiva，Lexis-Nexis 和 Dialog 的系统搜索。遵循类似研究至少考虑一年滞后期的做法，CVC 投资的创业企业记录时间范围为 1989—2000 共 12 年。最终，本文的样本包括 417 个企业年度观测值，来自于总部设在 11 个国家的 40 家上市的电信设备制造商的不平衡面板。

【主要结论】

（1）企业投资者在其投资组合中可用的资源多样性与投资者的创新绩效之间存在着倒 U 形的关系。因此，本文结果强调了维持一定投资组合多样性水平的好处，并且表明尽管投资组合的多样性有利于创新，但它也可能具有必须考虑的成本影响。

（2）我们发现投资组合拥有比较丰富的知识资源时（也就是说，它们拥有更深的技术知识，并通过联盟与外部知识资源相连），投资组合多样性的优势得到加强，投资组合多样性的成本得到缓解。

【主要贡献】

（1）作者通过检验投资组合的特征，拓展了企业间组合关系的研究。组织间研究一般忽视了投资组合内部关系可能发生的不同相互依存关系，以及这些差异对企业绩效的影响

（2）通过确定 CVC 投资影响公司投资者创新的条件，拓展了 CVC 和公司创业的研究领域。CVC 和公司投资者创新绩效的先前研究很少检验 CVC 投资组合内部的相互关系是否有助于投资者创新。

（3）通过确定 CVC 投资组合影响公司投资者创新的条件，文章对开放式创新研究有积极的影响。

【前沿跟踪】

目前关于 CVC 的研究重点关注两个领域：

一是 CVC 与 IVC 之间的比较。Colombo M. G.，Murtinu S.（2016）[1]研究发现，IVC 和 CVC 投资都有助于投资组合的经济表现，这些影响主要表现在实际销售额的增加，此外，创业投资对企业整体经济表现及其组成部分的动态影响（实际销售价值、实际固定资产和实际劳动力成本）根据投资者的类型而有所不同；Galloway T. L. 等（2017）[2]认为虽然公司投资者的影响力影响联盟形成策略，但具有较高影响力（企业知识或所有权）的 CVC 支持企业更有可能形成以创新为重点的联盟，相比之下，VC 支持的公司倾向于避免以创新为中心的联盟，更倾向于利用已知状态，即使公司投资者在联盟内部具有很高的影响力。

二是 CVC 与投资组合多样性之间的关系。Lee S. U.，Kang J.（2015）[3]研

究发现，CVC 投资的总额和投资组合公司的工业多样性与企业投资者的技术多样性呈现曲线（倒 U 形）关系，此外，实证结果表明，企业投资者的吸收能力积极调节了 CVC 投资对技术多样性的影响；Baldi 等（2015）[4]认为 CVC 投资者在多大程度上从创业企业中学习的可能性取决于其风险态度的性质，即投资组合多元化（低风险）或集中（高风险）策略，研究发现，投资组合为公司投资者提供成长和学习机会，并且学习倾向与投资组合多元化之间存在曲线（U 形）关系。

其他对于 CVC 的研究方面。Ceccagnoli M. 等（2015）[5]发现，公司投资者的科学能力、技术领域、研究方法以及与创业企业技术相关的外部不确定性的解决影响投资者对 CVC 投资和事后技术收购的决策，研究发现，执行 CVC 投资后的实物期权最常见的方法是通过技术许可；Kang H. D.，Nanda V. K.（2015）[6]调查公司创业投资（CVC）为公司投资者创造的技术溢出效应和资本收益，研究发现 CVC 投资的技术进步提高了公司投资者的价值，但是资本收益效果却微乎其微，当公司投资者向没有其他投资者的非上市创业企业和技术上相关的创业企业投资时，这些技术溢出效应得到了加强。

【参考文献】

[1] Colombo M. G.，Murtinu S. Venture Capital Investments in Europe and Portfolio Firms' Economic Performance：Independent Versus Corporate Investors [J]. Journal of Economics & Management Strategy，2016，26（1）：35-36.

[2] Galloway T. L.，Miller D. R.，Sahaym A.，et al. Exploring the Innovation Strategies of Young Firms：Corporate Venture Capital and Venture Capital Impact on Alliance Innovation Strategy [J]. Journal of Business Research，2017，71：55-65.

[3] Lee S. U.，Kang J. Technological Diversification through Corporate Venture Capital Investments：Creating Various Options to Strengthen Dynamic Capabilities [J]. Industry and Innovation，2015，22（5）：349-374.

[4] Baldi，Baglieri F.，Corea D.，et al. Balancing Risk and Learning Opportunities in Corporate Venture Capital Investments：Evidence from the Biopharmaceutical Industry [J]. Entrepreneurship Research Journal，2015，5（3）：221-250.

[5] Ceccagnoli M.，Higgins M. J.，Kang H. D. Corporate Venture Capital as a Real Option in the Markets for Technology [J]. NBER Working Paper

No. 21424, 2015, July.
[6] Kang H. D., Nanda V. K. Corporate Venture Capital, Technology Spillovers, and Capital Gains: Evidence from the Biopharmaceutical Industry [J]. Social Science Electronic Publishing, 2014.

(作者：凌丽)

述评：*The Relationship Between Portfolio Diversification and Firm Value：The Evidence From Corporate Venture Capital Activity*

论文原作者：Yi Yang　Vadake K. Narayanan　Donna M. De Carolis

期刊：Strategic Management Journal，2014，35（13）：1993-2011

【原文摘要】

Corporate venture capital（CVC）activity exposes firms to new technologies and markets. An important but as yet unexplored question is the relationship of the industry diversification profile of the portfolio of venture companies to corporate value creation. Insights from options and diversification perspectives support our hypothesis that diversification of a corporate investor's portfolio of venture companies is related to corporate wealth creation in a U-shaped relationship. We also propose that a corporate investor's financial constraints moderate the relationship between the diversification profile of its CVC portfolio and value creation. When we tested our hypotheses using a sample of CVC investments across multiple industries, we found support for them, and these findings may inform the CVC activities of corporate investors.

【问题导入】

美国风险投资协会（NCVA）给出的官方定义，所谓公司创业投资（Corporate Venture Capital，简称为 CVC）是主营业务为非金融类的企业从事的创业投资项目，或其下属部门或公司对投资组合企业所进行的直接投资，这种投资意在寻找与母公司战略技术相适应、能够产生协同效应或者有助于节约成本的适合的投资机会。近十年来 CVC 投资金额快速增加，2015 年 CVC 已占到全球风险投资总量的25%。中国第一笔公司创业投资出现在1998年，比国外晚大概30年，但近年来中国经济增长迅速，投资机会相应增多，大量的国内外企业在中国进行了公司创业投资活动，公司创业投资已在中国创业投资市场占有“一席之地”。

CVC不仅追求财务回报还追求战略回报，这使得它的价值创造更为复杂。投资公司可以通过多种机制的组织学习过程实现价值创造（例如，事前的尽职调查，利用在创业公司董事会席位了解前沿技术，失败案例的学习等）。以往研究重点关注单个创业公司或总体投资组合对投资公司绩效的影响，但对投资组合多样性的研究较少。从实践来看，投资组合多样性越低，越有利于CVC经理在某一领域的知识积累；投资组合多样性越高，越能增加公司投资者知识的灵活性和适应性，可见投资组合多样性对CVC的价值创造具有重要作用。那么，投资组合多样性究竟如何影响CVC的价值创造呢？让我们来看看本期的这篇论文吧。

【研究设计】

一、理论分析及研究假设

1. 实物期权框架

CVC活动是典型的实物期权投资。实物期权理论认为公司投资的价值由一个扩展的净现值模型决定。这个模型包含预期现金流的被动净现值和代表了实物期权的灵活性价值。模型如（1）式，其中V表示投资的价值，NPV表示被动的净现值（passive NPV），GV表示期权的价值。

$$V=\text{NPV}+\text{GV} \tag{1}$$

在一个投资组合中的a投资和b投资各自的价值分别为：

$$V_a=\text{NPV}_a+\text{GV}_a \tag{2}$$

$$V_b=\text{NPV}_b+\text{GV}_b \tag{3}$$

假设这两个投资相互之间是独立的，那么这个投资组合的总价值为：

$$V_{a+b}=\text{NPV}_a+\text{GV}_a+\text{NPV}_b+\text{GV}_b \tag{4}$$

但实际上，投资组合中的各个项目会存在相互影响。这样的影响可以被称为“组合效应”（portfolio effect）。投资组合总价值为（5）式，其中$\text{PE}_{a,b}$表示组合效应的价值

$$V_{a+b}=\text{NPV}_a+\text{GV}_a+\text{NPV}_b+\text{GV}_b+\text{PE}_{a,b} \tag{5}$$

2. CVC组合多样性与组合价值

根据上述实物期权理论的逻辑，CVC 的投资价值中，NPV 可以看做投资的财务回报；GV 可以看做投资获得的战略利益。为研究组合多样性与组合价值的关系可对多样性（div）求导得到（6）式。

$$\frac{\partial V(\mathrm{div})}{\partial \mathrm{div}}=\frac{\partial \mathrm{NPV}(\mathrm{div})}{\partial \mathrm{div}}+\frac{\partial G(\mathrm{div})}{\partial \mathrm{div}} \tag{6}$$

其中：$\frac{\partial G(\mathrm{div})}{\partial \mathrm{div}}<0$

原因如下：（1）现代投资组合理论显示通过多样化投资组合可以降低非系统风险，从而提高投资价值。（2）近期的金融研究显示公司商业项目的多样化可以通过避免反周期的无谓损失（countercyclical deadweight costs）来降低系统风险。（3）多样化的 CVC 投资经验，可以使经理有能力通过多样化投资组合来采取适当的措施以减少风险。

$$\frac{\partial \mathrm{NPV}(\mathrm{div})}{\partial \mathrm{div}}>0$$

原因如下：（1）CVC 投资于相似的行业（多样性低）中可以使知识的学习过程更加有效，这可以增加期权价值。（2）在相似行业中投资的成功或者失败经验可以更好地指导公司未来的投资。（3）在相似行业中的投资可以使在投资组合中重新配置资源能成为可能，这可以增加投资的价值。然而这样的负面效应会随着多样性的增加而减少。CVC 活动中的不确定性，可以通过 CVC 经理投资后对投资组合公司的指导、管理得到解决。一个多样化的 CVC 项目拥有跨多行业的知识储备，这些知识储备有利于 CVC 经理创造性地解决所遇到的不确定性。但这样的效应需要在多样性达到一个关键的程度后才能发挥。

综上，在多样性水平较低时，由于组织学习和知识转移的低效率，投资组合价值会随着多样性水平的增加而减少。此时，NPV 的增加并不能完全补偿 GV 的减少。随着多样性进一步加深，GV 的减少水平边际递减，当达到一定水平时，投资组合的价值开始增加。

基于上述分析，本文提出假设：

假设 1：CVC 组合价值与组合多样性之间存在 U 形关系。

3. 融资约束效应

有无融资约束的投资组合价值见表 1。

表 1　　有无融资约束的投资组合价值（以存在两项 CVC 投资为例）

Period 1(T_1)				Period 2(T_2)	
Initial condition				Without financial constraints	With financial constraints
Assets	Probabilities of value going up	Scenarios	Probabilities of scenarios	Portfolio value V_2	Portfolio value V_{2f}
a	$P_a \rightarrow U_a$	$S_1:a\uparrow,b\uparrow$	$P_aP_b(1+\rho)$	$(U_a+U_b)P_aP_b(1+\rho)$	$U_bP_aP_b(1+\rho)$
b	$P_b \rightarrow U_b$	$S_2:a\uparrow,b\downarrow$	$P_a(1-P_b)(1-\rho)$	$U_aP_a(1-P_b)(1-\rho)$	$U_aP_a(1-P_b)(1-\rho)$
Portfolio value: $V_1=0$		$S_3:a\downarrow:b\uparrow$	$(1-P_a)P_b(1-\rho)$	$U_b(1-P_a)P_b(1-\rho)$	$U_b(1-P_a)P_b(1-\rho)$
Correlation: ρ		$S_4:a\downarrow:b\downarrow$	$(1-P_a)(1-P_b)(1+\rho)$	0	0
Portfolio value(V)				$(U_aP_a+U_bP_b)+(2U_aP_aP_b+2U_bP_aP_b-U_aP_a-U_bP_b)\rho$	$(2U_bP_aP_b+U_aP_a+U_bP_b-U_aP_aP_b)+(U_aP_aP_b-U_aP_a-U_bP_b)\rho$
Portfolio effects ($PE_{a,b}$)				$(2U_aP_aP_b+2U_bP_aP_b-U_aP_a-U_bP_b)\rho$	$(U_aP_aP_b-U_aP_a-U_bP_b)\rho$
Relation between portfolio value and correlation $\left(\frac{\partial V}{\partial \rho}\right)$				$2U_aP_aP_b+2U_bP_aP_b-U_aP_a-U_bP_b$	$U_aP_aP_b-U_aP_a-U_bP_b$
$\frac{\partial V_2}{\partial \rho}\frac{\partial V_{2f}}{\partial \rho}$				$U_aP_aP_b+2U_bP_aP_b>0$	

在现实中，融资约束对于公司投资决策具有重要影响，它会迫使公司放弃某些投资机会。表1列出了 t_1 至 t_2 期间两个CVC投资在有融资约束和没有融资约束时的价值情况。表中考虑了四个可能的情景：①a 和 b 价值同时上升；②a 上升、b 下降；③a 下降、b 上升；④a 和 b 同时价值下降。假设 $U_b>U_a$。公司会在情景②，③中放弃价值下降的投资；在情景④中放弃 a 和 b；存在融资约束时，在情景①中不得不放弃 a 的投资机会；不存在融资约束时，继续从事 a 和 b。

充足的金融资源可以使公司有能力从事所有的投资机会并最大化收益。如果公司多元化它的投资组合，这些投资之间的相关性将会下降甚至变为负相关；这样它们的价值变动方向可能相互背离而不是趋同。故在融资约束的情况下，多元化的负面效应会得到缓解。

基于上述分析，本文提假设：

假设2：投资公司价值与投资组合多样性之间的关系受到投资公司融资约束的调节。融资约束越高，CVC组合多样性对投资公司价值的正面影响越显著。

二、变量选取

投资公司价值：本文采用滞后一期的Tobin's Q 衡量投资公司价值。

CVC组合多样性：赫芬达尔赫希曼指数。

$$\mathrm{HHI} = \left(1 - \sum_{i=1}^{n} P_i^2\right)$$

P_i 表示来自 i 行业的组合公司数量中的CVC组合公司数量的比例。

融资约束：本文分别采用流动比率和负债股权比率衡量融资约束。

控制变量：本文通过 CVC_{age}、CVC_{size} 等变量控制CVC的特征，在回归时控制了行业效应、年度效应。

三、模型分析

本文采用下列公式检验假设1。

$$\text{Firm-VALUE} = \alpha_0 + \alpha_1 \text{PORT-DIV} + \alpha_2 \text{ PORT-DIV}_2 + \text{controls} + \text{errors} \tag{1}$$

本文采用以下公式检验假设2。

$$\text{Firm-VALUE} = \alpha_0 + \alpha_1 \text{PORT-DIV} + \alpha_2 \text{CURRENT} + \alpha_3 \text{ PORT-DIV} \times \text{CURRENT} + \text{controls} + \text{errors} \tag{2}$$

$$\text{Firm-VALUE} = \alpha_0 + \alpha_1 \text{PORT-DIV} + \alpha_2 \text{DT-EQU} + \alpha_3 \text{ PORT-DIV} \times \text{DT-EQU} + \text{controls} + \text{errors} \tag{3}$$

$$\text{Firm-VALUE} = \alpha_0 + \alpha_1 \text{PORT-DIV} + \alpha_2 \text{CURRENT} + \alpha_3 \text{ PORT-DIV} \times \text{CURRENT} +$$

$$\alpha_4 DT\text{-}EQU+\alpha_5\ PORT\text{-}DIV\times DT\text{-}EQU\ controls+errors \quad (4)$$

Firm-VALUE 表示公司价值；PORT-DIV 表示组合多样性；CURRENT 表示流动比率；DT-EQU 表示负债股权比率。

回归结果显示：模型（1）中 PORT-DIV 显著为负，PORT-DIV 2 显著为正，说明公司价值与 CVC 组合多样性之间存在 U 形关系，假设 1 得到证明；模型（2）、（4）中 PORT-DIV× CURRENT 显著为负，说明融资约束越低，多样性的负面效应越大，假设 2 得到证明。

此外，为检验 CVC 组合与投资公司相关性对上述结论的影响，本文将样本按照相关性分成了三个部分：高度相关、中等相关、低水平相关，并分别回归。结果发现上述结论在中等相关的样本中成立，在其他样本中不成立。可能的解释是，在高度相关的情况下知识学习的机会较少，在低水平相关的情况下投资公司吸收能力不足，只有在中等相关的情况下知识学习的机会和投资公司吸收能力充足，有利于知识学习和转移，从而提高公司价值。

四、数据来源

本文所使用的 CVC 相关数据来源于 Thomson Venture Xpert；财务数据来源于 Compustat。作者首先在 Venture Xpert 中检索了 1990—2004 年中 9000 多个 CVC 投资，并从中识别出 222 家美国上市公司参与投资的样本。由于本文研究组合多样性，剔除了只参与一个 CVC 投资的上市公司。最终本文得到 1990—2004 年中 189 家上市公司的 1233 个企业年度样本。

【主要结论】

本文研究了 CVC 组合多样性与投资公司价值创造的关系，结果发现：

（1）CVC 组合多样性与投资公司价值之间存在 U 形关系。

（2）投资公司融资约束对多样性的负面效应具有调节作用。

【主要贡献】

本文研究了 CVC 组合多样性与投资公司价值创造的关系，这填补了之前研究的空白。具体来说本文对 CVC 项目、多样性、实物期权方面的研究做出了贡献：

（1）目前关于 CVC 项目的研究有三个层面：CVC 组合多样性、创业公司层面、投资公司层面；本文深化了 CVC 组合多样性价值创造方面的研究。

（2）关于多样性，本文深化了战略管理领域关于公司多元化的研究，进一步考虑了融资约束的影响。

（3）关于实物期权研究，本文基于实物期权理论，探索了多个期权之间的相互作用关系，并提供了实证证据。

此外，本文的结论对 CVC 投资决策以及投资经理考虑融资约束对投资的影响具有指导作用。

【前沿跟踪】

目前国外对于 CVC 组合多样性的研究较多。由于国内 CVC 起步较晚且相关数据较难获得，国内的相关研究较少。研究主要集中在两个领域：

一是基于组织学习理论视角的研究。Lee S. U.，Kang J.（2015）[1]发现，CVC 投资的总额和投资组合公司的工业多样性与企业投资者的技术多样性呈现曲线（倒 U 形）关系，此外，实证结果表明，企业投资者的吸收能力积极调节了 CVC 投资对技术多样性的影响。Baldi 等（2015）[2]认为 CVC 投资者在多大程度上从创业企业中学习的可能性取决于其风险态度的性质，即投资组合多元化（低风险）或集中（高风险）策略，研究发现，投资组合为公司投资者提供成长和学习机会，并且学习倾向与投资组合多元化之间存在曲线（U 形）关系。Sang M. L.，Kim T. 等（2015）[3]研究发现 CVC 数量与从创业企业转移知识的水平呈倒 U 形关系；CVC 结构与投资公司知识多样性对这个 U 形关系具有调节作用。Wadhwa A.，Phelps C. 等（2015）[4]分析得出 CVC 组合多样性与投资公司创新绩效之间存在倒 U 形关系；多样性的影响取决于知识资源组合的深度。

二是基于项目治理结构视角的研究。万坤扬，陆文聪（2014）[5]基于沪深主板家上市企业 2000—2012 年期间投资的 670 个创业企业样本组成的非平衡面板数据的实证研究发现投资组合多元化与企业价值之间存在“U 形”关系，组织冗余对两者之间的关系具有积极的调节作用。

万坤扬，陆文聪（2016）[6]实证检验创业企业知识异质性与公司投资者知识创造之间的关系以及吸收能力、卷入强度对两者关系的调节作用。研究发现：创业企业知识异质性与公司投资者知识创造之间存在“U 形”关系，吸收能力、卷入强度对此“U 形”关系有积极的调节作用。进一步研究发现，创业企业知识异质性与公司投资者知识创造之间在控股型 CVC 项目治理结构下呈“倒 U 形”关系，而在非控股型 CVC 项目治理结构下呈“U 形”关系。

总的来看，上述研究均得出了 CVC 组合多样性与公司价值之间存在 U 形关系。这个关系受到融资约束、卷入强度、吸收能力、组织冗余等多种因素的调节。未来的研究可以在以下两个方面进一步深化：①结合组织学习理论、实物期权理论、博弈论，进一步考虑其他可能的调节因素。②中国 CVC 投资起步较晚但近几年大规模增长，那么在中国当前的制度环境下 CVC 投资是否存在中国特色，这样的特色又如何影响 CVC 投资，是一个富有实践意义的命题。

【参考文献】

[1] Lee S. U., Kang J. Technological Diversification through Corporate Venture Capital Investments: Creating VariousOptions to Strengthen Dynamic Capabilities [J]. Industry and Innovation, 2015, 22 (5): 349-74.

[2] Baldi, Baglieri F., Corea D., et al. Balancing Risk and Learning Opportunities in Corporate Venture Capital Investments: Evidence from the Biopharmaceutical Industry [J]. Entrepreneurship Research Journal, 2015, 5 (3): 221-50.

[3] Sang M. L., KIM T., Jang S. H. Inter-organizational Knowledge Transfer Through Corporate Venture Capital Investment [J]. Management Decision, 2015, 53 (7).

[4] Wadhwa A., Phelps C., Kotha S. Corporate Venture Capital Portfolios and Firm Innovation [J]. Journal of Business Venturing, 2015, Forthcoming (1): 95-112.

[5] 万坤扬，陆文聪. 公司创业投资组合多元化与企业价值——组织冗余的调节作用 [J]. 经济管理，2014 (9): 156-166.

[6] 万坤扬，陆文聪. 创业企业知识异质性与公司投资者知识创造 [J]. 科研管理，2016，37 (2): 9-19.

（作者：吴泳涛）

述评：*Are Employee-Friendly Workplaces Conducive to Innovation*

论文原作者：Jie Chen　Woon Sau Leung　Kevin P. Evans

期刊：Journal of Corporate Finance，2016

【原文摘要】

We find strong evidence that firms with employee-friendly workplaces achieve greater innovative success，particularly in industries where innovation is more difficult to achieve. Furthermore，employee-friendly firms were also more inclined to sustain R&D investment during the recent crisis. These findings are consistent with the view that an employee-friendly workplace helps to develop tolerance for failure，which encourages engagement in innovation. We find no support for alternative explanations，such as employee-friendly workplaces helping to attract and retain talented employees and reducing career concerns of executives，which could nurture innovation.

【问题导入】

什么样的企业治理才能带给企业更好的创新表现呢？这无疑是摆在全球所有企业面前的一个难题。

在美国，抽样调查公司盖洛普在2014年调查显示，40%的美国人每周工作不超过40小时，完全不加班，而在中国典型的创业和科技企业中，加班已是行业常态。

但加班、透支员工，能给公司带来持久的竞争力吗？在这个员工的创造力就是公司竞争力，强调人力资本的时代，公司应制定怎样管理员工的政策、提供怎样的工作环境呢？本篇研究将告诉我们一种值得中国企业学习的答案。

【研究设计】

一、实证设计

本文的研究分为两个层次，首先验证良好的员工工作环境是否能促进公司创新，其次检验良好的员工工作环境作用于公司创新的四种渠道。

1. 良好的员工环境是否有利于公司创新

作者使用以下模型，对该问题进行检验（下文所指主模型均为此）：

$$\ln(\text{Innovation}_{i,t+1}) = \alpha+\beta\times\text{Workplace quality}_{i,t}+\gamma Z_{i,t}+\text{Industry}_i+\text{Year}_t+\varepsilon_{i,t}$$

其变量解释见表1：

表1 **变量介绍**

变量类型	变量简称	变量解释
创新变量	ln（1+R&D） ln（1+Patent） ln（1+Citation）	作者对专利申请数和引用数进行调整，将某公司某年的专利申请数除以同级别专利技术中所有公司当年的平均申请数，对引用数也进行同样调整
工作环境质量	ER	ER采用员工关系评分值，从公司的工会干预、现金利润分享、员工参与、退休金、卫生与安全五个方面进行打分加总
	BC	BC为哑变量：该公司是否入选“最好的100个”工作去处，当年入选则为1
主要控制变量	ln（MV）	公司市值的自然对数
	MV（million $）	公司市值
	Q	成长性tobin's *Q*
	Lev	资产负债比
	PPE/TA	资本密集度：净财产厂房设备与总资产的比值
	ROA	盈利指标：资产收益率
	Board independence	独董比例
	E index	管理防御指数
	R&D/TA	研发密度：研发支出与总资产比值

（1）稳健性检验六步骤

一是换用Tobit模型和Poisson回归结果仍然一致；二是考虑后两年的专利

数据可能统计不完全，去掉后两年数据进行回归结果仍一致；三是更换员工关系分值的计算方法，把 KLD 数据库所关注的指标合并加总后减去本文模型使用的五个指标值作为新的工作环境质量指标，结果仍一致；四是根据 Malmendier 与 Tate（2008）的理论（他们使用“持有人 67”指标表示 CEO 过度自信，即公司股票期权超值 67% 以上 CEO 却没有行权）和 Campbell（2011）的数据，对 CEO 过度自信进行控制，同时用女性董事比例来控制董事会的性别分散化，以及控制董事年龄、任期、任期的分散化、年龄分散化，结果仍然稳健；五是把公司层面的控制变量用行业的平均值替代，以减少内生性问题对结果的干扰，结果仍一致；六是更换行业的分类，模型中控制的行业是使用 SIC 的二位行业代码设置的哑变量，作者更换成 NAICS 的三位代码分类以及 Fama-French 的 49 个行业分类哑变量，结果仍然一致。

（2）样本选择偏差问题

除了上述六步稳健性检验外，还必须考虑样本选择偏差的问题，作者分三步进行说明。首先，比较缺失值的行业分布，发现并无某一或多个行业拥有显著更多的缺失值；其次，仿照 Yuan（2011）的数据多重填补方法对缺失的数据进行替代，重新回归后的结果仍一致；最后使用 Heckman（1979）两阶段模型控制模型中的潜在样本选择偏差，一是使用 Probit 模型，被解释变量为员工关系评分值的哑变量，数据可得为 1，缺失为 0，除上述模型中的解释变量外，还加入了哑变量即是否该公司评分值包括 2003 年以前的数据，若有则为 1，进行回归；二是在第一步的基础上，重新进行工作环境质量对创新影响的回归，结果仍然显著。

（3）内生性问题

在思考工作环境质量对创新影响时，我们自然想到，也许正是由于创新性的企业才更倾向于给员工提供更好的工作环境，这样的内生性问题理应考虑进来，这里作者采用两种方法处理内生性问题。一是采用 PSM（倾向得分匹配方法），选择工作环境质量好的企业即得分在中位数以上或入选《财富》杂志 100 名单的企业作为处理组，工作环境质量差的企业为对照组，两组除工作环境质量不同以外，采用邻近匹配模型，其他均差异控制在 0.001 绝对量之内，由此继续上述模型进行回归得到的结果依然显著。二是采用工具变量法，作者找到两个与工作环境质量有关而与公司创新无关的变量，第一个是哑变量公司总部是否设立在具有隐含合同除外规定的州，若设在则为 1；第二个是公司所在州的失业保险额的自然对数。第一步将员工环境质量作为因变量，工具变量和模型控制变量作为解释变量进行回归，工具变量系数显著；第二步将第一步结果的工作环境变量作为解释变量，对创新变量进行回归，结果依然显著，解决了内生性问题。

2. 良好的工作环境通过何种渠道作用于公司创新

作者认为可能的渠道有四种：良好的工作环境氛围较易容忍创新中的失败、能留住或招募到有天赋的员工、降低高管被辞退风险与 CEO 的薪酬激励。

（1）工作环境质量与对失败的包容

作者从两个层面来检验这一渠道，一是认为如果和谐的工作环境可以影响员工对失败的态度从而促进创新，那么则认为在创新风险较高的行业即更需要对创新失败包容的行业，其工作环境质量对创新的边际效应更强。根据 Tian，Wang（2014）按创新难度划分的方法，把样本按公司所在行业，划分为创新较难（制药、医疗仪器、医疗保健和化学品）、中等（计算机、通信、电气和商业设备、软件编程和互联网应用）和容易（其他）三组，按上述模型分别进行回归，通过比较工作环境质量指标的系数值在三组中数值的大小和其显著性得出结论。

二是考虑工作环境质量好的公司更能获得员工的信任，从而提高公司克服不确定性和失败风险的能力，因此认为这样的公司在经济危机期间更可能保持对投资研发项目的投入。作者用美国各州房价的下跌幅度来表示各州受危机的影响程度，使用以下模型进行检验：

$$\Delta \mathrm{Ln}\ (1+\mathrm{R\&D})_{i,s}=\alpha+\beta \mathrm{ER}_{i,s}+\delta \mathrm{Housepriceshock}_{s}+\eta \mathrm{Housepriceshock}_{s}\times \mathrm{ER}_{i,s}+\gamma Z_{i,s}+\mathrm{industry}_{i,s}+\varepsilon_{i,s}$$

时间选取为 2007—2009 年，Z 即控制变量与主模型描述一致并以 2007 年值进行计算，而员工工作环境质量指标为员工关系评分值，Housepriceshock 为各州 2006 年 12 月到 2009 年 12 月房价下降的百分比，因变量为三年的 R&D 费用的变化量。通过观察房价下跌与工作环境质量的交叉项系数的正负和显著性得出结论。

（2）工作环境质量与雇佣有天赋的员工

作者认为工作环境质量好的企业对创新的边际效应，对于绑定于核心员工的无形资产占比即组织资本越高或有较高劳动力流动的行业应更强。于是作者一方面从组织资本出发，用管理费用与财务费用之和占总资产比值代表公司的组织资本，以组织资本的中位数为界，把样本分为高低两组，分别进行主模型回归，观察两样本的工作环境系数有无显著差异，并在原样本主模型回归中加入组织资本与工作环境质量的交叉进行回归，交叉项系数不显著则表示该渠道不成立。另一方面作者从劳动力流动性出发，使用 Donangelo（2014）计算劳动力流动性的方法，按该指标中位数同样把样本分为高低两组进行主模型回归，观察两样本的工作环境系数有无显著差异，并在原样本加入劳动力流动性与工作环境质量的交叉项进行回归，交叉项系数不显著则表示该渠道不成立。

（3）工作环境质量与高管被辞退风险

被任命的高管可以通过给员工提供更好的福利而获得下属的拥护，从而在业绩较差时降低被辞退的风险，因此工作环境质量好的公司可以减轻不利于创新投入的职位担忧，鼓励其投资于有风险的长期创新活动。作者通过 probit 回归检验该渠道，因变量为给定年份公司高管是否离职的哑变量，离职为 1，除主模型的控制变量外，分别加入四个公司业绩变量即 ROA、行业调整 ROA、股票收益、股票异常收益和对应的与工作环境质量的交叉项进行回归，观察交叉项系数，若不显著则表明该渠道不成立。

（4）工作环境质量与 CEO 薪酬激励

公司进行创新活动的决定以及实施对员工友好的政策，似乎都与 CEO 激励有关如薪酬激励，利用 Hirshleifer（2012）对 CEO 薪酬的计算方法，加入与股票价格和公司盈利两者相挂钩的 CEO 薪酬作为控制变量依照主模型进行回归，工作环境质量系数仍显著为正即说明该渠道不成立。

二、数据来源

本文的专利数据有三个来源，分别是来自 NBER 专利引用数据库中 1976—2006 年所有由美国专利商标局授权的专利数据、Kogan 等（2012）个人整理的 2007—2010 年的美国专利数据（https：//iu. box. com/patents）、哈佛商学院的专利数据库中关于专利的技术分类（http：//dvn. iq. harvard. edu/dvn/dv/patent）。而工作环境质量的数据一是来自《财富》杂志每年统计的美国上市公司中最好的 100 个工作去处，二是来自 KLD 数据库的员工关系评分。公司董事数据来自 RMG，财务数据来自 Compustat 数据库，房价下跌百分比数据来自 ZHVI，劳动力数据来自美国劳动统计局。最终选取 1998—2010 年美国 1500 家上市公司，共 8911 个观测值。

【主要结论】

我们通过对公司研发支出及其专利申请数和专利被引数的研究发现，实行受雇员欢迎的政策和打造舒适工作环境的公司，拥有更多的创新投入和更好的创新成果。研究结果对于数种计量方法、不同模型设定和各类分组样本的检验均稳健，同时也对工作环境质量的不同定义进行了稳健性检验，并排除了内生性问题。结论与友好的工作环境较易容忍失败从而鼓励员工投入试验和创新的观点相一致，同时本文发现良好的工作环境对创新的促进作用在高创新风险的行业更加显著；并证实了，拥有良好工作环境的公司对外部冲击的适应力更强，对研发失败也有更多的包容；此外实证说明了良好的工作环境对创新的促进作用不是通过留住或招募到有天赋的研究人员、减轻高管的被辞退风险或CEO 薪酬激励这三种渠道获得。

【主要贡献】

本文有两点主要贡献，一是对现有的文献针对良好的工作环境等是否有利于企业发展的讨论拓展了新的内容；第二是本文为近年来不断增多的，对公司的不同内部特征与其创新之间关系的理论研究做出了贡献。

【前沿跟踪】

现有对公司创新影响因素的研究文献众多，既包括从企业内部层面，对企业所有权结构、股权集中度与股权制衡、高管特征、企业学习吸收能力与知识存量、R&D 投入等对企业创新的影响研究；也包括外部制度环境、资本市场、市场化程度等对企业创新的关系研究。随着全球范围现代企业制度的不断完善和发展，在此基础上，学者越来越考虑从更微观的企业内部治理层面研究对创新表现的影响。下面对国内外对员工与公司创新关系的研究进行简要总结。

国外，Hari P. Adhikari 等（2016）[1]发现现金利润共享与员工参与对创新有积极促进作用，但工会干涉对公司创新产出有负面影响。Chen C. 等（2016）[2]研究发现，制定有利于员工的政策的公司通过增加员工满意度和增强团队协调，提高了公司创新产出，并且产出可带来更强的市场价值提升与未来长期经营的改善。

国内，白贵玉等（2016）[3]研究发现知识型员工福利激励对创新绩效有显著正向影响；知识型员工非物质激励中情感激励、环境激励对组织创新绩效和创新合法性均存在显著正向影响；晋升激励与创新绩效、创新合法性不存在显著相关关系。郑海燕（2015）[4]以日本电子行业上市公司为研究对象，研究发现相对于高管薪酬激励，提升普通员工福利状况更有利于促进企业创新。常鑫（2015）[5]研究发现，给普通员工发放的股票期权对公司创新具有非常积极的激励效果，这种影响主要来自于期权 vega 的风险承担激励，而不是期权 delta 的基于业绩的激励。

【参考文献】

[1] Adhikari H. P. , Choi W. , Sah N. B. That is What Friends Do: Employee Friendliness and Innovation [J]. Journal of Economics and Business, 2017 (90): 65-76.

[2] Chen C. , Chen Y. , Hsu P. H. , et al. Be Nice to Your Innovators: Employee Treatment and Corporate Innovation Performance [J]. Journal of Corporate Finance, 2016 (39): 78-98.

[3] 白贵玉, 徐向艺, 徐鹏. 知识型员工非物质激励与创新绩效的关系 [J]. 经济与管理研究, 2016 (5): 121-128.

[4] 郑海燕. 控股股权、员工福利、高管激励对企业创新影响机制研究——2001—2011 年日本电子业的实证检验 [J]. 河北经贸大学学报, 2015 (4): 227-232.

[5] 常鑫. 非高管员工股票期权与公司创新 [J]. 清华金融评论, 2015 (8): 106-108.

(作者: 张璐)

述评：*Technological Diversification Through Corporate Venture Capital Investments*：*Creating Various Options to Strengthen Dynamic Capabilities*

论文原作者：Simon U. Lee & Jina Kang
期刊：Industry and Innovation，2015，22（5）：349-374

【原文摘要】

Corporate venture capital（CVC）investment in technology-intensive entrepreneurial ventures has attracted increasing attention from established firms which recognize it as a useful learning investment strategy to create diversified technological options for future change. However，there is a lack of empirical research which examines the relationship between CVC investment and thecorporate investors' technological diversification. In this study，we investigate the effects of CVC investments on corporate investors' technological diversity by using 20 years of panel data from corporate investors in five high-tech industries. As a result，we find that the total amount of CVC investments and the industrial diversity of portfolio companies exhibit curvilinear（inverted U-shape）relationships with the corporate investors' technological diversity. Moreover，the empirical results show that the absorptive capacity of corporate investors positively moderates the effects of CVC investments on the technological diversity.

【问题导入】

在不同的学习性投资策略中，公司创业投资（CVC）是寻找新技术的途径之一。CVC 指公司投资者对创业企业早期的小额股权投资，与其他学习性投资策略（如并购、合资、战略联盟）相比，CVC 具有较高的灵活性和较低的投资风险。通过 CVC，公司投资者可以较少的投资额投资多家创业企业，从而事先了解技术和市场，并确定将来可以运用的各种战略选择。此外，一旦确定了他们所投资的技术和市场的潜力，就会降低不确定性，公司投资者可以做出明智的后续投资。

已有关于 CVC 的研究，较多关注于其对公司投资者创新绩效的影响。那么，是否还存在着其他可拓展的方面呢？本期选取的推文另辟蹊径，研究了公司投资者通过 CVC 获取的各种外部技术和知识对其内部知识基础多样性的影响。

【研究设计】

一、研究假设

如果公司投资者增加 CVC，一方面，这会提高他们对目标公司知识库的可访问性，进而提高自身技术的多样性；另一方面，过度投资可能会损害公司投资者内部的研发活动，影响公司投资者对于外部知识的吸收能力，对公司投资者技术多样性将会有不利影响。据此，文章提出：

假设 1：CVC 公司投资者的技术多样性与 CVC 投资总额呈曲线（倒 U 形）关系。

对 CVC 公司投资者的技术多样性的另一个可能影响因素是投资组合多元化。通常，公司投资者通过投资于不同行业的创业企业来规避投资风险；但同时，投资组合多元化一旦超过某一程度，公司投资者的协调成本会激增。所以，作者提出：

假设 2：CVC 公司投资者的技术多样性与其投资组合中的创业企业的行业多样性呈曲线（倒 U 形）关系。

上述两个假设关系，可能会由于具体公司投资者的吸收能力不同而具有显著差异。吸收能力是公司评估、吸收和应用外部知识的能力，要实现技术创新这一产出，公司投资者需要吸收新的外部知识，将其应用于自身的内部知识。所以，作者提出：

假设 3：CVC 公司投资者的吸收能力将积极调节其 CVC 投资总额与其技术多样性之间的关系。

假设 4：CVC 公司投资者的吸收能力将积极地调节投资组合中创业企业的行业多样性与其技术多样性之间的关系。

二、变量设置

1. 因变量

CVC 公司投资者的技术多样性：公司投资者在 t 年进行 CVC 投资后的 t ~ (t+2) 年内申请专利的主要（依据 3 位数专利类别代码）技术类别的总数。

2. 自变量

CVC 投资总额：公司投资者在 t 年进行 CVC 投资前的 (t−3) ~ (t−1) 年内的总投资额的自然对数

CVC 投资组合的行业多样性：

$$\text{Industrial Diversity of Portfolio Compaines}_{(i,t-1\text{ to }t-3)} = \frac{1}{\text{HI. Industry}_{(i,t-1\text{ to }t-3)}}$$

HI. Industry：指行业赫芬达尔指数，计算依据 4 位数的 VEIC code 划分行业，再汇总公司投资者 (t−3) ~ (t−1) 年内在每个行业投资份额的平方和。

3. 调节变量

吸收能力：(t−3) ~ (t−1) 时期的研发支出与同一时期的总资产的比值

$$\text{Absorptive Capacity}_{(i,t-1\text{ to }t-3)} = \frac{\text{R\&D Expenditure}_{(i,t-1\text{ to }t-3)}}{\text{Total Assets}_{(i,t-1\text{ to }t-3)}}$$

4. 控制变量

M&A 经历：(t−3) ~ (t−1) 年 CVC 公司投资者 M&A 交易数量；

联盟经历：(t−3) ~ (t−1) 年 CVC 公司投资者形成联盟的数量；

累计专利数量：t 年的前 5 年专利申请总量的自然对数；

公司投资者的规模：(t−1) 年的公司总资产的自然对数；

投资组合公司的质量：投资组合中参与的 VC 数量。

三、回归结果

由于因变量非负且过度离散，本文采用负二项模型进行回归，并且控制了行业。另外，根据 Hausman 检验结果，本文用随机效应进行相应的估计。回归结果显示：

（1）CVC 投资总额平方的系数显著为负，一次项的系数显著为正，所以假设 1 成立。

（2）CVC 投资组合行业多样性的平方的系数显著为负，一次项的系数显著为正，所以假设 2 成立。

（3）吸收能力与 CVC 投资总额平方的交互项的系数为正，但不显著，所以假设 3 没有得到完全证实。

（4）吸收能力与 CVC 投资组合行业多样性的平方的交互项的系数显著为正，所以假设 4 成立。

四、稳健性检验

对可能存在的“反向因果”问题，作者进行了稳健性检验。将 CVC 公司投资者的技术多样性（t-3）~（t-1）设置为自变量，CVC 投资总额 t~（t+2）作为因变量，其余变量同原模型，重新进行了回归分析，但并未得到任何统计上的显著的关系。所以，作者认为两个变量之间的反向因果关系问题可以忽略不计。

五、数据来源

本文选取美国高科技行业的公司作为样本。对高科技行业的划分，参考 SDC 数据库提供的风险投资行业分类，具体包括通信行业、计算机相关设备行业、半导体/电气设备行业、生物技术产业和医药行业。

公司投资者的数据来源于 ThomsonOne. com PE / VC，作者使用 Lexis-Nexis DB 等在线数据库将子公司或基金与其母公司进行匹配；专利类别数据来源于 U. S. Patents and Trademarks Office 数据库，作者使用国际专利分类（IPC）的 3 位数代码，确定 CVC 公司投资者专利的类别；公司投资者的财务数据来源于 Datastream 数据库；CVC 投资组合的行业多样性利用 Thomson one 的数据进行计算；企业并购和联盟交易的数据来源于 SDC 数据库。

最终数据包含来自 97 个不同 CVC 公司投资者的 1313 个企业年度观察结果。

【主要结论】

（1）本文的研究揭示了公司投资者 CVC 投资与技术多样性之间的关系。具体地说，就是 CVC 投资额与公司投资者技术多样性之间存在倒 U 形关系；投资组合的行业多样性与公司投资者技术多样性之间也有这样的关系。增加 CVC 投资规模和投资组合多样化程度，可以引起公司投资者技术多样性的增加，但是超出某一限度时，公司投资者技术多样性就会下降。

（2）企业吸收能力（R&D 强度）的调节作用可以作为 CVC 投资限制的解决方案。虽然 CVC 投资是寻找新技术和商业机会的战略方式，但是如果没有吸收新技术并将其与现有知识基础重组的能力，CVC 的效益就会受到限制。另一方面，注重内部研发活动的企业将具有识别和重组知识的能力，对于这些企业，增加 CVC 投资可以使得新知识被有效地用于各个领域。

【主要贡献】

（1）学术上，作者的研究为评估 CVC 投资的战略价值提供了经验性观点。虽然以前的文献已经承认 CVC 投资作为技术窗口的作用，但均是以专利数量来衡量技术创新；作者分析了这些专利在不同专利类别中的分布情况，进一步探索 CVC 投资与公司投资者技术多样性的关系。

（2）实务上，文章的研究结果为企业提升 CVC 投资回报指出了途径，即检查自身的吸收能力。作者不仅考虑到 CVC 投资组合的规模和行业多样性，同时考察了与吸收外部知识相关的企业能力对创造技术多样化的影响，进而确定其 CVC 投资组合多样性水平，确保 CVC 投资可以获得最佳回报。

【前沿跟踪】

目前，国内外关于 CVC 的研究重点关注两个领域：

一是研究 CVC 投资组合多样性与公司价值之间的关系。Baldi 等（2015）[1]认为 CVC 投资者在多大程度上从创业企业中学习的可能性取决于其风险态度的性质，即投资组合多元化（低风险）或集中（高风险）策略，研究发现，投资组合为公司投资者提供成长和学习机会，并且学习倾向与投资组合多元化之间存在曲线（U 形）关系；Sang M. L. 等（2015）[2]研究发现 CVC 数量与从创业企业转移知识的水平呈倒 U 形关系，CVC 结构与投资公司知识多样性对这个 U 形关系具有调节作用；Wadhwa A. 等（2015）[3]分析得出 CVC 组合多样性与投资公司创新绩效之间存在倒 U 形关系，多样性的影响取决于知识资源组合的深度。

二是关于 CVC 与 IVC 的比较。Alvarez-Garrido E.，Dushnitsky G.（2016）[4]发现 CVC 比 IVC（独立风险投资）具有更高的创新产出，创业公司的绩效对其利用公司资产的能力敏感。Chemmanur T. J. 等（2014）[5]分析了 CVC 与 IVC 在培育创业企业创新能力方面的区别，研究发现：CVC 投资的企业比 IVC 投资的企业更具有创新力。进一步地，基于倾向得分匹配法和双重差分法研究了导致前述结果可能的机制：①由于投资公司和创业公司之间的技术匹配，CVC 投资拥有更多的行业知识。②CVC 投资能够容忍更大的失败。Galloway T. L. 等（2017）[6]发现 CVC 投资对于战略联盟的形成具有单独影响，CVC 培育公司的创始人如果具有高度的权力，那么则更可能组建专注创新的联盟，相较而言，IVC 培育的企业会避免专注创新的联盟。

国内关于 CVC 的研究很少，基本都是围绕 CVC 投资组合多样性与公司投资者价值之间的关系进行，以后的研究可以多关注一下其他领域。

【参考文献】

[1] Baldi, Baglieri F., Corea D., et al. Balancing Risk and Learning Opportunities in Corporate Venture Capital Investments: Evidence from the Biopharmaceutical Industry [J]. Entrepreneurship Research Journal, 2015, 5 (3): 221-250.

[2] Sang M. L., Kim T., Jang S. H. Inter-organizational Knowledge Transfer through Corporate Venture Capital Investment [J]. Management Decision, 2015, 53 (7).

[3] Wadhwa A., Phelps C., Kotha S. Corporate Venture Capital Portfolios and Firm Innovation [J]. Journal of Business Venturing, 2016, 31 (1): 95-112.

[4] Alvarez-Garrido E., Dushnitsky G. Are Entrepreneurial Venture's Innovation Rates Sensitive to Investor Complementary Assets? Comparing Biotech Ventures Backed by Corporate and Independent VCs [J]. Strategic Management Journal, 2016, 37 (5): 819-34.

[5] Chemmanur T. J., et al. Corporate Venture Capital, Value Creation, and Innovation [J]. Social Science Electronic Publishing, 2014, 27 (8): 2434-2473.

[6] Galloway T. L., Millerd R., Sahayma, et al. Exploring the Innovation Strategies of Young Firms: Corporate Venturecapital and Venture Capital Impact on Alliance Innovation Strategy [J]. Journal of Business Research, 2017 (71): 55-65.

（作者：凌丽）

述评：《知识产权保护执法力度、技术创新与企业绩效》

论文原作者：吴超鹏　唐药

期刊：《经济研究》2016 年第 10 期

【原文摘要】

知识产权制度及在其保护下的技术创新日益成为综合国力竞争的决定性因素。作者研究我国各省知识产权保护执法力度对上市公司技术创新及企业绩效的影响机制和作用效果。结果表明：政府加强知识产权保护执法力度，可以提升企业创新能力，表现为企业专利产出和研发投资的增加；进一步研究还发现，加强知识产权执法力度可以通过减少研发溢出损失和缓解外部融资约束两条途径来促进企业创新。当知识产权保护执法力度较强时，企业专利产出对未来财务绩效的提升作用更大。综合研究结果，作者认为政府部门可以通过加强知识产权保护执法力度来提升企业创新能力和财务绩效，以科技创新驱动供给侧结构性改革，实现经济发展方式的转型。

【问题导入】

根据 2014—2015 年《全球竞争力报告》，中国的知识产权保护指数在全球排名第 53 位。理论上，知识产权保护较弱将导致企业不愿意投资进行研发活动，但事实上，联合国教科文组织 2015 年报告却显示中国研发支出占全球研发支出总额的 20%，仅次于美国的 28%。这一现象是否意味着中国企业如此特殊，不需要一个强有力的知识产权法律体系来保护其技术创新？

针对这一现象，本期选送的文章基于跨省比较的新视角，研究知识产权保护执法力度对我国上市公司创新投入和产出的作用效果及影响机制。具体而言，作者按如下三层次展开分析：第一，地方政府加强知识产权保护的执法力度，能否激励企业增加研发投资强度，提升专利创新产出？第二，若能，又是通过何种机制？第三，这种创新的提升能否促进企业绩效？

【研究设计】

一、理论分析与研究假设

(一) 知识产权保护执法力度对企业创新的影响

1. 知识产权保护执法力度与企业研发投资强度

第一，政府加强知识产权保护则减少了外部性问题，降低了企业知识产权被模仿的风险，提高研发投入的期望收益，从而鼓励企业进行更多的研发；第二，如果政府加强对知识产权侵权行为的打击力度，那么企业将更愿意披露研发项目信息和未来前景给外部资金提供者，从而减少了信息不对称问题，进而减少研发项目融资的难度。由此提出：

假设 1：知识产权保护执法力度的加强，将使得企业增加研发投资强度。

2. 知识产权保护执法力度与企业专利产出

加强知识产权保护执法力度对企业专利产出有直接和间接两方面影响。直接影响表现在：在知识产权保护较好时，企业更愿为新技术申请专利保护，而不是将其作为商业秘密；间接影响表现在：知识产权保护将通过增加企业研发投入进而增加专利产出。由此提出：

假设 2：加强知识产权保护执法力度，将会提升企业专利产出。

(二) 知识产权保护执法力度对企业创新的影响机制分析

1. 减少研发溢出损失机制

当一个行业存在较严重的研发溢出时，行业内公司更加依赖于其他公司的技术创新。若政府加强知识产权执法保护，将使行业内实施创新的企业更可能通过专利授权或垄断使用专利而获益，更不可能因技术被侵权而利益受损，这将激发企业进行持续地创新。由此提出：

假设 3：在研发溢出较严重的行业，加强知识产权保护执法力度对企业创新影响程度较大。

2. 缓解外部融资约束

第一，知识产权保护的增强使得公司更愿意披露信息给外部股东和债权人，减少信息不对称；第二，外部投资者预期到所投资的研发项目的创新成果可以得到较好的法律保护，不至于因被侵权而造成投资损失，因此其投资意愿更强。由此推知，当政府加强知识产权保护时，外部投资者更可能为企业提供创新融资，进而促进企业创新。由此提出：

假设 4：当企业处于对外部资金依赖程度较强的行业，或者企业存在较强的外部融资约束时，加强知识产权保护执法力度对企业创新的影响程度更大。

（三）知识产权保护执法力度与企业创新对财务绩效的影响分析

当知识产权保护较强时，企业的专利技术被侵权概率较低，因此研发投入和专利技术所带来的技术垄断利润和专利授权费收益将会提高，这将提升企业未来的财务绩效。由此提出：

假设5：随着知识产权保护执法力度的加强，企业的研发投入与专利产出可以在更大程度上提升企业未来的财务绩效。

二、变量构建

（一）知识产权保护执法力度（IPP）

作者从行政执法、司法保护与执法效果三个维度构建知识产权保护执法指数，进而展开实证检验。

第一，在行政执法方面。各省省委重视知识产权保护程度（IPP1）：等于2000—2013年各省省委每年在省委机关报上宣传知识产权保护的文章数目除以当年该省委机关报所有文章数目；专利未被侵权率（IPP2）：1减去一省知识产权局当年受理的专利侵权纠纷案件数除以该省截至当年累计授权专利数。

第二，在司法保护方面。被侵权方司法判决胜诉率（IPP3）：以1993—2013年各省各年度知识产权侵权案件中被侵权方胜诉的案件数除以当年法庭做出判决的总案件数来衡量。

第三，在执法效果方面。知识产权保护执法效果指标（IPP4）基于《中国城市竞争力报告》计算。

最后，作者基于上述四个指标，采用主成分分析方法构建“各省知识产权保护执法指数”（IPP Index）。

（二）企业创新能力

第一，专利产出：公司申请并获得授权的专利存量除以公司年末总资产。

第二，研发强度：公司的研发费用存量除以公司年末总资产。

模型中加入了其他可能影响企业创新投入和产出的公司特征和省际特征控制变量，包括：公司年末总资产、无形资产率、总资产净利润率、国有企业哑变量、各省人均GDP的增长率、各省城镇人口比重等。

三、实证过程

（一）知识产权保护执法力度对企业创新的影响分析

作者采用如下多元回归模型来检验知识产权保护执法力度对企业创新能力的影响：

$$\text{Innovation}_{i,t} = \alpha + \beta_1 \ \text{IPP}_{i,j,t} - 1 + \beta_2 \ \text{Firm Characteristics}_{i,t-1} + \beta_3 \text{Province Characteristics}_{i,t-1} + \beta_4 \ \text{Industry-fixed Effects} + \beta_5 \text{Year-fixed}$$

$$Effects+\varepsilon \quad (1)$$

其中，$Innovation_{i,t}$为公司 i 第 t 年的创新能力，采用专利产出与研发强度来衡量；$IPP_{i,j,t-1}$表示公司 i 所在省份 j 第 t-1 年的知识产权保护执法力度，分别采用 IPP Index 以及构建该指数的四个分指标（IPP1~IPP4）来衡量。

回归结果显示：分别使用 IPP Index 以及四个分指标（IPP1~IPP4）来度量知识产权保护执法力度的回归系数全部都在1%或5%水平上显著为正，进一步控制省份效应后系数同样显著。这表明随着知识产权保护执法力度的提升，企业的专利产出和研发强度都显著提升，这一结果支持假设1和假设2。

（二）知识产权保护执法力度对企业创新的影响机制检验

1. 减少研发溢出机制的检验

基于中国工业企业数据库和C-D生产函数，作者估计出37个行业的研发溢出程度，然后构建哑变量：行业研发溢出程度（$Spillovers_{i,k}$），若公司 i 所在行业 k 的研发溢出程度高于所有行业的研发溢出程度的中位值则取1，否则取0。

作者在模型（1）中加入行业研发溢出程度哑变量（Spillovers），及其与知识产权执法力度指数（IPP index）的交乘项以检验假设3。

结果显示，交乘项显著为正，表明在研发溢出较严重的行业，知识产权执法力度的加强对企业专利产出和研发强度的影响显著较大，该结果支持假设3。

2. 缓解外部融资约束机制的检验

作者采用如下三个指标来度量企业对外部资金的依赖程度：

（1）行业中某一家公司在某一年的外部资金依赖程度=（该公司当年短期借款与长期借款的增加额+新发行股票金额（包括首发和增发）-股票回购金额）/总资产；然后，计算行业内所有公司外部资金依赖程度的平均值，即为该行业外部资金依赖程度。

（2）采用 Whited 和 Wu（2006）构建的融资约束指数，即 WW 指数来衡量企业面临的融资约束。

（3）以公司成立年限作为划分公司外部融资依赖高低的标准，成立年限较短的公司对外部融资的依赖程度高。

然后根据上述三个指标计算哑变量，若其大于中位值则取1，否则取0。

作者在模型（1）中分别加入上述三个外部资金依赖程度指标，以及其与知识产权执法力度指数（IPP index）的交乘项进行回归分析。总体而言，回归结果支持假设4。

（三）知识产权保护、企业创新与财务绩效

作者通过构建如下多元回归模型来考察当知识产权保护较强时，企业的创新投入与创新产出是否更可能提升企业未来财务绩效：

$$\text{Earn}_{5i,t+1 \text{ to } t+5} = \beta_0 + \beta_1 \text{Innovation}_{i,t} + \beta_2 \text{IPPindex dummy}_{i,j,t} + \beta_3 \text{Innovation}_{i,t} \times \text{IPPindex dummy}_{i,j,t} + \beta_4 \text{Firm characteristics}_{i,t} + \beta_5 \text{Province characteristics}_{j,t} + \beta_6 \text{Industry-fixed Effects} + \beta_7 \text{Year-fixed Effects} + \varepsilon \quad (2)$$

其中，$\text{Earn}_{5i,t+1 \text{ to } t+5}$为企业未来五年的财务绩效，采用企业$t+1$年至$t+5$年间营业利润均值除以第$t$年末的总资产来度量。IPP index $\text{dummy}_{i,j,t}$为各省知识产权保护执法指数（IPP Index）哑变量，若公司i第t年所在省份j知识产权保护执法指数（IPP Index）大于当年各省 IPP Index 的中位值，则取1，否则取0。作者将两个企业创新指标（$\text{Innovation}_{i,t}$），即专利产出与研发强度，同时放入回归模型中。

回归结果部分支持研究假设 5，即当知识产权保护较强时，企业的专利产出对未来财务绩效的提升作用更大。

（四）内生性问题的检验

上述结论可能存在内生性。为此，作者为解释变量 IPP 选取了两个工具变量：第一个是英租界哑变量，第二个是各省 1992 年以前存在的教会大学数量。这两个变量可以反映出当地人民价值观中对知识产权保护的重视程度。作者基于工具变量对上述假设进行重新回归，结果与上述结论一致。

四、数据来源

作者以 1993—2013 年所有 A 股主板、中小板和创业板上市公司作为初始样本。上市公司 2006—2013 年财务数据（从 2006 年开始是因为，当年国家对研发支出的会计处理做出了较大调整，前后不具可比性）来自 Wind 和 CSMAR 数据库；上市公司专利数据手工收集自国家知识产权局专利检索网站；省际数据均来自国家统计局各年度的《中国统计年鉴》。最终样本涉及 2413 家上市公司，23188 个公司年度观测值。

【主要结论】

作者以 1993—2013 年我国 2413 家 A 股上市公司为样本，并基于我国知识产权执法体系，构建各省知识产权保护执法指数，进而展开实证检验发现：

（1）地方政府加强知识产权保护执法力度，可以激励当地企业增加研发投资强度，并提升专利产出；

(2) 知识产权保护对企业创新的影响机制是减少研发溢出损失和缓解外部融资约束;

(3) 当知识产权保护较强时，企业的专利产出对其未来财务绩效的提升作用更大。

【主要贡献】

第一，从研究视角上看，作者基于跨省比较的视角，我国各省只有执法力度差异，无立法差异，因此作者可以更集中地考察知识产权保护执法力度对企业创新的影响。

第二，从研究内容上看，作者率先基于上市公司的数据来检验我国各省知识产权保护执法力度对企业创新活动的影响；此外，作者还将研究内容拓展到考察知识产权保护执法力度对企业创新的影响途径，及其能否通过企业创新影响财务绩效等目前国内外研究涉及较少的内容。

第三，从研究工具上看，作者从我国知识产权保护执法运行体系出发，从行政执法、司法保护与执法效果三个维度，率先构建省级水平的知识产权保护执法指数，为开展知识产权保护执法力度与经济金融领域的研究提供了一个可资借鉴的分析工具和检验方法。

【前沿跟踪】

目前知识产权保护与企业创新的研究主要集中在以下两个方面：

一、知识产权保护能否促进企业创新

刘思明等 (2015)[1]研究发现知识产权保护与新产品和专利产出均存在倒U形关系，但超过95%的样本位于拐点左侧。张鸿武和钟春平 (2015)[2]研究发现立法的铺垫和执法的缓慢提升，使得知识产权保护强度得到提高，这种制度安排对技术创新产生了显著的正向促进作用；相反，R&D补贴对技术创新的效应并不明显。赵娜和王博 (2016)[3]认为合理的知识产权保护制度、企业技术更新换代及其科研管理水平的提高都将对中国企业技术创新产生重要影响。宋振东等 (2016)[4]研究得出，陕西省知识产权保护与大中型工业企业自主创新能力存在动态均衡关系，表现出较强的波动性和阶段性不稳定特征，但2007年以后，知识产权保护对企业自主创新能力提升表现出较强的促进作用。李春涛等 (2016)[5]发现良好的知识产权保护能够鼓励企业进行创新投资。王海成和吕铁 (2016)[6]基于自然实验方法，研究了三审合一对企业创新的影响，结果显示：加强知识产权司法保护，推进知识产权审判体制和工作机制改革，提高审判质量和效率，可以为创新驱动发展战略提供有力的制度保障。

二、以知识产权保护作为重要的环境变量研究其他因素对企业创新的影响

潘健平等（2015）[7]研究发现：企业家精神的确能够促进企业创新，但这种机制只在民营企业中存在；在知识产权保护力度较高的地区，企业家精神可以显著地促进企业创新，但是，在知识产权保护力度较低的地区，企业家精神反而会进一步抑制企业的创新行为。

总的来看，已有研究证实了知识产权保护对于企业创新具有显著的促进作用，而且知识产权保护水平对发挥其他创新要素的作用具有正向的调节效应。

【参考文献】

[1] 刘思明，侯鹏，赵彦云．知识产权保护与中国工业创新能力——来自省级大中型工业企业面板数据的实证研究［J］．数量经济技术经济研究，2015（3）：40-57.

[2] 张鸿武，钟春平．知识产权保护还是 R&D 补贴？——提升中国工业技术创新能力的公共政策选择［J］．东南学术，2016（2）：55-67.

[3] 赵娜，王博．知识产权保护对企业技术创新：促进还是抑制？——2008—2014 年我国高技术产业的经验证据［J］．中央财经大学学报，2016（5）：113-122.

[4] 宋振东，张岗，丁巨涛．知识产权保护与大中型工业企业自主创新关系研究［J］．统计与决策，2016（22）：183-185.

[5] 李春涛，郭培培，张璇．知识产权保护、融资途径与企业创新——基于跨国微观数据的分析［J］．经济评论，2015（1）：77-91.

[6] 王海成，吕铁．知识产权司法保护与企业创新——基于广东省知识产权案件“三审合一”的准自然试验［J］．管理世界，2016（10）：118-133.

[7] 潘健平，王铭榕，吴沛雯．企业家精神、知识产权保护与企业创新［J］．财经问题研究，2015（12）：104-110.

（作者：吴泳涛）

述评：《风险投资与企业创新：影响和潜在机制》

论文原作者：陈思　何文龙　张然

期刊：《管理世界》2017 年第 1 期

【原文摘要】

发挥资本市场对技术创新的支持作用，是国家实施创新驱动发展战略的重要要求。本文以 2006—2011 年深沪两市首次公开上市的 A 股公司为样本，运用双重差分模型，研究风险投资（Venture Capital，简称 VC）对企业创新的影响，并进一步探讨其作用机制。研究发现：VC 的进入促进了被投企业创新，表现为专利申请数量的显著增长。外资背景的 VC 和多家 VC 联合投资对被投企业创新活动的促进作用更强；且 VC 投资期限越长，对创新的促进作用越强。进一步考察 VC 影响企业创新的潜在机制发现：一方面，VC 的进入有利于被投企业引入研发人才，扩大研发团队；另一方面，VC 的进入为被投企业提供了行业经验与行业资源，从而有利于企业创新能力的提高。本文不仅揭示了风险投资对被投企业创新活动的影响及具体机制，同时也为国家完善金融服务体系、利用资本市场推进创新战略提供了经验证据。

【问题导入】

创新是一个国家经济发展的原动力，也是推动经济社会不断向前的重要力量。随着我国经济的飞速发展和经济结构的调整，企业的创新能力越来越受到全社会的关注。国务院印发的《关于深化体制机制改革，加快实施创新驱动发展战略的若干意见》中提到，应强化资本市场对科技创新的支持，壮大创业投资规模。各地也相继出台了一系列政策，通过税收优惠、一次性奖励或补助、租购房补贴、投资亏损补偿等多种形式对风险投资机构予以扶持，鼓励其积极参与推动企业创新。

那么，这一系列政策引导究竟效果如何？风险投资在企业创新中，又扮演者何种角色呢？此问题在当前的经济环境下显得尤为重要，这也正是本期选取文章研究的初衷。

【研究设计】

一、研究假设

传统的认证假说认为：VC 具有认证、监控的功能。而从 VC 的能力角度来看，VC 作为专业投资者，通常拥有丰富的企业管理经验，并在其投资的领域积累了一定的行业经验和资源，能够通过多种方式帮助被投企业提高其增值能力。据此，文章提出：

H1：VC 的进入有利于促进被投企业的创新

不同特征的 VC 对被投企业创新绩效的影响可能存在差异。为此，文章讨论以下三种：

第一，股权性质。由于国外 VC 行业起步较早，发展比较成熟，外资 VC 一般积累了丰富的行业经验，对被投企业的增值能力更强。据此，文章提出：

H2：相较于内资 VC，外资 VC 参与的企业创新绩效更好

第二，持股期限。根据认证假说，VC 的持股期限越长，越能更多地参与被投资企业的经营和管理活动，为企业提供更多增值服务。同时，VC 的持股期限越长，越表明 VC 看好该项投资，而非通过短期的进入和退出投机获利。因此 VC 会更关注企业研发等长期投资决策，帮助被投企业提升价值。据此，文章提出：

H3：VC 的持股期限越长，被投企业的创新绩效越好

第三，联合投资。相比于单独投资的 VC，联合投资的 VC 能够产生协同作用，为企业带来更高的价值增值。当多家 VC 共同投资企业时，VC 间的协同作用使得被投企业能够在研发技术、行业经验、人才引进等方面享有多种异质资源。据此，文章提出：

H4：相较于 VC 单独投资，VC 联合投资的企业创新绩效更好

二、模型

1. H1

$$\text{Patent}_{it}=\beta_0+\beta_1\text{VC\_After}_{it}+\gamma X_{it}+F_i+\lambda_t+\varepsilon_{it} \quad (1)$$

其中，Patent_{it}表示专利申请量，具体用 LnPatent（企业每年申请的专利总数的对数值）和 LnInnovation（企业每年申请的发明专利的对数值）两个变量来衡量；为衡量 VC 进入影响的哑变量，该变量取值为 1 表示有 VC 参与的样本企业在 VC 进入后的“企业—年”观测，取值为 0 则表示没有 VC 参与或 VC 进入之前的“企业—年”观测；X_{it}表示企业规模、ROA、资产负债率、有

形资产比率 4 个控制变量；F_i 和 λ_t 分别表示企业和年份的虚拟变量。

回归结果显示，不论是 OLS 回归还是负二项回归，的系数都显著为正，验证了 H1。

2. H2 至 H4

利用有 VC 参与的企业样本，构建如下模型检验 VC 特征对创新的影响：

$$\text{Patent}_{it}=\beta_0+\beta_1\text{VCChar}_{it}+X_{it}+F_i+\lambda_t+\varepsilon_i \tag{2}$$

其中，表示 VC 的特征，包括是否联合投资、VC 背景和投资期限等变量。模型中其他变量定义同模型 1。

回归结果显示，是否联合投资、VC 背景和投资期限分别作为自变量时，都显著为正，验证了 H2 至 H4。

三、机制探讨

上述研究结果表明，VC 的参与能够促进被投企业创新，文章进一步探讨 VC 促进被投企业创新活动的潜在机制。

1. VC 的参与对企业研发团队的影响

将模型 1 的因变量换为企业当年研发团队总人数和企业当年每项专利研发团队的平均人数。结果显示，在 VC 进入之后，企业的研发团队明显扩大，平均每项专利的研发人员更多，符合我们的预期。

2. VC 的行业经验对企业创新的影响

针对有 VC 参与的样本，将模型 2 的自变量换为 VC 的投资经验和 VC 同行业的投资经验。结果显示，VC 的投资经验的系数不显著，VC 同行业的投资经验的系数显著为正，从而说明 VC 的行业经验是影响被投企业创新活动的另一种有效机制。

四、稳健性检验

（1）为了排除并非 VC 的参与提高了被投企业的创新能力和创新绩效，而是 VC 在事前选择了创新更强的企业这一反向因果关系。对有 VC 参与的企业在 VC 进入前和没有 VC 参与的企业的专利总数和发明专利数进行平行趋势假设检验。结果表明两者的系数均不显著，故排除了反向因果关系。

（2）进行倾向得分匹配分析。采用最邻近匹配法对每个有 VC 进入的被投企业，在控制组企业中只保留了与之倾向得分最为近似的一个企业，用模型 1 进行回归，回归结果与前文一致。

五、数据来源

本文选取 2006—2011 年间沪深两市 IPO 的所有 A 股公司为样本。VC 相关信息来自对招股说明书中“发行人基本情况”的手工摘录和整理；公司上市前 3 年以及上市后的财务数据取自 Wind 数据库和 CSMAR 数据库；专利数据来源于国家知识产权局发布的中国专利数据库。

剔除金融企业，本文最后的样本共含有 5651 个企业—年观测值，共有 875 家首次公开发行股票的上市企业，其中有 VC 参与的共有 437 家。

【主要结论】

（1）VC 的进入显著促进了被投企业创新，表现在企业的专利数量显著增加。进一步分析 VC 的特征发现，外资背景的 VC 相比于内资背景的 VC 具有更丰富的经验，因此对创新的促进作用也更强；VC 对被投企业的投资时间越长，对被投企业的影响力越大，对创新的促进作用越强；相较于单独投资，多家 VC 联合投资能够为企业提供更丰富的资源和行业经验，对创新的促进作用更强。

（2）为了进一步考察 VC 促进企业创新的潜在机制，文章从扩大研发团队和提供行业经验两个角度深入剖析。结果发现，一方面，VC 帮助企业引入研发人才，扩大研发团队；另一方面，VC 为企业提供了行业经验和行业资源，从而帮助企业提高创新能力。

【主要贡献】

（1）本文以创新活动为焦点，考察了 VC 的参与对被投企业提高长期竞争力的影响。

（2）本文不仅检验了 VC 对企业创新的影响，更首次从研发人员、行业经验等角度对其影响机制进行了探讨，对以往研究进行了有益的补充。

（3）本文采用了双重差分模型，并结合倾向得分匹配方法，有效排除了其他因素（尤其是不可观测因素）干扰，从而验证了 VC 影响被投企业创新绩效这一因果关系。

【前沿跟踪】

现有文献主要从高管薪酬、企业经营绩效、首次公开发行的市场表现等角度研究了 VC 对企业的影响，具体而言：

一、从高管薪酬的角度

陈孝勇和惠晓峰（2015）[1]研究发现：①创业投资能够显著改变民营企业高管薪酬与业绩的敏感性，但是创业投资并没有显著改变国有企业高管薪酬与业绩的敏感性；②对民营企业而言，创业投资参与降低了高管薪酬与会计业绩之间的敏感性，但是提高了高管薪酬与市场业绩敏感性。蔡宁等（2017）[2]研究发现：第一，当与超薪酬公司具有共同的风险投资连接时，样本公司更有可能出现超薪酬现象；第二，风险投资所连接的样本公司与超薪酬公司的相似性越强，包括地域、成长性、风险等方面的相似，样本公司出现超薪酬的可能性也越大；第三，当风投向投资项目派出高管时，样本公司更有可能出现超薪酬现象。

二、从企业经营绩效的角度

邹小芃等（2016）[3]研究发现：有创业投资支持的被投资企业在上市之前的经营业绩趋于下滑，而这种影响在上市之后并不显著，创投的退出对公司经营绩效的影响不显著。联合投资的创投机构数量在一定阶段对被投资公司的经营绩效产生负向影响，而创投机构的持股比例和创业投资时间的影响不显著。刘冰等（2016）[4]研究发现：创业投资的介入弱化了高流动性冗余资源与绩效间的正相关关系，但加剧了低流动性冗余资源与绩效间的负相关关系；其介入程度对高流动性冗余资源与绩效的关系有显著负向调节作用，而对低流动性冗余资源与绩效的关系无显著影响。

三、从首次公开发行的市场表现的角度

乔明哲等（2017）[5]研究发现：①公司创业投资参与的企业 IPO 抑价水平显著低于其他企业；②公司创业投资参与的企业 IPO 抑价水平显著低于仅有一般独立 VC 参与的企业；③公司创业投资持股比例与企业 IPO 抑价之间存在类似“∽”形的非线性关系，且该非线性关系受到投资方和受资企业之间业务相关性的影响。韩鹏和沈春亚（2017）[6]研究发现：研发信息披露水平、研发市场错误定价对 IPO 抑价均有较强的解释力，风险资本在新股发行时只发挥了信号作用而没有有效发挥信息作用，从而提高了 IPO 抑价率。

【参考文献】

[1] 陈孝勇，惠晓峰．创业投资的治理作用——基于高管薪酬契约设计视角的实证研究［J］．南开管理评论，2015（2）：126-135.

[2] 蔡宁，邓小路，程亦沁．风险投资网络具有“传染”效应吗——基于上市公司超薪酬的研究［J］．南开管理评论，2017（2）：17-31.

[3] 邹小芃，杨芊芊，戴杭骁．创业投资对企业经营绩效的影响研究——基于中小板和创业板上市公司的实证分析［J］．浙江金融，2016（8）：55-63.

[4] 刘冰，罗超亮，符正平．风险投资和创业企业总是完美一对吗［J］．南开

管理评论，2016（1）：179-192.
［5］乔明哲，张玉利，凌玉，李金良．公司创业投资究竟怎样影响创业企业的IPO抑价——来自深圳创业板市场的证据［J］．南开管理评论，2017（1）：167-180.
［6］韩鹏，沈春亚．研发投入、风险资本与IPO抑价——基于创业板IPO公司的实证研究［J］．管理评论，2017（4）：12-24.

（作者：凌丽）

述评：《创业投资促进了创新绩效吗？——基于中国企业面板数据的实证检验》

论文原作者：王兰芳　胡悦

期刊：《金融研究》2017 年第 1 期

【原文摘要】

本文利用中国企业面板数据，分析了创业投资对创新绩效的影响。本文以专利申请数量和专利质量（发明专利申请、有效专利数、国际专利分类号 IPC 数和专利权利要求数）衡量企业创新绩效，回归结果表明创业投资显著促进了创新绩效；对于外部融资依赖度更高、高新技术密集度更高的行业以及产权保护更好的地区，创业投资对企业创新绩效的促进更显著。本文进一步区分创业投资机构的特征，发现非国有创业投资对创新绩效的促进作用显著大于国有创业投资；高声誉、高网络资本的创业投资机构对创新绩效的促进作用更显著。

【问题导入】

创新是经济持续增长最重要的驱动力之一。我国正处于产业结构转变的关键时刻，党的十八大明确提出创新驱动发展战略“必须摆在国家发展全局的核心位置”。国际经验也表明，建立一个能有效动员创业资本、促进科技成果产业化的创业投资机制是落实创新战略的重要环节。近年来，创业板和中小板上市的企业中，具有创业投资背景的大约占 40%。创业投资支持的企业多属于国家鼓励发展的战略性产业，是转变经济结构的重要力量。但是之前却没有关于我国创业投资和创新绩效的作用机制的相关研究。本期推送的文章弥补了这一不足，并且从行业的外部融资依赖度、高新技术密集度和地区的产权保护程度视角，提供了创业投资促进企业创新绩效的证据。

【研究设计】

一、研究假设

(1) 创业投资与创新绩效

相比于其他传统的投融资方式，创业投资更能激励和促进创新。首先，创业投资专注于早期中小微企业的长远投资，能有效减轻这些融资约束很强的企业的研发投资不足，降低外部融资成本，促进创新绩效；其次，创业投资能为企业提供专业增值服务。基于此，作者提出假说：

H1：创业投资会促进企业的创新绩效。

更进一步，文章分析了以下四个方面的特征差异对 H1 的影响。

2. 行业特征：外部融资依赖度、高新技术密集度

已有研究表明，对于外部融资依赖度较高的行业，股权市场规模更能促进创新绩效，同时增加股权融资不会增加企业的财务风险；当资本市场能有效分散风险时，股权投资者也更乐于投资高风险的创新型企业，有助于降低这类企业的融资约束，提高创新绩效。据此提出：

H2：对于外部融资依赖度更高的行业和高新技术密集度更高的行业，创业投资对创新绩效的促进作用更显著。

3. 地区特征：产权保护程度

由于市场失灵和创新的溢出效应，在缺乏良好的法律保护的情况下，高科技行业面临尤为严重的被侵占风险。大量研究表明，产权保护和法律执行能有效提高企业投融资意愿和研发效率。因此提出：

H3：在产权保护程度更好的地区，创业投资对创新绩效的促进作用更显著。

4. 创业投资机构的所有权性质

创业投资机构的国有和非国有属性很大程度上影响了其主动性和专业性，进而影响创新绩效。国有所有权所固有的代理问题可能削弱其对创新的促进作用。因此提出：

H4a：与国有创业投资机构相比，非国有创业投资机构对创新绩效的促进作用更显著。

然而，国有资本也可能比非国有资本更能促进创新。首先，政府作为投资者介入新兴产业，可以显著减轻中小企业的融资约束和研发投资不足，提升其创新绩效；其次，国有创业投资机构拥有天然的政治关系，更有机会与资源推动企业提高创新绩效。据此提出：

H4b：与国有创业投资机构相比，非国有创业投资机构对创新绩效的促进

作用更不显著。

5. 创业投资机构的声誉和网络资本

高声誉的创业投资能提供更专业的增值服务，通过认证效应为企业吸引高声誉承销商和后续融资，并且声誉受损对创业投资机构不利，比如未来更难筹资、更难获得高退出收益；高网络资本的创业投资机构则具有信息和社会网络优势，能更好地协调创业投资机构，更容易与其他机构形成联合投资。因此提出：

H5：高声誉和高网络资本创业投资机构对创新绩效的促进作用更显著。

二、模型

文章通过企业层面面板数据检验以上五个假说。具体而言：

1. H1

$$\text{Innovation}_{j,t}=\gamma_0+\gamma_1\text{VC}_j+\gamma_2\text{Post}_t+\gamma_3\text{VC}_j\times\text{Post}_t+\text{CONTROLS}_{j,t}+\mu_{j,t} \tag{1}$$

其中，Innovation 分别以专利数量和专利质量共五个维度衡量，其中专利质量指发明专利申请、有效专利数、国际专利分类号 IPC 数和专利权利要求；VC 表示是否为创业投资支持的企业；Post 表示年份是否处于原匹配企业创业投资进入和退出之间；交叉项 VC×Post 体现了创业投资支持的企业在获得创业投资支持之后创新绩效的变化与非创业投资支持的企业在相同期间创新绩效的变化之间的二次差分；控制变量包括企业年龄、总资产、杠杆率、营业收入和企业所属省份市场化指数。H1 检验交叉项 VC×Post 系数的显著性。

2. H2

借鉴 Hsu 等（2014）对外部融资依赖度和高新技术密集度的计算方法，将样本按所处行业外部融资依赖度或行业高新技术密集度的中位数划分为高、低两个子样本，对子样本分别进行模型（1）回归，以检验 H2。

3. H3

以被投资企业所在省份市场化指数衡量地区产权保护程度，按照中位数分为好和差两个子样本，并分别进行模型（1）回归，来检验 H3。

4. H4

$$\text{Innovation}_{j,t}=\varphi_0+\varphi_1\text{GVC}_j+\varphi_2\text{Non}-\text{GVC}_j+\varphi_3\text{Post}_t+\varphi_4\text{GVC}_j\times\text{Post}_t+\varphi_5\text{Non}-\text{GVC}_j^{*}\text{Post}_t+\text{CONTROLS}_{j,t}+v_{j,t} \tag{2}$$

GVC、Non-GVC 分别表示企业是否由国有创业投资机构支持和是否由非国有创业投资机构支持；Post 和 CONTROLS 同模型（1）。H4 分别检验两个交乘项系数的显著性。

5. H5

$$Innovation_{j,t} = \varphi_0 + \varphi_1 HRankVC_j + \varphi_2 LRankVC_j + \varphi_3 Post_t + \varphi_4 HRankVC_j \times Post_t + \varphi_5 LRankVC_j \times Post_t + CONTROLS_{j,t} + \upsilon_{j,t} \quad (3)$$

$$Innovation_{j,t} = \varphi_0 + \varphi_1 HNetVC_j + \varphi_2 LNetVC_j + \varphi_3 Post_t + \varphi_4 HNetVC_j \times Post_t + \varphi_5 LNetVC_j \times Post_t + CONTROLS_{j,t} + \upsilon_{j,t} \quad (4)$$

文章以创业投资机构以往投资企业成功上市的数量来衡量其声誉，模型（3）中 HRankVC 和 LRankVC 分别表示企业是否由高和低声誉创业投资机构支持；以创业投资机构在前 5 年期间内合作过的创业投资机构数量来衡量其网络资本，模型（4）中 HNetVC 和 LNetVC 分别表示企业是否由高和低网络资本创业投资机构支持。H5 即分别检验交叉项系数的显著性。

三、稳健性检验

1. 内生性问题

因为创业投资机构倾向就近投资，被投资企业与创业投资机构存在地理聚集性，文章选用被投资企业获得首次创业投资当年企业所在省份创业投资机构的数量作为工具变量。采取 Heckman 两阶段回归后，结论一致。

2. 其他稳健性检验

包括：①删除 leverage 缺失非常严重的这一控制变量；②增加可能影响企业创新绩效的地区变量，如企业所在省份的高新企业数量、R&D 支出、GDP、高端创新人才数（长江学者和两院院士）；③调整样本区间为创业投资支持的企业及其匹配企业从创业投资首次进入前 3 年至退出；④剔除在样本区间内没有过任何专利申请的企业。分别使用原回归后，主要结果没有太大变化。

四、数据来源

所涉及的创业投资数据以及非创业投资支持企业数据均来自 CVSource 数据库；专利申请数据来自国家知识产权局；专利被引用数据和法律状态数据来自 Google Patent。文章对 2004—2011 年首次获得创业投资支持的 519 家企业，按年度、省份、行业和获得创业投资前一年的专利申请量进行 PSM 匹配，得到最多 10 家非创业投资支持的企业作为对照样本。观测区间为每一家创业投资支持的企业及其匹配企业自创业投资进入前两年至创业投资退出之间，如果创业投资在 2013 年底依然没有退出记录，观测区间截至 2013 年。由于 CVSource 非上市企业库起始于 2002 年，专利数据收集截至 2013 年底，因而最终样本区间选择为 2002—2013 年。剔除控制变量缺失的观测值后，共得到 2002—2013 年 6849 个企业年度观测值。

【主要结论】

本文以制造业工业企业2002—2013年面板数据为样本，检验了创业投资对创新绩效的影响。结果表明：

（1）创业投资支持的企业在创业投资进入之后创新绩效的变化显著高于同期非创业投资支持的企业的变化。

（2）对于外部融资依赖度更高、高新技术密集度更高的行业以及产权保护更好的地区，创业投资对企业创新绩效的促进作用更显著。

（3）进一步区分创业投资机构的特征，发现非国有创业投资机构对创新绩效的促进作用显著大于国有创业投资机构；高声誉、高网络资本的创业投资机构对创新绩效的促进作用更显著。

【主要贡献】

第一，创业投资对创新和经济发展至关重要。各国资本市场成熟程度不同，至今没有实证研究检验在我国转型经济背景下，创业投资对创新绩效的影响。仅有的个别研究只考察创新投入，并没有关注更具经济意义的创新绩效，本文弥补了以上不足。

第二，国有创业投资是近年来的热点问题。在创业投资行业发展的不同阶段，政府作用不尽相同，现有文献对其投资机制的认识十分有限，本文加深了对其投资机制的认识。

第三，经济体系由微观主体构成。创业投资机构通过合作投资形成网络，创业投资的声誉和网络资本成为影响其行为的重要因素，并且新兴经济体市场化程度较差，声誉和网络资本有更大的作用空间。

第四，本文收集和整理的高质量创新绩效数据是一大突破。

【前沿跟踪】

在创新管理研究领域中，企业创新绩效议题长期以来受到经济学和管理学领域学者们的热切关注，目前围绕企业创新绩效议题已经产生了一大批丰富的理论和研究成果。国内研究的热点主要是围绕企业吸收能力、创新网络结构、组织学习等视角展开。

企业吸收能力方面：郭尉（2016）[1]发现吸收能力在创新开放度与开放式创新绩效中有部分中介作用；创新独占性对吸收能力与开放式创新绩效的影响有正向调节作用。艾志红（2017）[2]基于吸收能力的研究视角，实证研究显示：网络规模、网络密度均显著促进潜在吸收能力的提升，潜在吸收能力有利于实际吸收能力的提升，实际吸收能力的提升最终有利于创新绩效的提高；吸收能力在网络结构与创新绩效的关系中起完全中介作用。

创新网络结构方面：刘学元等（2016）[3]基于中国278家制造业企业样本，实证得出：创新网络关系强度和企业吸收能力均对企业创新绩效存在显著的正向影响，且企业吸收能力在网络关系强度和企业创新绩效之间起不完全中介作用。施放和朱吉铭（2015）[4]则基于228家浙江省高新技术企业，考察创新网络、组织学习对于创新绩效的影响机制，并建立了“创新网络—组织学习—创新绩效”框架模型。

组织学习方面：马蓝和安立仁（2016）[5]基于组织学习理论，构建了创新网络环境下合作经验、吸收能力、网络权力对创新绩效影响的结构方程模型，并结合西安市高新技术企业样本数据得到：合作经验和网络权力对创新绩效具有显著正向影响，而吸收能力对创新绩效的影响不显著；合作经验对网络权力和吸收能力具有显著正向影响。刘建湘和单汨源（2016）[6]基于湖南、广东和浙江等地312家企业数据的实证调查表明，企业提升研发活动开放程度和增强组织学习对创新绩效都产生了显著的积极作用，并且组织的探索式学习在研发开放度与企业创新绩效之间起中介作用。

【参考文献】

［1］郭尉．创新开放度对企业创新绩效影响的实证研究［J］．科研管理，2016（10）：43-50.

［2］艾志红．创新网络中网络结构、吸收能力与创新绩效的关系研究［J］．科技管理研究，2017（2）：26-32.

［3］刘学元，丁雯婧，赵先德．企业创新网络中关系强度、吸收能力与创新绩效的关系研究［J］．南开管理评论，2016（1）：30-42.

［4］施放，朱吉铭．创新网络、组织学习对创新绩效的影响研究——基于浙江省高新技术企业［J］．华东经济管理，2015（10）：21-26.

［5］马蓝，安立仁．合作经验、吸收能力、网络权力对企业创新绩效的影响机制——基于组织学习视角［J］．科技进步与对策，2016（1）：81-87.

［6］刘建湘，单汨源．研发开放度与企业创新绩效的关系研究：组织学习的中介作用［J］．财经理论与实践，2016（2）：99-105.

（作者：王栋坤）

述评：《公司创业投资究竟怎样影响创业企业的 IPO 抑价——来自深圳创业板市场的证据》

论文原作者：乔明哲　张玉利　凌玉　李金良

期刊：《南开管理评论》2017 年第 1 期

【原文摘要】

国外研究表明，公司创业投资能够降低创业企业 IPO 抑价水平，但未能考虑该影响机制的特殊性和复杂性。本文基于信息不对称理论，以深交所创业板市场 2013 年底 355 家上市企业为研究对象，研究发现：（1）公司创业投资参与的企业 IPO 抑价水平显著低于其他企业；（2）公司创业投资参与的企业 IPO 抑价水平显著低于仅有一般独立 VC 参与的企业；（3）公司创业投资持股比例与企业 IPO 抑价之间存在类似"∽"形的非线性关系，且该非线性关系受到投资方和受资企业之间业务相关性的影响。本文从细分不同 VC 类型和揭示信息传递复杂性两个方面深化了 VC 对 IPO 抑价影响的研究，有助于全面、深入地认识不同类型 VC 对 IPO 抑价影响的差异，以及公司创业投资对 IPO 抑价影响机制的特殊性和复杂性。

【问题导入】

首次公开发行（IPO）是创业企业走向成熟、规范的重要标志，其不仅为企业开启了向公众募集资金的渠道，也给投资者在资金、人力资本等方面的长期投入带来丰厚的回报。但企业新股发行价格可能低于市场价格，即 IPO 抑价，这实质上造成创业企业初始股东财富的损失。对此存在两种相反的解释："认证"假说认为，VC 具有"筛选"、"监督"、增值服务以及"认证"功能，可以向投资者传递正面信息，进而降低其抑价水平；"逐名效应"假说却认为，年轻、缺乏声誉的创投家需要通过成功的 IPO 案例提升自身声誉，反而愿意接受更高的抑价水平，以便有利于后续基金的募集。

公司创业投资（CVC）是非金融性企业提供的创业投资，与传统独立创业投资（IVC）相比，它们依托母公司的产业优势，拥有 IVC 所不具备的战略资源。研究显示，国内 IVC 更多地体现出“逐名效应”。那么，国内 CVC 呢？此外，两者对 IPO 的影响是否存在差异呢？本期选取的文章基于深市创业板数据，分析回答了以上问题。

【研究设计】

一、研究假设

一方面，CVC 项目缺乏 IVC 那样与最终财务收益挂钩的薪酬激励计划，它们的存续周期和成功与否取决于其对母公司的战略价值而非财务收益；另一方面，CVC 的母公司具有资深的企业经营管理经验和行业背景，在甄别投资项目质量上处于优势地位，有助于减少项目的“逆向选择”问题。据此，文章提出：

H1：CVC 支持的创业企业 IPO 抑价水平低于没有 CVC 支持的创业企业

尽管国内 CVC 总体起步较晚，但在薪酬制度和战略目标导向等方面与 IVC 存在明显差异，它们能否树立声誉和成功地再募资主要取决于其能否实现母公司的战略目标而不是项目的财务收益，因此总体上不会体现出国内 IVC 那样强烈的“逐名”动机。据此，文章提出：

H2：CVC 支持的创业企业 IPO 抑价水平低于 IVC 支持的创业企业

当 CVC 的持股比例很低时，难以发挥较强的“认证”作用，随着其持股比例增加，投资企业的“认证”作用会随之增强，从而降低创业企业的 IPO 抑价水平。但是，当 CVC 持股比例达到一定程度时，其对创业企业的控制能力增强，也就更有能力侵占创业企业的利益，使得 IPO 抑价水平上升。当 CVC 持股比例很高时，创业企业的利益便和投资企业的利益变得一致，导致 IPO 抑价水平下降。据此，文章提出：

H3：CVC 持股比例与创业企业 IPO 抑价水平之间存在非线性关系，持股比例的大小存在两个“阈值”

当投资企业与创业企业的业务水平相关时，由于同业竞争，随着持股比例增加投资企业侵占创业企业利益的风险增大，使得 IPO 抑价水平升高。当双方业务垂直相关时，随着持股比例的增加，双方的协作关系有助于提升创业企业绩效，但 CVC 投资者通过压制其控制的上下游创业企业实现自身利益最大化的风险也随之增加，使得 IPO 抑价先下降然后再上升。据此，文章提出：

H4：双方业务相关性对 CVC 持股比例与创业企业 IPO 抑价水平之间的关系存在调节作用

二、模型

1. H1

$$\text{Underpricing} = \beta_0 + \beta_1 \text{CVC} + \sum_{i=2}^{n} \beta_1 \text{Control Variables} + \varepsilon$$

其中，Underpricing 为 IPO 首日公司股票收益率；CVC 表示是否有 CVC 持股；控制变量包括 IPO 企业的年龄和规模、IPO 规模、IPO 时市场状况、IPO 首日换手率、承销商声誉、管理层持股比例、IVC 持股、高科技行业虚拟变量、年份虚拟变量。回归结果显示，CVC 的系数显著为负，验证了 H1。

2. H2

$$\text{Underpricing} = \beta_0 + \beta_1 \text{PureCVC} + \beta_2 \text{CVCIVC} + \beta_3 \text{NonVC} + \sum_{i=4}^{n} \beta_i \text{Control Variables} + \varepsilon$$

PureCVC、CVCIVC、NonVC 分别表示仅有 CVC 持股、兼有 CVC 和 IVC 持股、没有任何 VC 持股，控制变量同上。回归结果显示，PureCVC 和 CVCIVC 的系数显著为负，H2 得到验证。

3. H3

$$\text{Underpricing} = \beta_0 + \beta_1 \text{CVCRatio} + \beta_2 \text{CVCRatio}^2 + \beta_3 \text{CVCRatio}^3 + \sum_{i=4}^{n} \beta_i \text{Control Variables} + \varepsilon$$

CVCRatio 为 CVC 投资者的持股比例，控制变量同上。回归结果显示，CVCRatio^3 的系数显著为负，H3 得到验证。

4. H4

$$\begin{aligned}\text{Underpricing} = {} & \beta_0 + \beta_1 \text{CVCRatio} + \beta_2 \text{CVCRatio}^2 + \beta_3 \text{CVCRatio}^3 + \beta_4 \text{Unrelated} + \\ & \beta_5 \text{Vrelated} + \beta_6 \text{CVCRatio} \times \text{Unrelated} + \beta_7 \text{CVCRatio}^2 \times \text{Unrelated} + \\ & \beta_8 \text{CVCRatio}^3 \times \text{Unrelated} + \beta_9 \text{CVCRatio} \times \text{Vrelated} + \beta_{10} \text{CVCRatio}^2 \times \\ & \text{Vrelated} + \beta_{11} \text{CVCRatio}^3 \times \text{Vrelated} + \sum_{i=12}^{n} \beta_i \text{Control Variables} + \varepsilon \qquad (6)\end{aligned}$$

$$\begin{aligned}\text{Underpricing} = {} & \beta_0 + \beta_1 \text{CVCRatio} + \beta_2 \text{CVCRatio}^2 + \beta_3 \text{CVCRatio}^3 + \beta_4 \text{Vrelated} + \\ & \beta_5 \text{Hrelated} + \beta_6 \text{CVCRatio} \times \text{Vrelated} + \beta_7 \text{CVCRatio}^2 \times \text{Vrelated} + \\ & \beta_8 \text{CVCRatio}^3 \times \text{Vrelated} + \beta_9 \text{CVCRatio} \times \text{Hrelated} + \beta_{10} \text{CVCRatio}^2 \times \\ & \text{Hrelated} + \beta_{11} \text{CVCRatio}^3 \times \text{Hrelated} + \sum_{i=12}^{n} \beta_i \text{Control Variables} + \varepsilon \qquad (7)\end{aligned}$$

Unrelated、Vrelated、Hrelated 分别表示 CVC 投资企业与 IPO 企业业务不

相关、业务垂直相关、业务水平相关，其他变量同上。回归结果显示，（6）中 CVCRatio 的一次项、二次项、三次项分别与 Vrelated 的交互项均显著为正；（7）中 CVCRatio 的一次项、二次项分别与 Vrelated 的交互项均显著为正。H4 得到验证。

三、稳健性检验

（1）样本选择。由于成熟企业在进行 CVC 投资时可能选择那些高质量的创业企业，导致其支持的创业板企业 IPO 抑价由于选择问题而低于其他创业板企业。为此，本文采用 Heckman 两阶段分析法来克服 CVC 投资可能产生的样本选择性偏差问题。逆米尔斯比率（IMR）的回归系数不显著，CVC 的回归系数仍然在 5%水平上显著，表明样本没有明显的选择性偏误问题。

（2）替代变量。首先，使用市场调整抑价率作为因变量对回归模型进行检测，其市场调整抑价率为股票 n 上市首日时的市场回报率；然后，使用企业总资产自然对数替代销售收入自然对数作为变量 Firm Size 进行回归分析，所得分析结论不变。

（3）分位数回归。由于因变量可能是右偏态分布，采用分位数回归方法对模型进行测试，分析结果支持 OLS 估计方法的结论。

四、数据来源

本文选取深圳证券交易所创业板市场 2013 年末已经完成 IPO 的 355 家上市公司作为研究样本。从 CSMAR 数据库中提取了 355 家企业的 IPO 数据、IPO 股东信息与企业基本信息；CVC 数据通过分析样本企业的股东信息，结合招股说明书、企业年报、媒体报道以及作者前期研究建立的沪深上市公司 CVC 投资数据库中的相关信息获得。

【主要结论】

（1）CVC 能够显著降低创业企业的 IPO 抑价水平，且对 IPO 抑价的影响与 IVC 存在显著差异。一方面，CVC 通常以战略利益而非财务收益作为主要目标，背后有大企业支持也无筹资压力；另一方面，国内 CVC 投资者尽管缺乏创投行业经验，但拥有 IVC 不具备的资深行业背景、管理经验和各种经营资源，弥补了自身创投经验的不足。

（2）CVC 持股比例与创业企业 IPO 抑价之间存在类似“∽”形的非线性关系，且受到 CVC 双方业务相关性的显著调节。

【主要贡献】

第一，以往国内相关研究主要关注 IVC 对受资企业 IPO 抑价的影响，并未关注 CVC 这一特殊类型的 VC。文章一方面弥补了国内缺乏相关研究的不足；另一方面表明“逐名效应”假说成立的条件不仅取决于 VC 的经验和声誉，还取决于 VC 的类型及其追求的目标，有助于更加全面地理解“逐名效应”假说的适用条件。

第二，已有研究只简单考察了 CVC 在总体上是否降低了创业企业的 IPO 抑价水平。文章通过引入持股比例和业务相关性两个变量，厘清有关 CVC 对 IPO 抑价的“认证”、“逐名效应”等假说成立的前提条件，提出并验证了 CVC 对创业企业 IPO 抑价的复杂影响机制，同时表明不同的 CVC 持股比例和双方业务相关性向股票投资者传递了不同的信息。

【前沿跟踪】

目前，国内关于 IPO 抑价的问题重点关注三个领域。

一是研究机构投资者持股对 IPO 抑价的影响：赵岩和孙文琛（2016）[1]研究表明：机构投资者持股越多，IPO 抑价程度越低；作为主承销商的券商声誉较高时，机构投资者持股对 IPO 抑价的负向作用会加强；非国有企业表现出更好的作用效果。韩鹏和沈春亚（2017）[2]研究表明研发信息披露水平、研发市场错误定价对 IPO 抑价均有较强的解释力，风险资本在新股发行时只发挥了信号作用而没有有效发挥信息作用，从而提高了 IPO 抑价率。

二是投资者情绪对于 IPO 抑价的影响：周孝华和陈鹏程（2017）[3]研究发现在投资者过度乐观情绪下，IPO 长期表现弱势，抑价是对机构投资者锁定期内持股流动性的风险补偿，且抑价与投资者情绪的乐观程度正相关，与机构投资者配售比例正相关。陈静楠等（2016）[4]研究发现，无论在市场层面还是公司层面，投资者情绪对民营企业 IPO 抑价均存在显著正向影响，即投资者情绪越高涨，IPO 抑价程度越高。

三是询价制度对 IPO 抑价的影响：彭志胜和宋福铁（2017）[5]研究发现随着询价对象范围的增加并超出某一临界值后，抑价率呈现先下降后上升的趋势，而之前并无显著影响；随着网下配售比例的增加，抑价率呈现先下降后上升的趋势，在达到某一临界值后影响消失。黄顺武和贾捷（2017）[6]研究发现随着询价制改革的推进，创业板 IPO 定价有了显著的下降，在制度层面，赋予承销商配售权与引入个人投资者参与网下询价均有利于降低 IPO 定价，但是取消网下申购股票锁定期却提高了 IPO 定价。

【参考文献】

[1] 赵岩，孙文琛．券商声誉、机构投资者持股与 IPO 抑价［J］. 经济管理，2016（12）：112-131.

[2] 韩鹏，沈春亚．研发投入、风险资本与 IPO 抑价——基于创业板 IPO 公司的实证研究［J］. 管理评论，2017（4）：12-24.

[3] 周孝华，陈鹏程．锁定制度、投资者情绪与 IPO 定价：基于承销商视角的理论与数值分析［J］. 管理工程学报，2017（2）：84-90.

[4] 陈静楠，张敏微，付龑钰．投资者情绪对创业板民营企业 IPO 抑价的影响［J］. 中国注册会计师，2016（9）：68-72.

[5] 彭志胜，宋福铁．IPO 定价制度市场化改革：基于询价对象范围、配售比、锁定期的视角［J］. 系统管理学报，2017（1）：10-20.

[6] 黄顺武，贾捷．询价制度改革与新股发行定价——来自创业板的经验证据［J］. 金融理论与实践，2017（2）：87-92.

（作者：凌丽）

述评：《风险投资与企业生产效率：助力还是阻力》

论文原作者：赵静梅　傅立立　申宇

期刊：《金融研究》2015 年第 11 期

【原文摘要】

作者选取 2004—2012 年我国上市公司数据，研究风险投资与上市公司全要素生产率的关系，结果发现风险投资总体上并没有改善企业的生产效率。总体无效率主要由低声誉风投机构导致，其与企业生产效率显著负相关，但是高声誉风投机构与企业生产效率却显著正相关。情景转换模型显示，高声誉的风投机构对企业生产效率的影响比低声誉的风投机构高 1.24%~1.65%。作者的研究为企业选择风投机构提供了参考，也为风险投资对企业的增值服务提供了新的视角，对双方而言，饥也需择食，择其善者而从之。另外，作者也提出了关注风投行业系统风险、规范行业行为、做好政府定位和突破风投行业反腐禁区等政策建议。

【问题导入】

我国已经迈入全民创业的新时代，风投行业出现了井喷式极速发展。不过，我国风投行业也出现了一些乱象，“突击入股”、“PE 腐败”、“代人持股”、“权股交易”、“业绩变脸”等现象时有发生。毋庸讳言，在全民创业盛世蓝图下，更应该对风投行业进行全面的、审慎的审视。风险投资研究的学术领域，目前主要集中在风投对财务绩效的影响方面，鲜有文献探讨风投是否能改善以及如何改善生产效率这一重要问题。

本期选送的推文聚焦于此，研究风险投资与企业生产效率之间的关系。具体而言，回答了风投是搭上了优质企业上市的“顺风车”（对企业生产效率无影响），还是以专业化的增值服务获取投资收益（对企业生产效率有正面影响），或者盲目投资反而阻碍了企业发展（对企业生产效率有负面影响）。

【研究设计】

一、变量设计

1. 企业全要素生产率（TFP）

作者采用 TFP 衡量企业的生产效率，因为：一是企业在获取风险资金之后，会根据市场行情配置生产要素，因此生产效率会随着行业、时间的变化而改变；二是技术进步是企业生存和发展的基石，但财务指标（例如 ROA）无法充分反映企业技术创新的信息。

作者根据 Olley 和 Pakes（1996）的基本思路，同时借鉴 Loecker（2007）将企业出口行为引入 OP 框架的具体做法，按照鲁晓东和连玉君（2012）的研究设计估算 TFP。

2. 风险投资声誉

作者分别采用前 3 年风险投资机构投资的额度/市场份额、前 3 年风险投资参股企业上市后的总资产规模/市场份额四个指标衡量。考虑到数据的平滑性，作者采用 3 年期的滚动窗口加总得到；以风投机构声誉的平均值作为联合投资公司的声誉指标。

如果声誉指标超过样本中位数，则称为高声誉样本，否则为低声誉样本。

二、模型设定

为了尽可能地降低样本选择和内生性问题，作者选择 Heckman 两阶段方法研究。回归模型如下：

$$I(\mathrm{VC}_i = 1) = \alpha + \beta_1 \mathrm{Controls}_i + \sum \beta_n \mathrm{Year} + \sum \beta_m \mathrm{Ind} + \varepsilon_i \tag{1}$$

$$\mathrm{TFP}_i = \alpha + \gamma \mathrm{PI}_i + \beta_1 \mathrm{VC} + \beta_2 \mathrm{HR}_i + \sum \beta_n \mathrm{Year} + \sum \beta_m \mathrm{Ind} + \varepsilon_i \tag{2}$$

其中，I（VC=1）表示获得风投资金的概率，当公司有风险投资时，变量等于 1，否则为 0；TFP 是上市当年的全要素生产率；PI 是逆米尔斯比，衡量风险投资选取企业的私有信息；VC 是虚拟变量，表示是否有风险投资背景；HR 表示是否为高声誉样本；Year 与 Ind 分别表示年度与行业固定效应。

Controls 为控制变量，包括：承销商承销规模属于当年的前十大承销商虚拟变量、企业年龄、公司上市的首日换手率、公司上市前三年的总资产、资产负债率和净资产收益率的平均数、IPO 的冷热季节、企业性质、企业是否参与出口活动的虚拟变量、企业 IPO 时市场平均发行市盈率、企业发行市盈率。

为了更进一步地考察风险投资声誉对企业生产效率的影响，作者在模型（1）的基础上，建立以下声誉模型，其中，rep 表示风险投资的声誉，分别选取上文提到的 4 个指标衡量。

$$\mathrm{TFP}_i = \alpha + \gamma \mathrm{rep}_i + \beta_1 VC + \beta_2 \mathrm{PI}_i + \beta_3 \mathrm{Controls}_i + \sum \beta_n \mathrm{Year} + \sum \beta_m \mathrm{Ind} + \varepsilon_i \tag{3}$$

三、实证结果

1. Heckman 两阶段分析

模型（1）的回归结果显示在总体样本和高声誉样本中，风险投资选择企业的私有信息（PI）在统计上显著为正，但低声誉样本中，PI 并不显著，一方面表明证实研究确实存在样本的自选择问题，采用 Heckman 两阶段回归的方法是合适的；另一方面表明高声誉的风投具有选择优质企业的能力，低声誉的风投这种能力并不明显。

模型（2）中是否选择风险投资的虚拟变量（ VC ）为正，但在统计上并不显著，说明从整体上来看，风投机构对企业效率的提升并无明显的作用。是否属于高声誉的虚拟变量（HR）在 1%的水平上显著为正，表明在控制了风险投资的选择后，高声誉风险投资显著提高了企业的生产效率。为了进一步厘清风险投资声誉对 TFP 的影响，作者将高声誉和低声誉样本与非风投的样本分别回归。高声誉和无风投的样本中，VC 变量在 5% 的水平上显著为正，说明高声誉的风投机构显著提高了 TFP；与此同时，低声誉和无风投的样本中，VC 变量显著为负，低声誉的风投降低了企业的生产效率。

对模型（3）的回归显示风投机构声誉每提高 1%，企业生产效率提高 0.6%，高声誉的风投机构提高了企业的生产效率。无论是以 IPO 的规模，还是投资规模衡量的风险投资声誉指标，都对企业的效率产生了促进作用，这一结果也表明，经验丰富、专业化和投资水平是风投机构获取市场声誉的重要因素，这些特质信息有助于提高企业的生产效率。

2. 内生性及稳健性分析

Francis 等（2011）指出 Heckman 二阶段模型存在结果的不稳定，Lawrence 等（2011）建议采用倾向值配对方法（PSM）。文章显示 PSM 的结果与前文几乎一致。

3. 风险投资的经济效应（情景转换测试）

本文进一步评估风险投资对企业生产效率的经济效应，采用 Fang（2005）的情景转换回归方法（Switching Regression）分析。转换回归的思想是，对于有风投背景的企业，如果没有风险投资的情景下，TFP 如何变化；反之，对于没有风投背景的企业，如果有风险投资时，TFP 如何变化。

综合测试结果可以看出，总体来看风险投资对生产效率并没有明显的提升作用，但高声誉的风投机构可以有效改善企业生产效率。

四、数据来源

作者选取2004—2012年沪深股市所有主板、中小板和创业板的上市公司作为研究样本，并剔除关键财务数据缺失和明显错误的样本，剔除金融业、服务业、综合行业的样本，最终保留1008家上市公司。

研究所需的财务数据、公司治理数据来自于Wind和CSMAR数据库；风险投资背景的数据通过上市公司招股说明书手工搜集，并与投中集团（China Venture）公布的数据进行比对增补。

【主要结论】

作者以上市公司全要素生产率作为切入点，研究了风险投资对企业生产效率的影响，结果显示：

第一，风投机构总体上并没有明显改善企业的生产效率。第二，高声誉的风投机构显著提高了企业的生产效率；而低声誉的风投机构却降低了企业的生产效率。第三，采用情景转换模型，进一步发现风险投资有明显的声誉效应，高声誉的风险投资对生产效率表现出“助力”的作用，低声誉的风险投资表现出“阻力”的特点。

【主要贡献】

与国内外的研究相比，作者的创新和贡献如下：

第一，作者手工搜集我国2004—2012年上市公司的风险投资股东数据，系统研究风险投资对企业生产效率的增值服务，并且剖析了风险投资机构对企业生产效率的影响路径，不仅丰富了我国风险投资研究的文献，也完善了风险投资增值服务的研究框架。

第二，作者从风险投资声誉机制分化角度，系统研究了风险投资声誉对企业增值服务的影响，并发现了高声誉风投机构的“助力”效应，低声誉风投机构的“阻力”效应。

第三，作者将情景转换方法引入风险投资研究领域，分别模拟了四种情景：有风险投资与无风险投资、高声誉风险投资与低声誉风险投资，结果发现只有当高、低声誉风险投资转换时，对生产效率才具有显著的经济效应。这意味着声誉机制是企业生产效率改善的重要影响因素。

【前沿跟踪】

当前关于风险投资与技术创新的研究集中在两个方面：一是风险投资是否能促进技术创新；二是风险投资对其他创新要素的调节效应。

一、风险投资是否能促进技术创新

沈丽萍（2015）[1]研究发现，风险投资并不能为创新企业提供更多资源的支持，也不能督促企业创造出更多的效益，风险投资并不能促进高新技术企业的技术创新。冯照桢等（2016）[2]则研究发现：风险投资（规模和数量）与技术创新（专利数量和研发效率）之间存在着门槛效应。陈思等[3]（2017）得出：VC 的进入促进了被投企业创新，表现为专利申请数量的显著增长；外资背景的 VC 和多家 VC 联合投资对被投企业创新活动的促进作用更强，且 VC 投资期限越长，对创新的促进作用越强。王婷（2016）[4]的研究结果显示中国的风险投资对技术创新具有显著的资本增加效应，但未能有效发挥创新效率提高效应；同时，促进效应存在区域差异性，在创新要素密集和创新生态环境温润的北京、深圳及上海地区的表现比较突出。邹双和成力为（2017）[5]的研究结果显示：上市前第 1 年进入企业的风险投资对企业创新绩效的促进作用不显著，上市前第 2 年进入企业的风险投资能够显著持续地促进企业创新绩效，相对于单独风险投资和低资历风险投资，联合风险投资和高资历风险投资对企业创新绩效的促进作用更大。Lahr H.，Mina A.（2016）[6]构建了联立方程模型并基于美国和英国的样本来分析风险投资对于企业创新产出的影响，结果显示风险投资与创新产出的正相关关系是风投机构能够选择创新能力强的企业造成的，风投本身不能促进企业从事创新活动，反而更倾向于将已有专利商业化从而抑制了创新活动。

二、风险投资对其他创新要素的调节效应

唐清泉等（2015）[7]研究发现风投声誉越高和持股比例越多，对家族控制权与 R&D 的调节作用越强；国有风投和本地风投对家族控制权与 R&D 的调节作用更强，而联合风投与独立风投没有显著差别。赵毅等（2016）[8]研究发现：外部风险投资持股在企业上市后仍是影响企业创新投入的重要因素；外部风险投资持股比例的不断提高将会显著改善 CEO 由于弱权而造成的企业创新投入水平较低的问题。黄艺翔和姚铮（2015）[9]研究发现：随着政府专项研发补助的提高，具有风险投资持股的上市公司其研发投入上升幅度要显著高于没有风险投资机构持股的上市公司研发投入。

综上，由于数据可得性的问题，当前研究的焦点是理清风投机构与创业企业创新产出之间的关系是风投机构能选择创新性企业（选择效应）还是风投对创业企业提供的增值服务（训练效应）造成的。不少学者采用赫克曼二阶段模型、倾向得分匹配等方法来解决内生性，但并未得出一致的结论。

【参考文献】

[1] 沈丽萍．风险投资对中小企业自主创新的影响——基于创业板的经验数据［J］．证券市场导报，2015（1）：59-64.

[2] 冯照桢，温军，刘庆岩．风险投资与技术创新的非线性关系研究——基于省级数据的PSTR分析［J］．产业经济研究，2016（2）：32-42.

[3] 陈思，何文龙，张然．风险投资与企业创新：影响和潜在机制［J］．管理世界，2017（1）：158-169.

[4] 王婷．区域视角下风险投资对技术创新的促进效应研究［J］．科学学研究，2016，34（10）：1576-1582.

[5] 邹双，成力为．风险投资进入对企业创新绩效的影响——基于创业板制造业企业的PSM检验［J］．科学学与科学技术管理，2017（2）：68-76.

[6] LAHR H，MINA A. Venture capital investments and the technological performance of portfolio firms［J］. Research Policy，2016，45（1）：303-318.

[7] 唐清泉，黎文飞，蔡贵龙．家族控制、风险投资和企业R&D投资［J］．证券市场导报，2015（1）：32-38.

[8] 赵毅，戚安邦，乔朋华．强权CEO能更好地利用风险投资进行创新吗？［J］．科学学与科学技术管理，2016，37（9）：155-168.

[9] 黄艺翔，姚铮．风险投资对上市公司研发投入的影响——基于政府专项研发补助的视角［J］．科学学研究，2015，33（5）：674-682.

（作者：吴泳涛）

述评：《实质性创新还是策略性创新？——宏观产业政策对微观企业创新的影响》

论文原作者：黎文靖　郑曼妮

期刊：《经济研究》2016 年第 4 期

【原文摘要】

本文采用 2001—2010 年沪深 A 股上市公司的专利数据，分析中国产业政策对企业创新行为的影响及其内部机理。研究发现，受产业政策激励的公司，专利申请显著增加，但只是非发明专利显著增加，公司追求“数量”而忽略“质量”；当公司预期将获得更多的政府补贴和税收优惠时，其专利申请、特别是非发明专利申请显著增加，选择性产业政策的财税手段使企业为“寻扶持”而创新。进一步对企业分组分析发现，上述现象只在国企组、非高新技术行业组中显著。这说明选择性产业政策只激励企业策略性创新，企业为“寻扶持”而增加创新“数量”，创新“质量”并没有显著提高。发明专利申请的增加才能提高企业的市场价值，推动技术进步和获取竞争优势的实质性创新才能促进企业发展。

【问题导入】

之前的文献大多数从创新内容和创新强度对企业创新行为进行分类。而除了以推动技术进步和保持竞争优势为目的的创新行为外，是否还存在着其他目的的创新活动呢？具体对我国而言，产业政策对微观经济活动的干预不容忽视。那么，企业是否会为了政策支持而策略性创新呢？

为此，本期推送的文章基于不同创新活动的动机，分析考察了中国宏观产业政策对微观企业创新的影响及其内部机理。这对理解中国宏观产业政策实施过程中政府与企业的互动，评价政策实施效果，梳理作用机制有着重要学术价值和政策意义。

【研究设计】

一、产业政策对企业创新行为的影响

从企业创新的动机角度来说，可分成两类：一是实质性创新（以推动企业技术进步和获取竞争优势为目的的“高质量”的创新行为）；二是策略性创新（以谋求其他利益为目的，通过追求创新“数量”和“速度”来迎合政府的创新策略）。

技术创新存在外部性，各国因科研活动的外部性对其实施各项支持政策，而产业政策是非常重要的支持政策之一。文章使用模型（1）来检验产业政策对企业创新行为的影响：

$$\text{LnPatent}_{i,t}(\text{LnPatenti}_{i,t},\text{LnPatentud}_{i,t}) = a_0 + a_1\text{IP}_{i,t} + a_2\text{Size}_{i,t-1} + a_3\text{Age}_{i,t-1} + a_4\text{CF}_{i,t-1} + a_5\text{Lev}_{i,t-1} + a_6\text{Liquidity}_{i,t-1} + a_7\text{RE}_{i,t-1} + a_8\text{Tangibility}_{i,t-1} + a_9\text{Roa}_{i,t-1} + \sum\text{Year} + \sum\text{Industry} + \varepsilon(1(1a,1b)) \quad (1)$$

其中，IP 为产业政策激励的虚拟变量；LnPatent（LnPatenti，LnPatentud）为公司的专利（发明专利、非发明专利）申请数加 1 取自然对数。本文把企业申请“高质量”发明专利的行为认定为实质性创新，把企业申请实用新型专利和外观设计专利的行为认定为策略性创新。变量定义参见表 1。

表 1　**变 量 定 义**

变量	定　义
IP	产业政策虚拟变量：当公司所处的行业年度在产业政策激励范围，则 IP 赋值为 1，否则为 0
Patent	年度公司专利（发明、实用新型和外观专利）申请的总数
Patenti	年度公司发明专利申请的总数
Patentud	年度公司非发明专利（实用新型和外观专利）申请的总数
Subsidies	公司所获的补贴收入/总资产
Etr	（所得税费用-递延所得税费用）/息税前利润
IPS	产业政策激励的虚拟变量与政府补贴的交乘项：IPS = IP×Subsidies
IPE	产业政策激励的虚拟变量与税收优惠的交乘项：IPS = IP×Etr
Size	总资产的自然对数
Age	公司自成立年份起的年数，取自然对数
CF	经营活动产生的现金流量净额的自然对数

续表

变量	定　义
Lev	资产负债率 = 总负债 / 总资产
Liquidity	流动比率 = 流动资产 / 流动负债
RE	留存收益的自然对数
Tangibility	固定资产比例 = 固定资产净额 / 总资产
Roa	资产收益率 = 净利润 / 总资产余额
Industry	行业虚拟变量。基于证监会发布的《2001 年行业分类指引》，对除 M 类外的行业代码进行三位数划分，共分出 63 个行业，生成 62 个行业虚拟变量

回归显示产业政策激励的结果是企业的非发明专利申请显著增加，企业发明专利的申请并没有受到显著影响，其创新产出增加只是一种策略性行为。

二、机制分析

（1）为进一步探讨产业政策影响企业策略性创新的作用机制，本文在模型（1）的基础上加入政府补贴（Subsidies）、税收优惠（Etr）变量（各滞后一期）及其分别与产业政策激励（IP）的交乘项 IPS，IPE 作为考察产业政策激励手段的指标。

$$\mathrm{LnPatent}_{i,t}(\mathrm{LnPatenti}_{i,t},\mathrm{LnPatentud}_{i,t}) = a_0 + a_1\mathrm{IP}_{i,t} + a_2\mathrm{IPS} + a_3\mathrm{Subsidies}_{i,t+1} + a_4\mathrm{IPE} + a_5\mathrm{Etr}_{i,t+1} + a_6\mathrm{Size}_{i,t-1} + a_7\mathrm{Age}_{i,t-1} + a_8\mathrm{CF}_{i,t-1} + a_9\mathrm{Lev}_{i,t-1} + a_{10}\mathrm{Liquidity}_{i,t-1} + a_{11}\mathrm{RE}_{i,t-1} + a_{12}\mathrm{Tangibility}_{i,t-1} + a_{13}\mathrm{Roa}_{i,t-1} + \sum \mathrm{Year} + \sum \mathrm{Industry} + \varepsilon(2(2a,2b)) \tag{2}$$

（2）文章将样本按照企业产权性质和是否处于高科技行业分为两组，重复模型（1）模型（2）的分析；此外，参考 Tong 等（2014）的分类，将电力、邮电通信、铁路运输、航空运输、石油、天然气等对外企和民企设置进入壁垒的行业划分为垄断行业，其余归为竞争行业，重复模型（1）、（2）的回归。

三、进一步分析

为了衡量指标的可靠性，本文分析不同类型的创新与企业价值之间的关系，从创新效果角度提供经验证据。根据之前学者的研究，本文假设发明专利作为“高质量”的创新成果应当给企业带来长期利益，而非发明专利原本是为了获得其他利益，创新本身并不增加企业价值。为此，本文构建如下模型

（3a）、（3b）进行考察：

$$TQ_{i,t+1} = a_0 + a_1\text{LnPatent}_{i,t}(\text{LnPatenti}_{i,t}, \text{LnPatentud}_{i,t}) / \text{SLnPatent}_{i,t}(\text{SLnPatenti}_{i,t}, \text{SLnPatentud}_{i,t}) + a_2\text{Size}_{i,t} + a_3\text{Age}_{i,t} + a_4\text{CF}_{i,t} + a_5\text{Lev}_{i,t} + a_6\text{Liquidity}_{i,t} + a_7\text{RE}_{i,t} + a_8\text{Tangibility}_{i,t} + a_9\text{Roa}_{i,t} + \sum \text{Year} + \sum \text{Industry} + \varepsilon(3a/3b)$$

模型中的因变量企业价值选取托宾 Q 值；SLnPatent（SLnPatenti，SLnPatentud）为公司当年与前四年的专利（发明专利、非发明专利）申请数汇总再加 1 取自然对数。其他变量定义如上。

四、数据来源

产业政策数据源于中国发展和改革委员会公开的政策法规；专利数据来自 Tonget 等（2014）所建立的中国 A 股上市公司专利数据库；企业财务数据和政府补贴数据来源于国泰安数据库；企业产权性质数据来自色诺芬数据库。为消除极端值的影响，对连续变量的第 1 和第 99 百分位进行 Winsorize 处理。

本文选择 2001—2010 年深沪 A 股上市公司作为研究样本，删除金融类、ST 类企业，删除专利申请总数小于 1 的公司，删除股东权益小于零的公司。最终得到 4936 个观测值。

【主要结论】

第一，中国产业政策激发企业创新更多的是一种创新策略而非实质性创新：受产业政策激励的企业，当年的专利申请显著增加，但只是非发明专利显著增加，公司追求创新“数量”而忽略创新“质量”。

第二，从选择性产业政策的引导手段——财税扶持的角度分析其后期补助效果，发现受产业政策激励的公司，预期将获得更多的政府补贴和税收优惠时，其专利申请、特别是非发明专利申请显著增加，说明一些企业因此利用创新策略“寻扶持”而非进行真正的实质性创新。

第三，进一步对企业分组分析发现，国企、非高新技术和垄断行业这三类企业受产业政策激励时，专利申请均显著增加，尤其表现在非发明专利中。然后，发明专利申请的增加才能提高企业的市场价值，“高质量”的实质性创新才是企业价值的源泉。

【主要贡献】

第一，企业创新的动机可划分为实质性创新与策略性创新。之前的研究都默认是第一种，而忽略政府对企业创新的需求，本文创新性地将这两种行为同时加入模型中；

第二，研究产业政策引导企业创新的效果，不仅丰富了有关产业政策实施效果的文献，而且基于企业创新的角度，可以考察产业政策的长期影响力，加深我们对产业政策引领企业转型升级的理解；

第三，从微观企业创新的角度考察宏观产业政策的实施效果，拓展了宏观经济政策与微观企业行为的研究，不仅提供了新的经验证据，而且进一步考察其影响机理，有助于我们理解宏观经济政策到微观企业行为之间的传导机制；

第四，从宏观经济政策的视角分析公司专利申请的创新行为，丰富了有关公司专利申请的文献，基于中国经济的基本特征事实——政府管制和强干预的存在的分析，可以加深我们对企业创新行为的理解。

【前沿跟踪】

目前，我国在国际贸易和全球产业分工体系中的不利地位，与缺乏拥有核心竞争力的创新型企业直接相关。从系统分析的角度看，影响企业自主创新的因素来自于两个方面：一个是企业内部因素；另一个是企业的外部因素。现梳理下外部因素方面的近期研究：

要素市场：戴魁早和刘友金（2016）[1]利用要素市场扭曲指数及中国高技术产业1997—2009年省际面板数据，采用多种面板计量方法，考察了要素市场扭曲对高技术产业创新绩效的影响，结果表明：要素市场扭曲显著地抑制了高技术产业创新绩效的提升，而且对创新绩效较低地区的负面影响尤为突出。杨洋等（2015）[2]采用中国工业企业数据库2003—2007年的面板数据研究要素市场扭曲对政府补贴有效性的调节效应，结果发现：要素市场扭曲程度低的地区，政府补贴对企业创新绩效的促进作用更大；所有制对政府补贴和企业创新绩效的调节作用还依赖于要素市场的扭曲程度。

合作关系：周立群等（2016）[3]利用世界银行2012年对中国企业所做的抽样调查，就研发合作对中国制造业企业创新的影响进行实证研究，研究表明：首先，研发合作对企业研发投资的扩展边际、集约边际均具有显著的正向影响；其次，研发合作能促使企业产品创新投入，增加产品创新产出；再次，企业与供应商合作有利于产品创新投入与产出的增加，同时对企业流程创新也具有一定正向作用；最后，企业与客户的研发合作显著促进了企业产品创新的投入，在一定程度上有助于产品创新产出的提升。马蓝和安立仁（2016）[4]基于组织学习理论，构建了创新网络环境下合作经验、吸收能力、网络权力对创新绩效影响的结构方程模型，结合西安市高新技术企业样本数据进行实证分析，结果表明：合作经验和网络权力对创新绩效具有显著正向影响，而吸收能力对创新绩效的影响不显著；合作经验对网络权力和吸收能力具有显著正向影响。

市场机制：王建业和贾西猛（2017）[5]的研究指出产品市场是创新的动机和激励来源，资本市场和人才市场是创新的要素支撑，技术市场是创新的保障。四种市场机制共同作用，推动着高科技企业创新的实施。

【参考文献】

[1] 戴魁早，刘友金．要素市场扭曲如何影响创新绩效［J］．世界经济，2016（11）：54-79.

[2] 杨洋，魏江，罗来军．谁在利用政府补贴进行创新？——所有制和要素市场扭曲的联合调节效应［J］．管理世界，2015（1）：75-86，98，188.

[3] 周立群，张龙鹏，张双志．研发合作与企业创新——基于中国制造业的实证研究［J］．江苏社会科学，2016（2）：47-55.

[4] 马蓝，安立仁．合作经验、吸收能力、网络权力对企业创新绩效的影响机制——基于组织学习视角［J］．科技进步与对策，2016（1）：81-87.

[5] 王建业，贾西猛．高科技企业创新的市场机制研究［J］．现代管理科学，2017（5）：61-63.

（作者：王栋坤）

公司治理

述评：《公司治理与技术创新：分行业比较》

论文原作者：鲁桐　党印

期刊：《经济研究》2014 年第 6 期

【原文摘要】

本文以 2006—2010 年 1344 家沪深 A、B 股公司为样本，采用聚类分析的方法，按要素密集度将样本公司划分为劳动密集型、资本密集型和技术密集型三个行业，对比考察不同行业公司治理对技术创新的影响关系。研究发现，三个行业中公司治理对企业技术创新的影响既有相同点，也存在差异。相同点是三个行业中第二至第十大股东持股比例、基金持股比例和董监高持股比例对研发投入均有正向影响。差异在于，在资本密集型和技术密集型行业中，董监高的薪酬激励有利于创新活动的开展；对于前者，国有第一大股东持股比例与研发投入正相关；对于后者，核心技术人员的期权激励对创新有显著的正向影响。进一步分析发现，良好的市场化环境是企业技术创新的外部推动力量。本文提出公司治理应与行业特点相匹配，以发挥其对创新的促进作用，是对新结构经济学在微观层面的应用和拓展，也为中国产业升级和经济转型提供了一些政策参考。

【问题导入】

传统的增长理论认为技术创新是经济增长和社会进步的重要动力。不少文献研究企业层面公司治理和技术创新的关系，研究有利于技术创新的公司治理机制。然而，在不同要素密集型行业中，技术创新的重要性明显不同，技术创新的投入也不同。那么，在不同行业，有利于技术创新的公司治理机制是否相同？公司治理的不同层面对技术创新的影响是否同等重要呢？

【研究设计】

本文首先从理论层面分析公司治理与技术创新的关系，然后构造计量经济模型，进行不分行业的全样本回归，初步判断公司治理对于企业技术创新的影响。再用聚类分析将全样本划分为三个行业，分别进行回归分析，对比考察不同行业公司治理对技术创新的影响。最后，作者还进行了稳定性检验，验证了实证结果的稳健性。

一、初步判断公司治理结构对于企业技术创新的影响

文章首先以研发投入强度为被解释变量（解释变量分为三个层面，分别为股东层面（股权集中度、股权性质和股权制衡度）、董事会层面（董事会规模、董事会结构、董事长和总经理的两职设置情况）及激励机制层面（薪酬激励、股票激励、核心技术人员的期权激励）），公司的基本特征变量作为主要的控制变量，进行全样本回归。结果显示，股权制衡度和激励机制对研发投入具有显著的正向性影响，董事会层面的变量普遍没有显著性。

二、按要素密集度进行分行业回归分析

作者先分别计算出所有行业的固定资产比重、研发支出比重，然后采用聚类分析中应用较广泛的离差平方和法将所有公司划分为劳动密集型、资本密集型和技术密集型三个行业，对比考察不同行业公司治理对技术创新的影响。

三、稳健性检验

将因变量研发投入强度替换为人均研发支出，加入地区市场化指数哑变量等进行稳健性检验，发现基本结论没有变化。

四、数据来源

本文以 2006—2010 年沪深 A、B 股公司为样本。本文研发支出的数据主要来源于国泰安数据库，对于部分缺失数据作者用 Wind 数据库进行补充并根据年报对全部公司按 1/3 比例进行抽样核对和补充。所有公司治理变量的数据来自国泰安数据库。剔除金融业公司、当年被特别处理的公司和各变量数据不全的公司，最终得到 1344 家公司 2006—2010 年的非平衡面板数据，共 3116 个观测值，其中制造业占 76%，信息技术业占 10%，其他行业占 14%。为消除极端值的影响，本文对连续性变量按 1%水平进行了 winsorize 处理。

【主要结论】

（1）总体而言，公司治理的股东、激励机制因素对研发投入的影响有较高的显著性，董事会层面因素的显著性普遍较低。具体而言在股东层面，第二至第十大股东持股比例、基金持股比例对研发投入有显著的正向影响，表明一定的股权制衡有利于技术创新，基金持股会促使企业关注长远发展，加大创新投入。与第一大股东相关的变量中，仅第二个回归中第一大股东持股比例及平

方项表现出显著性，其他回归系数均不显著，表明这种非线性关系不具有稳定性。在激励机制层面董监高的薪酬、持股比例，及核心技术人员的期权激励对研发投入均具有显著的正向影响，表明良好的激励措施会使高管和核心技术人员的个人目标与企业目标一致，有利于减轻代理问题，加大研发投入以促进企业发展。在董事会层面，董事会规模对研发投入有正向影响，两权分离对研发投入有负向影响，但是均没有显著性。

（2）将行业按要素密集度分类后，第二至第十大股东持股比例、基金持股比例和董监高持股比例在三类行业中均会促进研发投入。对于资本密集型和技术密集型行业，董监高的薪酬激励也有利于创新活动的开展。在此基础上，对于资本密集型行业，国有第一大股东持股比例与研发投入正相关；对于技术密集型行业，核心技术人员的期权激励对创新有显著的正向影响。

（3）上市公司所在地区的市场化程度越高，越有利于公司进行研发投入，表明良好的市场化环境是企业技术创新的外部推动力量。在控制市场化因素后，治理与创新关系的行业间差异更显著，进一步说明行业因素的重要性。

【主要贡献】

（1）本文利用国泰安数据库和Wind数据库的微观企业数据，分行业讨论公司治理对技术创新的影响，特别是研究了不同行业的技术创新的影响差异。

（2）行业分类方法上，作者按行业的要素密集情况进行聚类分析，而相关的文献大多根据经验观察列出行业分类结果。

（3）作者区分了公司治理的层次性，把公司治理分为三个层面：股东层面、董事会层面、激励机制层面。通过分行业进行比较研究。

【前沿跟踪】

现有文献主要从董事会、股权结构、企业经营环境等单方面分析公司治理对企业技术创新的影响。

从股权结构的角度来分析公司治理对企业技术创新的影响：杜瑞等（2016）[1]研究发现：技术创新与企业竞争优势正相关；考虑股权的二元性时，混合股权中混合程度越高，对技术创新与企业竞争优势正向关系的促进作用越大；但管理层权力过大会抑制混合股权协同作用的发挥。杨风等（2016）[2]研究发现：股权集中度的提高降低了公司的研发投资，而股权制衡则促进了公司的研发投资。进一步，在区分公司类型和市场化指数的情况下，研究表明，相较于非制造业的上市公司，制造业上市公司的股权集中度与研发投资之间显著负相关；相较于市场化程度低地区的上市公司，市场化程度高地区上市公司的股权集中度与研发投资之间显著负相关。他们提出要提高我国上市公司的创新能力，需完善大股东的治理机制。尹开国等（2016）[3]研究发现：总体而言，股权制衡、管理层持股与企业的技术创新投入显著正相关；进一步，不同产权性质的企业内股权制衡、管理层持股对技术创新投入的影响存在差异，股权制衡对民营控股上市公司技术创新投入的影响更为显著，而管理层持股对国有控股上市公司技术创新投入的影响更为显著。

从董事会的角度来分析公司治理对企业技术创新的影响：马连福等（2016）[4]研究发现：董事会网络位置对企业技术创新投入有显著的积极影响；相比国有企业，董事会网络位置对民营企业技术创新投入的促进效用更显著；与市场化程度较低的地区相比，在市场化程度较高的地区董事会网络位置对技术创新投入的提升效用更显著。李小青等（2016）[5]研究发现，董事会成员“输出职能”背景、教育水平与技术创新动态能力显著正相关，董事会成员行业外背景与技术创新动态能力显著负相关，CEO 控制权负向调节了董事会成员职能背景、教育水平与技术创新动态能力之间的关系。

从企业经营环境的角度来分析公司治理对企业技术创新的影响：李胜兰等（2016）[6]研究发现：公司治理发挥的作用和企业经营环境的调节作用对企业技术创新激励存在行业差异，在企业技术创新中，不同的公司治理与政府行政管理、法制环境间存在替代或互补关系。

部分文献则从股权结构、董事会治理和经营者激励这几个方面综合分析公司治理对企业技术创新的影响。如董梅生（2016）[7]利用 2010—2013 年 A 股上市公司数据进行研究，结果发现股权集中度、股权制衡、高管货币薪酬和高管持股比例与技术创新正相关，独立董事比例、股东大会、董事会和监事会年内召开次数与技术创新负相关。肖利平（2016）[8]以 2010—2014 年战略性新兴产业为研究对象，研究发现：① 股权集中度与企业研发投入呈倒“U”形关系；股权集中条件下的股权制衡有利于提高产业研发投入；机构持股对促进企业研发投入并没有发挥积极作用。② 股权激励有利于提高企业研发投入；高管薪酬与企业研发投入之间呈正相关关系，但并不具有统计上的显著性；在职消费对企业研发投入有显著的负效应。③ 董事会规模越小，越有利于企业研发投入；独立董事占比、董事长与 CEO 两职兼任与企业研发投入之间没有显著的相关性。李伟等（2016）[9]研究发现：股权集中对技术创新与企业绩效关系起到负向调节作用；独立董事对二者关系没有调节作用；管理层股权激励对二者关系存在正向调节作用；资产负债率对二者关系有负向调节作用。

【参考文献】

[1] 杜瑞，王竹泉，王京．混合股权、技术创新与企业竞争优势——基于高新技术上市公司的实证研究［J］. 山西财经大学学报，2016（8）：55-64.
[2] 杨风，李卿云．股权结构与研发投资——基于创业板上市公司的经验证据［J］. 科学学与科学技术管理，2016（2）：123-135.
[3] 尹开国，施婷婷．股权制衡、管理层持股与技术创新投入——基于医药行业上市公司面板数据的分析［J］. 财会月刊，2016（2）：125-128.
[4] 马连福，张琦，王丽丽．董事会网络位置与企业技术创新投入——基于技术密集型上市公司的研究［J］. 科学学与科学技术管理，2016（4）：126-136.
[5] 李小青，胡朝霞．科技创业企业董事会认知特征对技术创新动态能力的影响研究［J］. 管理学报，2016（2）：248-257.
[6] 李胜兰，麦景琦，张一帆．企业经营环境、公司治理与企业技术创新［J］. 中山大学学报（社会科学版），2016（5）：172-185.
[7] 董梅生．公司治理与技术创新关系的实证研究［J］. 科技与经济，2016（1）：42-46.
[8] 肖利平．公司治理如何影响企业研发投入？——来自中国战略性新兴产业的经验考察［J］. 产业经济研究，2016（1）：60-70.
[9] 李伟，冒乔玲．中小板上市公司技术创新对企业绩效影响的实证研究——基于公司治理调节效应的视角［J］. 科技管理研究，2016（6）：159-162，175.

（作者：凌丽）

述评：《社会情感财富抑制了中国家族企业的创新收入吗》

论文原作者：朱沆　Eric Kushins　周影辉

期刊：《管理世界》2016 年第 3 期

【原文摘要】

流行的观点认为保存社会情感财富抑制了家族企业的创新投入。本文将短视损失厌恶的行为逻辑与社会情感财富分类结合起来，提出仅约束型社会情感财富会抑制家族企业的创新投入，延伸型社会情感财富则会促进家族企业的创新投入，在中国两类社会情感财富的作用还受到转型期制度情境的影响。基于第九次私营企业抽样调查得到的 480 家制造企业数据进行的实证研究结果显示：家族控制愿望对企业研发强度存在显著负效应，而家族传承意愿则会提升企业的研发强度；市场化程度会弱化家族控制愿望的负效应，而企业家的政治联系则会弱化家族传承意愿的正效应。上述结果提示不同社会情感财富存在不同影响，同时表明正式制度可以弱化约束型社会情感财富的短期导向，而政治联系则会弱化延伸型社会情感财富的长期导向。这意味着引导家族企业加大创新投入一方面要引导家族加强长期承诺，另一方面要依靠正式制度的完善，不能过多依赖非正式制度的私人化扶助。

【问题导入】

创新投入是企业对未来成长的投资，意义重大。但 2014 年 11 月发布的《中国家族企业健康指数报告》显示，与全国民营企业平均水平相比，家族企业的研发强度普遍不足。目前学术界普遍运用社会情感财富（简称 SEW，即家族从企业取得的满足自身情感需要的非财务收益）观点来解释这种现象，将其归因于控制家族规避 SEW 损失的影响。但不同 SEW 对研发投入是否有不同影响？中国特殊制度特征是否会影响不同 SEW 对研发支出的不同投入？这些问题是目前文献的局限，也是本篇介绍的重点。

【研究设计】

本篇研究的因变量使用了研发投入与销售收入之比来测量，用所有权控制、战略控制、管理控制指标的均值反映家族控制意愿，企业家家族传承意愿用哑变量表示，用2009年各省份市场化程度指标来度量正式制度的发育情况，政治联系用企业家是否具有人大代表或政协委员资格来衡量，并加入企业家个人特征变量和企业层面变量两层次的控制变量。采用Tobit模型进行回归检验。

一、两种SEW类别与企业创新投入的Tobit回归

文章采用家族控制愿望来反映家族保存约束型SEW的意愿，采用家族传承意愿来反映家族保存延伸型SEW的意愿。假设家族控制愿望与传承意愿对家族企业的研发投入存在不同影响。前者为负向影响，后者为正向影响。

二、制度是否影响两种SEW对企业研发投入的Tobit回归

从正式制度和政治联系两个角度考量制度对两种SEW的研发投入的影响。

正式制度通过提供必要的产权保护，保障长期投资收益，推进市场竞争，形成激励长期投资的外部压力，拓宽长期资金的融资渠道；由此作者假设市场化程度削弱家族控制愿望与研发投入之间的负相关，增强家族传承意愿与研发投入之间的正相关，通过在（1）模型的回归中加入市场化程度与控制、传承的乘积项进行检验。作者还分别检验了市场化程度的4个分项指标对控制愿望与传承意愿对研发投入的调节作用。

政治联系会引导企业战略的短期导向，作者假设政治联系会增强家族控制愿望与研发投入之间的负相关，削弱家族传承意愿与研发投入之间的负相关。作者通过在回归模型（1）中加入政治联系与家族控制愿望和传承意愿的乘积项进行Tobit回归检验。

三、数据来源

本次研究的家族企业样本的截面数据取自2010年全国私营企业抽样调查数据库。样本中反映正式制度发展状况的数据则来自于国民经济研究所发布的“中国市场化程度指数”。为了尽可能削弱行业间差异的影响，作者最后筛选出480家制造业企业展开研究。

【主要结论】

（1）本次研究发现私营企业家的家族传承意愿和家族控制愿望对企业的研发强度存在不同的作用，前者的影响是积极的，后者的影响是消极的，表明延伸型SEW和约束型SEW的区分是有意义的，而且这种区分有利于揭示不同

SEW 对企业战略的不同影响。

(2) 两类 SEW 的作用受到中国转型制度情境下不同制度因素的影响。市场化程度会弱化企业家的家族控制愿望与企业的研发强度的负相关，其中政府干预减少、知识产权保护加强、地方保护减弱以及金融市场发展均能增强企业家的长期导向，削弱约束型 SEW 的副作用。本文的研究也补充呈现了政治联系的复杂作用：政治联系虽可能有助于家族企业获得研发活动所需的资源，但是它所诱导的短期寻租导向又会弱化企业家原有的长期投资意愿。

【主要贡献】

(1) 通过实证研究发现了不同类别 SEW 的作用差异，采用家族控制愿望和家族传承意愿来直接反映两类 SEW，并且把分类与短视损失厌恶的行为逻辑结合起来，提出前者会引导家族决策者采用短投资评估期，而后者则可引导长投资评估期，进而导致决策者将决策问题界定为不同的框架，做出不同的研发投入选择。

(2) 揭示出 SEW 与企业创新投入之间的关系受转型经济制度情境的深刻影响，将基于内生动力的观点与强调外部力量的理论结合起来。

(3) 指出转型经济中政治联系与正式制度存在本质差异，并非正式制度的理想替代。

【前沿跟踪】

国内不少学者对家族企业创新的影响因素进行了多角度的研究。

从家族治理角度：李婧，贺小刚 (2012)[1] 发现家族权威与家族企业的创新能力之间存在显著且稳健的倒 U 形关系，过于强化或弱化家族成员在高层管理团队中的权威都不利于家族企业的创新。吴炳德，陈凌 (2014)[2] 研究发现家族企业过程研发投资占投资组合的比重高于产品研发，规模越大的低开工率家族企业越会提高产品研发投资的强度。周立新 (2014)[3] 研究表明：家族专家权力（指家族企业主及家族在创业或企业发展过程中显示出的特异性知识、专门技能和信息等先验知识）、家族文化、管理企业的家族代数（指具体是第几代接班人）对家族企业创新能力有显著的正向影响，家族管理权对家族企业创新能力有显著的负向影响；环境动态性负向调节家族专家权力、管理企业的家族代数与家族企业创新能力关系。严若森，叶云龙 (2016)[4] 的研究结果表明，两权分离度（控制权与现金流权）对家族企业创新表现为抑制效应，董事会及经理层家族超额控制对家族企业创新均表现为激励效应。陈士慧，吴炳德，窦军生，陈凌（2016）[5]研究表明，家族凝聚力与家族企业创新具有倒U形关系，家族适应力与家族企业创新具有显著的正向关系。

外部环境角度：李婧，贺小刚，连燕玲，吕斐斐（2016）[6]进一步分析了制度环境和行业竞争环境对经营业绩与家族企业创新精神关系的调节作用，他们认为：经营业绩与家族企业创新精神之间存在显著的倒U形关系；完善的区域制度环境对企业经营业绩与创新精神之间的关系起显著的正向调节作用；行业竞争环境显著地调节经营业绩与家族企业的创新精神。陈凌，吴炳德（2014）[7]以社会情感财富理论为基础，假设家族企业研发投入的力度低于非家族企业；当市场化水平较高或负责人受教育程度较高时，家族企业研发投入的增幅低于非家族企业；但当两者同时较高时，家族企业研发投资的增幅大于非家族企业。基于全国工商联数据的实证分析支持了这些假设。

代际传承角度：赵晶，孟维烜（2016）[8]的研究认为代际传承显著降低家族企业创新水平；继承人社会资本越丰富，代际传承中企业创新水平就越高；社会资本代际差异显著降低代际传承中企业的创新水平；即相比"父弱子强"，"父强子弱"显著降低代际传承中企业的创新水平。余恕莲，王藤燕（2016）[9]探讨了家族企业去家族化对企业研发投入的影响以及地区市场化进程的调节作用。研究结果表明：家族企业引入外部经理人和变更实际控制人可以显著促进其研发投入的增加；在市场化进程较慢的地区，变更实际控制人对家族企业研发投入的正向影响更大；引入外部经理人对家族企业研发投入增加的促进作用在不同地区没有显著差异。

【参考文献】

[1] 李婧，贺小刚．高层管理团队中家族权威与创新能力研究：以家族上市公司为视角［J］．管理学报，2012（9）：1314-1322.

[2] 吴炳德，陈凌．社会情感财富与研发投资组合：家族治理的影响［J］．科学学研究，2014（8）：1233-1241.

[3] 周立新．家族涉入与家族企业创新能力：中国制造业家族企业的实证研究［J］．研究与发展管理，2014（1）：136-144.

[4] 严若森，叶云龙．家族超额控制与家族企业创新：激励效应？抑制效应？——基于中国的经验证据［J］．人文杂志，2016（7）：25-34.

[5] 陈士慧，吴炳德，窦军生，陈凌．家族关系如何影响企业创新？——对创新中不可忽视的"家族力量"的检验［J］．科学学研究，2016（5）：793-800.

[6] 李婧，贺小刚，连燕玲，吕斐斐．业绩驱动、市场化进程与家族企业创新精神 [J]. 管理评论，2016 (1)：96-108.
[7] 陈凌，吴炳德．市场化水平、教育程度和家族企业研发投资 [J]. 科研管理，2014 (7)：44-50.
[8] 赵晶，孟维烜．继承人社会资本对代际传承中企业创新的影响 [J]. 中国人民大学学报，2016 (3)：91-105.
[9] 余恕莲，王藤燕．市场化进程、去家族化与研发投入——基于中国高新行业上市家族企业的实证研究 [J]. 技术经济，2016 (9)：27-34.

（作者：张璐）

述评：《创业企业知识异质性与公司投资者知识创造》

论文原作者：万坤扬　陆文聪

期刊：《科研管理》2016 年 37 卷第 2 期

【原文摘要】

本文基于创业企业知识异质性视角，运用沪深主板 62 家上市企业 2000—2011 年 471 个公司创业投资（CVC）观测样本所构成的非平衡面板数据，采用负二项回归模型实证检验创业企业知识异质性与公司投资者知识创造之间的关系以及吸收能力、卷入强度对两者关系的调节作用，并进一步研究不同 CVC 项目治理结构下两者关系的差异。研究发现：创业企业知识异质性与公司投资者知识创造之间存在“U 形”关系，吸收能力、卷入强度对此“U 形”关系有积极的调节作用。进一步研究发现，创业企业知识异质性与公司投资者知识创造之间在控股型 CVC 项目治理结构下呈“倒 U 形”关系，而在非控股型 CVC 项目治理结构下呈“U 形”关系。因此，公司投资者应合理选择被投创业企业组合，不断提高自身的吸收能力，建立投资后互动参与式管理机制，精心设计 CVC 项目并采取相应的管理策略和投资策略。

【问题导入】

作为 CVC 投资后起之秀的中国，2004—2012 年中国上市企业通过参股、控股或设立 CVC 项目等方式提供的资本仅占到中国风投资本的 4. 01% 和 CVC 资本总额的 11. 32 %，上市公司参与 CVC 投资动力不足，参与率偏低。造成上述问题的主要原因在于，CVC 投资对企业知识创造的整体贡献并不显著从而使企业缺乏参与 CVC 投资的动力。上市企业迫切需要解答以下问题：第一，CVC 投资对企业知识创造的影响机制是什么？第二，企业究竟该如何进行 CVC 投资？例如，选择什么样的创业企业？参股还是绝对控股 CVC 项目？在参股或绝对控股情境下，选择创业企业投资组合有何不同？这些问题的答案将显著影响企业 CVC 投资的实践和知识创造绩效。

【研究设计】

本研究基于现场研究（二手资料），采用沪深主板上市老牌企业 2000—2011 年投资的创业企业的纵向数据对研究假设进行验证。

一、研究假设

假设 H1a：创业企业知识异质性与公司投资者知识创造之间存在消极的相关关系。

假设 H1b：创业企业知识异质性与公司投资者知识创造之间存在“U 形”曲线关系。

假设 H2：公司投资者吸收能力对创业企业知识异质性与其知识创造的关系有积极的调节作用。

假设 H3：公司投资者卷入创业企业的强度对创业企业知识异质性与其知识创造的关系有积极的调节作用。

假设 H4a：控股型 CVC 项目治理结构下创业企业知识异质性与公司投资者知识创造之间存在“倒 U 形”曲线关系。

假设 H4b：非控股型 CVC 项目治理结构下创业企业知识异质性与公司投资者知识创造之间存在“U 形”曲线关系。

研究理论模型如图 1 所示。

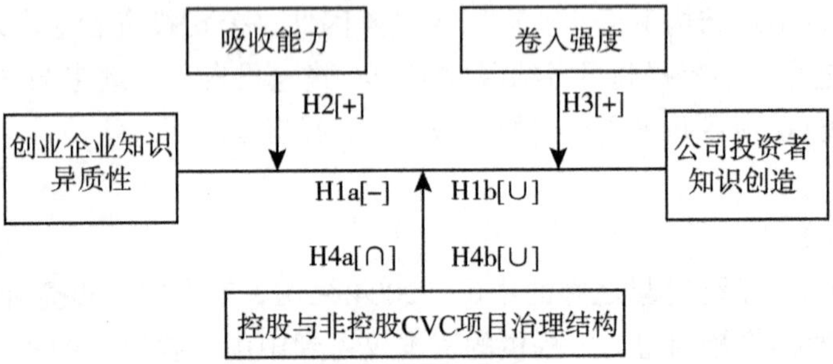

图 1　研究理论模型

二、关键变量设置与测量

1. 因变量

知识创造（KC）：t 年公司投资者发明+实用新型专利授权量，不仅包含以上市公司名义申请的专利，还包括上市公司那些连续 4 年被纳入合并财务报表的子公司申请的专利，用企业年度成功申请的发明和实用新型专利来测量。

2. 自变量

创业企业知识异质性（EEKH）：$EEKH_i(t-1 至 t-4)=\sum P_j \times \ln(1/P_j)$。$P_j$ 表示 $t-1$ 至 $t-4$ 期间创业企业的专利在专利技术类型 j 中的比例；$\ln(1/P_j)$ 表示技术类型 j 的权重。专利技术类型区分的标准是根据 GBT4754-2011 标准 4 位数编码，前三位区分不同知识基础。

3. 调节变量

吸收能力(CIAC)：使用老牌企业技术知识多元化程度来测量。$CIAC_i(t-1 至 t-4)=\sum P_j \times \ln(1/P_j)$。$P_j$表示 $t-1$ 至 $t-4$ 期间公司投资者的专利在专利技术类型 j 中的比例；$\ln(1/P_j)$ 表示技术类型 j 的权重。根据国际专利分类（IPC）的 8 个部对专利进行技术分类。

卷入强度（DIPF）：CVC 项目投资创业企业的股权比例与公司投资者持有 CVC 项目的股权比例的乘积。t-1 至 t-4 期间加总算术平均值。

三、回归结果

由于本文因变量非负且过度离散，本文采用负二项模型进行回归。另外，Hausman 检验结果不确定，为此本文同时用固定效应和随机效应进行相应的估计。回归结果显示：

两种效应模型回归结果均显示 EEKH 的回归系数显著负相关，因此，假设 H1a 成立。

两种效应模型回归结果均显示 EEKH2 的回归系数显著为正，说明 EEKH 与 KC 之间存在“U 形”关系成立。因此，假设 H1b 成立。

两种效应模型回归结果均显示 CIAC x EEKH 的回归系数都是积极的和显著的，说明 CIAC 对 EEKH 与 KC 的关系具有积极的调节作用。因此，假设 H2 成立。

两种效应模型回归结果均显示，DIPF x EEKH 回归系数都是积极的和显著的，说明卷入强度对 EEKH 与企业知识创造的关系有积极的调节作用。因此，假设 3 成立。通过绘图，可以看出，在低卷入强度下，EEKH 与企业知识创造的关系被反转为完全负相关；在高卷入强度下，两者完全正相关。因此，公司投资者与创业企业维持一定的卷入强度对其通过 CVC 投资实现知识创造非常关键。

为检验假设 H4a 和 H4b，论文把样本组中是否有单个公司投资者持有 CVC 项目权益比例超过 50%划分为绝对控股型 CVC 项目治理结构样本组和非控股型 CVC 项目治理结构样本组。两种效应模型实证结果均显示 EEKH 与公司投资者知识创造之间的关系，在控股型 CVC 项目治理结构下存在“倒 U 形”（EEKH2 系数为负）关系，在非控股型 CVC 项目治理结构下呈现“U 形”（EEKH2 系数为正）关系，因此，假设 H4a 和 H4b 均得到支持。

四、数据来源

通过对沪深主板上市的 1200 余家企业 2001—2011 年 15000 余份年报中参与 CVC 投资的梳理，利用 CVSources 数据库对 CVC 项目投资记录进行查询。剔除房地产经营与开发企业（例如中关村 000931、北京城建 600266 等）、交通运输服务企业（例如中海海盛 600896、亚通股份 600692 等）、商业经济与代理业（例如浙江东方 600120）、供水等公共服务企业（例如钱江水利 600283）参与的 CVC 投资（这些企业反映其知识创造的指标例如发明与实用新型专利数据 2001—2012 期间均为 0），只有一次投资记录的观察样本以及连续 4 年没有投资记录的 CVC 项目观测样本。遵循类似研究至少考虑一年滞后期的做法，CVC 投资的创业企业记录时间范围为 2000—2011 共 12 年。通过以上处理，本研究的最终样本包含 62 家上市公司，471 个企业-年观测样本。

【主要结论】

和现有文献相比，本文的研究得出了一些创新性结论：第一，创业企业知识异质性与企业知识创造之间存在复杂的“U 形”关系。这种“U 形”关系意味着，CVC 投资不能仅强调投资的创业企业的“量”，还应考虑创业企业的“质”，重视创业企业之间的知识异质性。第二，吸收能力、卷入强度对此“U 形”关系有积极的调节作用。吸收能力越大，企业知识创造效率越高，特别是在创业企业知识异质性与企业知识创造的负相关阶段，吸收能力有效地减轻了这种不利影响；在低卷入强度下“U 形”关系被反转为完全负相关，而在高卷入强度下被反转为完全正相关，因此 CVC 投资需要超越简单的权益投资关系，形成投资后的互动参与和管理才能实现知识创造绩效。第三，不同 CVC 项目治理结构下，CVC 投资对企业知识创造的影响机制不同。创业企业知识异质性与企业知识创造之间的“U 形”关系仅在非控股型 CVC 项目治理结构下成立，而控股型 CVC 项目治理结构下两者存在“倒 U 形”关系。

【主要贡献】

与现有研究相比，本文可能的创新在于：首先，本研究把国内“公司投资者—CVC 项目”二元分析框架拓展到“公司投资者—CVC 项目—创业企业"三元分析框架，有助于揭示CVC投资关系中，公司投资者、CVC项目和创业企业之间关系的动态交互影响，突破了国内二元分析框架的局限性，也为后续研究提供了一个更加完整的理论分析框架；其次，本文以创业企业"异质性"为视角，将研究CVC投资的创业企业的"量"拓展到研究创业企业的"质"对知识创造的影响机制，突破了以往研究中对创业企业"同质性"假设的局限，也为一些争议性观点提供了新的解释；第三，本文识别了CVC投资与企业知识创造的权变因素，即公司投资者的知识属性（吸收能力）和整合行动（卷入关系），揭开了CVC投资对企业知识创造的"黑箱"；第四，本文揭示了CVC项目异质性在CVC投资与企业知识创造中的作用机制，突破了以往研究中对CVC项目"黑箱"假设的局限，也为一些争议性观点，例如知识创造与创业企业知识异质性关系"U形"、"倒U形"争论提供了新的解释。

【前沿跟踪】

CVC是国际学术界近年来关注的热点问题[1]，但有关中国CVC投资问题的研究尚处于初步探索阶段，关于中国CVC与技术创新的研究则更少。近期研究可分为两类：①CVC投资模式本身如何促进技术进步。②影响CVC技术进步效应的因素。

一、CVC投资模式促进技术进步的机制

Chemmanur T. J. 等（2014）[2]分析了CVC与IVC（独立风险投资）在培育创业企业创新能力方面的区别。研究发现：CVC投资的企业比IVC投资的企业更具有创新力。进一步地，基于倾向得分匹配法和双重差分法研究了导致前述结果可能的机制：①由于投资公司和创业公司之间的技术匹配，CVC投资拥有更多的行业知识。②CVC投资能够容忍更大的失败。

Kang H. D.，Nanda V. K.（2016）[3]研究了CVC为投资公司提供的技术溢出和资本收益。研究发现技术进步归因于CVC投资提高了投资公司的价值；CVC项目的资本收益对投资公司价值的影响微乎其微。当企业投资者对没有联合投资者且技术相关的初创企业进行投资时，这些技术溢出效应将会被加强。Rice M. P.，O'Connor G. C.，Leifer R. 等（2016）[4]通过对四家代表性的公司进行深入的、半结构式的访谈，获得了关于在促进根本性创新领域中兴起的风险投资模式的丰富描述。

二、影响CVC技术进步效应的因素

万坤扬，陆文聪（2014）[5]研究发现：CVC投资组合公司数量与企业技术创新之间存在线性关系而不是倒U形关系，老牌企业的吸收能力、卷入强度对两者的关系具有积极的调节作用。同样的 CVC 投资组合公司数量，吸收能力越高的企业技术创新效率越高；在低卷入强度下，CVC 投资组合公司数量与企业技术创新之间的关系甚至被反转为负相关。Wadhwa A.，Phelps C.，Kotha S（2016）[6]检验了在什么条件下 CVC 投资组合会影响投资公司创新绩效。研究发现在投资组合多元化与投资企业创新绩效之间存在倒 U 形关系；多元化的影响取决于投资组合中可用知识资源的深度。

【参考文献】

[1] Dushnitsky G.，Lenox M. J. When Does Corporate Venture Capital Investment Create Firm Value? [J]. Journal of Business Venturing，2006，21（6）：753-72.

[2] Chemmanur T. J. Corporate Venture Capital，Value Creation，and Innovation [J]. Social Science Electronic Publishing，2014，27（8）：2434-2473.

[3] Kang H. D.，Nanda V. K. Corporate Venture Capital，Technology Spillovers，and Capital Gains：Evidence from the Biopharmaceutical Industry [J]. SSRN Electronic Journal，2014.

[4] Rice M. P.，O'Connor G. C.，Leifer R.，et al. Corporate Venture Capital Models for Promoting Radical Innovation [J]. Journal of Marketing Theory & Practice，2015，Summer（3）：1-9.

[5] 万坤扬，陆文聪. 公司创业投资与企业技术创新——吸收能力、卷入强度和治理结构的调节作用 [J]. 科学学与科学技术管理，2014（11）：117-128.

[6] Wadhwa A.，Phelps C.，Kotha S. Corporate Venture Capital Portfolios and Firm Innovation [J]. Journal of Business Venturing，2016，Forthcoming（1）：95-112.

（作者：吴泳涛）

述评：《股权制衡、董事长任期与投资挤占研究》

论文原作者：刘亚伟　张兆国

期刊：《南开管理评论》2016 年第 1 期

【原文摘要】

本文在委托代理理论的分析框架下，着重运用高层梯队理论以我国 2008—2012 年上市公司为样本，考察了董事长既有任期、预期任期对投资挤占的影响。研究发现：董事长既有任期、预期任期与公司整体投资水平均显著正相关；董事长既有任期与投资挤占显著正相关；董事长预期任期与投资挤占显著负相关；股权制衡在董事长既有任期影响投资挤占中起到了缓解作用，但在董事长预期任期影响投资挤占中尚未起到调节作用。进一步区分产权性质发现，在国有和非国有公司中，不同既有任期、预期任期的董事长对各类别投资、投资挤占的影响以及股权制衡对上述关系的调节作用均存在差异。这些研究结论对于深入理解企业的投资行为，以及加强人力资源管理都具有一定的启示。

【问题导入】

根据高层梯队理论，由于内外环境的复杂性，管理者不可能对其所有方面进行全面认识，管理者特质影响着他们的战略选择，并进而影响企业的行为。而董事长作为管理者团队的领导者，其任期可能会对企业的投资决策产生很大的影响。之前学者的研究主要存在以下三个方面的不足：第一，在对企业投资决策的考察方面主要集中于某一类投资（如固定资产、无形资产或长期股权等的投资）或是对不同类别的投资不加区分。第二，在对董事长任期的考察方面只考虑了既有任期，而没有考虑预期任期。第三，忽视了制度性因素在董事长任期与企业投资决策关系中的调节作用。针对上述问题，本文以我国 A 股上市公司为研究样本，考察了董事长任期对投资是否具有挤占作用。

【研究设计】

本文首先理论分析了董事长既有任期和预期任期对投资挤占的影响以及股权制衡的调节作用，构造计量经济模型，进行全样本回归。再进一步区分产权性质，将样本分为国有公司和非国有公司，分别进行回归，对比国有公司和非国有公司中上述关系的差异。最后作者还进行了稳定性检验，验证了实证结果的稳健性。

一、董事长既有任期和预期任期对投资挤占的影响以及股权制衡的调节作用

文章首先分别以既有任期和预期任期作为解释变量，以固定资产投资、无形资产投资和长期股权投资作为被解释变量进行回归。回归结果显示：在既有任期内，固定资产投资和无形资产投资对长期股权投资产生了投资挤占；在预期任期内，无形资产投资对长期股权投资产生了挤占。文章进一步以这两种投资挤占为被解释变量，以既有任期和预期任期作为解释变量，并引入既有任期和预期任期与股权制衡的交叉项，构造模型，检验股权制衡的调节作用。

二、区分产权性质进行回归

由于我国存在国有公司和非国有公司两类不同产权性质的公司，董事长对各类别投资的偏好、投资挤占以及股权制衡程度在这两类公司中可能存在一定差异，所以本文将样本分为国有公司和非国有公司进行重新回归。

三、稳定性检验

作者进行了以下六个方面的稳定性检验，结果与全文的回归结果基本一致。

（1）选用固定资产投资、无形资产投资和长期股权投资的实际投资额与营业收入之比来重新衡量各类别投资比例。（2）采用行业平均值对投资总额和各类别投资进行了标准化处理。（3）用固定资产投资和无形资产投资的总额与长期资产的总额之比，以及无形资产总额与长期股权投资总额之比重新衡量了投资挤占。（4）用虚拟变量重新衡量了股权制衡。（5）考虑到受管制行业和充分竞争行业可能存在的差异，本文剔除了电力、煤气、供水等管制性行业后，重新进行了考察。（6）借鉴 Petersen（2009）的做法，对标准误差进行了群聚调整。

四、数据来源

本文以 2008—2012 年 A 股上市公司为初始样本，剔除了金融类上市公司、ST 和 *ST 公司以及相关资料（如董事长任期、年龄、投资信息以及财务数

据）缺失的公司。为了保证董事长与公司投资决策之间的准确匹配，本文还剔除了董事长发生变更的观测值。经筛选，最终样本为3932个（国有上市公司2840个，非国有上市公司1092个）.

【主要结论】

董事长既有任期与公司整体投资水平显著正相关；董事长既有任期与固定资产投资、无形资产投资均显著正相关，与长期股权投资显著负相关，与投资挤占显著正相关；董事长的预期任期与固定资产投资无显著关系，与无形资产投资则显著负相关，与长期股权投资显著正相关，与投资挤占显著负相关。

股权制衡在董事长既有任期影响投资挤占中起到了缓解作用，但在董事长预期任期影响投资挤占中尚未起到调节作用。

进一步区分产权性质发现，董事长既有任期对各类别投资的影响、对投资挤占的影响以及股权制衡的调节作用均在非国有上市公司更为明显；董事长预期任期对各类别投资的影响以及对投资挤占的影响只在非国有公司显著，且股权制衡的调节作用在两类公司中均不显著。这些研究结论对于深入理解企业的投资行为，以及加强人力资源管理都具有一定的启示。

【主要贡献】

第一，通过对董事长任期与不同类别投资关系的研究，扩展了以往投资研究多集中于某单一投资或不加区别的研究范式，有助于理清董事长对不同类别投资影响的差异，为深入理解董事长投资行为提供了新的证据；

第二，同时从既有任期和预期任期两方面来研究董事长任期对企业投资决策的影响，将能够弥补现有研究对管理者预期任期关注不够的缺陷，从而有助于人们深入理解管理者任期如何影响企业投资决策；

第三，结合我国上市公司的股权结构，考虑股权制衡的调节作用和公司产权性质的影响，使本文的研究结论对进一步深化我国企业产权改革具有一定的借鉴意义。

【前沿跟踪】

随着1984年Hambrick和Mason的“高层梯队理论”的提出，目前国内外学术界已经开展了有关管理者背景特征与公司治理和投资决策方面的研究，有关投资的研究主要集中在以下三个方面：

管理者背景与投资的关系：李焰，秦义虎和张肖飞（2011）[1]的研究发现在国有企业中，管理者的年龄、任期与投资规模显著负相关，并且这种投资行为对企业的投资效率有显著的负面影响。在非国有企业中，管理者年龄也能显著降低企业的投资规模，但是对企业的投资效率没有显著影响；管理者的财经类工作经历能够显著提高企业的投资规模并提高企业的投资效率。姜付秀，伊志宏，苏飞和黄磊（2009）[2]将管理者背景分成了管理层层面和董事长层面，分别进行研究，得到的结果表明管理者背景特征与企业的过度投资行为之间存在一定的相关性。吕兆德和徐晓薇（2016）[3]通过构建董事会成员背景多元化指标和董事长过度自信指标，在模型中引入二者的交叉项，回归结果显示董事背景多元化则可以明显抑制董事长过度自信导致的过度投资行为。

管理者过度自信和投资的关系：戚拥军，冯楚立和尹开国（2015）[4]结合公司的治理结构研究了管理者过度自信对公司投资行为的影响，其结果表明：业绩预告是否过度乐观、高管是否增持、董事长和总经理是否两职合一这三个反映管理者过度自信的虚拟变量均与公司过度投资在统计上显著正相关，说明管理者过度自信的确会导致公司过度投资，同时股权集中度和股权制衡度的提高并不能缓解公司的过度投资行为，甚至还会加剧公司的过度投资行为。李婉丽，谢桂林和郝佳蕴（2014）[5]在对企业自由现金流分组的基础上使用过度自信与现金流的交叉项来验证现金流对于过度自信与过度投资关系的影响。研究结果表明，当企业存在更多的现金流时，过度自信的管理者更倾向于用这些内部现金来增加投资，较多的自由现金流促使企业管理者更加盲目地增加投资，从而导致当现金流增大时，过度自信对于过度投资的正向影响更加显著。

管理者异质性和投资的关系：武立东，江津和王凯（2016）[6]在使用基尼系数度量董事会成员地位差异的基础上，运用多元回归分析方法，系统分析董事会成员地位差异与企业投资行为之间的关系，研究结果表明，随着董事会成员地位差异的升高，成员间信息交流受到阻碍，从而显著加重了企业投资不足的情况。王芳和付景涛（2015）[7]从高管的年龄、学历水平、教育专业和职业经历的异质性来探讨其对公司投资的影响，得到的结论是高管年龄的异质性越大、学历水平的异质性越小、职业经历的异质性越大，公司的投资效率越高，而且拥有会计、财务管理类专业背景的高管比其他专业背景的高管能够更理智地看待投资，从而提高投资效率，减少过度投资。

【参考文献】

[1] 李焰，秦义虎，张肖飞．企业产权、管理者背景特征与投资效率［J］．管理世界，2011（1）：135-144.

[2] 姜付秀，伊志宏，苏飞，黄磊．管理者背景特征与企业过度投资行为[J]. 管理世界，2009（1）：130-139.
[3] 吕兆德，徐晓薇．董事背景多元化抑制董事长过度自信吗？——基于企业过度投资的角度[J]. 经济管理，2016（4）：60-71.
[4] 戚拥军，冯楚立，尹开国．管理者过度自信、公司治理与过度投资行为[J]. 财会通讯，2015（3）：42-45.
[5] 李婉丽，谢桂林，郝佳蕴．管理者过度自信对企业过度投资影响的实证研究[J]. 山西财经大学学报，2014（10）：76-86.
[6] 武立东，江津．董事会成员地位差异、环境不确定性与企业投资行为[J]. 管理科学，2016（2）：52-65.
[7] 王芳，付景涛．管理者特征的异质性对企业过度投资的影响研究[J]. 现代经济信息，2015（5）：91.

（作者：王栋坤）

述评：《创业投资管理对企业绩效表现的影响》

论文原作者：贾宁　李丹

期刊：《南开管理评论》2011 年 14 卷第 1 期

【原文摘要】

本文以 2004—2008 年深圳中小板的上市公司为样本，围绕企业首次公开发行这一重要的创业投资（以下简称“创投”）退出方式，研究创投机构对其支持企业上市后经营业绩和股市表现的影响。结果表明，创投支持企业上市时的规模和年龄均显著低于非创投支持企业，且前者在上市首日的抑价水平显著高于后者。从长期表现来看，虽然在锁定期内创投支持企业和非创投支持企业的经营业绩和股市表现没有显著差异，但解禁后前者的业绩下滑幅度显著高于后者，且股票投资收益率更低。进一步研究发现，企业抑价水平和长期绩效下滑幅度与其创投机构的从业年限显著负相关；此外，国有创投机构支持企业的抑价水平及绩效下滑幅度显著低于非国有创投机构支持企业。这些结果验证了 Gompers 提出的“逐名动机”假说，表明我国创投行业目前存在急功近利的倾向；创投机构为尽快实现投资收益、证明自己的实力会促使其投资企业过早上市，并且过度追求短期业绩而对企业的长期发展造成一定负面影响。

【问题导入】

在过去的十年，经济的快速发展和资本市场的逐步完善极大促进了我国创投行业的成长，其投资规模与数量均有大幅度提升。虽然创业投资解决了企业建立初期的资金问题，但是创投机构的介入对企业长期发展具有什么样的影响呢？本文围绕着企业上市这一重要的创投退出方式，试图探讨创业投资对我国企业长期绩效表现和发展的影响。

【研究设计】

本文首先从理论层面分析创业投资管理对企业绩效表现的影响，然后构造计量经济模型，分别考察创业投资对企业上市首日抑价的影响以及创业投资对企业上市后长期绩效表现的影响。最后，作者进行了稳健性检验，验证了实证结果的稳健性。

一、判断创业投资对企业上市首日抑价的影响

本文首先以企业上市首日抑价为被解释变量，企业是否为创投支持企业作为哑变量并加入其他控制变量进行多元回归分析。接着作者选取有创投支持的企业作为子样本做进一步研究，以企业上市首日抑价为被解释变量，创投机构在企业中的持股比例、从业年限以及产权性质哑变量作为被解释变量并加入其他控制变量进行多元回归分析。

二、判断创业投资对企业上市后长期绩效表现的影响

将上文中的两个计量经济模型的被解释变量分别替换为企业上市后第 j 年和上市前一年的资产收益率之差、企业上市后第一个月到第 k 个月的股票持有期收益率与同期的深圳 A 股综合指数之差，进行多元回归分析。

三、稳健性检验

（1）使用倾向度匹配的方法，为每一家创投支持企业配比一家“倾向指数”最接近的非创投支持企业，将创投企业与其匹配的非创投支持企业两组样本进行 T 检验。

（2）将经营业绩衡量指标中的总资产收益率替换为销售收益率。

四、数据来源

由于在我国以上市方式退出的创投项目绝大多数选择深圳中小板为上市地，本文选用 2004—2008 年间在该板块上市的 273 家公司作为研究样本。创投支持企业名单和信息来自清科集团开发的 Zero2IPO 中国创业投资数据库。数据库中记录了投资每家企业的创投机构名称、成立年份、股权性质、投资日期和规模等相关数据。上市公司市场和财务数据均来自 Wind 中国金融数据库。

【主要结论】

（1）创投支持企业的上市首日抑价程度显著高于非创投支持企业；

（2）从长期表现来看，虽然在锁定期内创投支持企业和非创投支持企业的经营业绩和股市表现没有显著差异，但是在解禁后前者的业绩下滑幅度显著高于后者，且股票投资报酬率明显更低；

（3）企业抑价水平和绩效下滑幅度与创投机构的从业年限显著负相关；

（4）国有创投机构支持企业的抑价水平及绩效下滑幅度显著低于非国有

创投机构支持的企业。

【主要贡献】

（1）仅有少数文献研究创业投资对我国创业企业上市抑价的影响，而且这些研究只限于比较创投支持企业和非创投支持企业的抑价程度，没有进一步研究抑价和创投机构特征的关系，也没有从长期角度去研究创投机构对其支持企业上市后绩效表现的影响。本文填补了这一研究方向的空白。

（2）本文的结果为目前在我国创投机构中普遍存在的急功近利倾向以及其对投资企业造成的负面影响提供了经验证据，并对如何规范管理创投行业以及如何设定包括锁定期在内的上市监管制度具有实践指导意义。

【前沿跟踪】

现有文献对于创业投资的研究主要从创业投资与企业绩效之间的关系、创业投资与技术创新的关系、创业投资退出的角度和创业投资机构声誉的角度这几个方面来进行研究。

创业投资与企业绩效之间的关系：孙晶（2016）[1]研究发现：我国的创业投资家既没有在首次公开发行股票的进程中为其投资的公司带来价值，也没有提高运营表现的现状，通过采用匹配样本方法，展开创业投资对其投资对象的投资效果调查，反映了与那些没有进行创业投资的公司相比，有创业投资的公司会出现更高的 IPO 抑价水平，并且首次公开发行（IPO）前后的运营表现都更差的问题。刘冰，罗超亮等（2016）[2]研究发现，风险投资机构介入弱化了高流动性冗余资源与绩效间的正相关关系，但加剧了低流动性冗余资源与绩效间的负相关关系；其介入程度对高流动性冗余资源与绩效的关系有显著负向调节作用，而对低流动性冗余资源与绩效的关系无显著影响。

创业投资与技术创新的关系：冯照桢，温军等（2016）[3]研究发现风险投资与技术创新之间存在着门槛效应，即当风险投资规模低于门槛值时，风险投资的融资支持和增值作用有限，更多表现为盘剥行为，会抑制企业技术创新；但当风险投资规模超越门槛值后，融资支持和增值作用会促进企业进行技术创新；风险投资数量的实证结果也验证了同样的结论。吴涛，赵增耀（2016）[4]对 2012—2014 年创业板上市公司创新活动的实证分析表明，风险投资参与能够显著提升创业板上市公司创新绩效，其作用主要是通过促进风险企业提高研发强度和提高商业运营能力实现的。实证分析结果还显示，风险投资对创业板上市公司非发明专利数量的提升作用显著，而对发明专利数量的增加无显著影响，这表明风险投资对风险企业技术创新的影响具有一定的局限性。

创业投资退出的角度：徐欣，夏芸（2016）[5]研究发现，企业上市后，我国风险投资呈现出一次性完全退出较少，非连续性完全退出较多的特征。风险投资特征对于其退出企业具有重要影响。风险投资所持有公司的股份越少，企业上市后其退出的概率越大；风险投资联合持股会导致企业上市后其更加易于退出。风险投资退出会对企业绩效产生负面影响，企业业绩会在风险投资退出后明显下滑；风险投资退出企业时减持原有股份越多，则企业绩效会变得越差。王立军，陆丹婷（2016）[6]重点从内部因素和外部因素两个角度出发，在分析我国首次公开发行、股权转让、清算三种退出方式现状的基础上，剖析了影响风险投资退出方式选择的各种因素，最终结合我国国情，提出相关政策建议，以促进风险投资业的发展。

创业投资机构声誉的角度：蓝发钦，陈小朋（2016）[7]研究发现：①对于自由现金流为正且过度投资的上市公司，自由现金流和过度投资存在着显著正相关，而创业投资机构参与能缓解这种过度投资问题，创业投资机构声誉越高，参与的上市公司过度投资现象相对越少；②对于现金短缺且投资不足的上市公司，现金短缺和投资不足存在着显著正相关，类似的，创业投资机构参与能缓解这种投资不足问题，创业投资机构声誉越高，参与的上市公司投资不足现象相对越轻，创业投资机构声誉越高越能改善中小上市公司的投资效率。文守逊，温倩等（2016）[8]研究表明：创投机构声誉高低与其减持套现行为负相关，即高声誉创业投资机构不会局限于某一次创业企业 IPO 成功后迅速减持套现、牟取短期利润；其将主动维护自身声誉水平，真正做好价值投资，帮扶创业企业释放成长潜力，提高整体竞争力。

【参考文献】

[1] 孙晶．创业投资对企业价值和运营的影响研究——基于 2004—2015 年中小板企业数据［J］．技术经济与管理研究，2016（8）：31-39.

[2] 刘冰，罗超亮，符正平．风险投资和创业企业总是完美一对吗［J］．南开管理评论，2016（1）：179-192.

[3] 冯照桢，温军，刘庆岩．风险投资与技术创新的非线性关系研究——基于省级数据的 PSTR 分析［J］．产业经济研究，2016（2）：32-42.

[4] 吴涛，赵增耀．风险投资对创业板上市公司技术创新影响的实证研究［J］．科技管理研究，2016（14）：12-17，23.

[5] 徐欣，夏芸．风险投资特征、风险投资 IPO 退出与企业绩效——基于中

国创业板上市公司的实证研究［J］. 经济管理，2015（5）：97-107.
［6］王立军，陆丹婷．我国风险投资退出方式及其影响因素分析［J］. 经济师，2015（7）：47-49.
［7］蓝发钦，陈小朋．创业投资机构声誉如何影响上市公司投资效率［J］. 现代财经（天津财经大学学报），2016（4）：103-113.
［8］文守逊，温倩，张泰松．创业投资机构声誉与 IPO 后减持套现行为研究［J］. 财会通讯，2015（24）：41-46.

（作者：凌丽）

述评：《家族涉入、政治联系与制度环境——以中国民营企业为例》

论文原作者：陈凌　王昊

期刊：《管理世界》2013 年第 10 期

【原文摘要】

当处于市场化程度较低的制度环境下，企业会选择一些替代性的机制，例如家族涉入和建立政治联系等制度安排都可以起到一定的替代和补充作用。家族涉入可以应对企业内部的代理问题，帮助企业获得稀缺的资源，以及让家族成员分享企业收益。建立政治联系则可以保护财产权、吸引资本进入等。在转型国家或新兴经济体当中，经济的发展往往会伴随着制度环境的改善，市场当中的企业选择家族涉入和政治联系的行为也会发生变化。我们利用 2010 年全国工商联民营企业调研数据发现，当存在经济发展的内生影响时家族企业中家族涉入与制度环境之间存在着倒 U 形的关系，而控制经济发展的内生影响后家族涉入与制度环境之间负相关。同时在制度环境水平较低时，家族涉入和政治联系这两种替代机制存在着一定的正相关。

【问题导入】

在发展中国家或转型经济体当中，企业除了要具备运用和整合企业物质与人力资源的能力外，还要应对不完善的制度环境。选择特定的治理模式对制度环境所缺失的功能进行合适的替代，这也是企业组织能力的重要表现。企业在不完善的制度环境约束下会面临来自企业内部和企业外部的两类挑战。而企业为了克服这些困难可供选择的制度安排主要有两个，一是所谓的家族企业，这有利于降低企业内部的代理成本和监督成本，并且有助于保持企业的控制权；二是企业家通过参加政治活动、获得政治身份从而建立政治联系，这有助于企业获得外部融资，减少在要素市场和产品市场受到的限制，同时可以起到保护产权的作用。本文在综合组织能力视角和新制度经济学交易成本理论的框架下，利用2010年全国工商联民营企业调研数据，研究企业如何选择家族涉入、政治联系这两种治理机制来应对制度环境的不完善。

【研究设计】

一、制度环境与家族涉入

现有研究大多数倾向于制度环境与家族涉入之间存在着负相关的关系，出现这种结果主要因为之前研究的样本集中在发达国家，而且忽视了经济发展的内生性影响。即随着经济的发展，制度环境得到改善，家族涉入企业管理的倾向先上升，并且在达到一定程度后，再开始下降。

本文利用樊纲等（2010）的市场化指数作为制度环境的代理变量，以家族涉入这一二分变量为被解释变量，构建probit模型（模型1）进行回归。

为了处理经济发展对制度环境和两种替代机制的内生影响，本文参考Heckman（1979）和Newey（1987）关于因变量值为二分且自变量存在内生性的工具变量法，改进了陆铭等（2004）利用城市到大港口的距离作为经济发展水平的工具变量的做法，将工具变量IV取为“企业所在省份省会城市到上海或香港这两大港口的直线距离中最短的一个，再乘以企业所在省份省会城市的海拔高度，最后取自然对数”，构建模型2进行回归。

本文为了进一步验证家族涉入与制度环境之间的倒U形关系，在模型3中引入了制度质量变量的二次项。

二、政治联系与家族涉入

现有的文献虽然对一些典型的家族涉入与政治联系相结合的现象进行了记录并提供了一些实例，但是在两个主要的方面还留有空白。首先缺乏在不同的制度环境水平下对两者关系的讨论；其次，之前研究的主要是大型的家族企业集团，而缺乏对一般家族企业进行大样本的研究。特别是对发展中国家以及转型经济体中的一般中小型家族企业建立政治联系的行为，现有文献尚没有讨论。

针对以上不足，本文首先将家族涉入和制度环境设为自变量，以政治联系为因变量，同时引入了家族涉入与制度环境的交互项，构建模型4，以验证在不同的制度环境水平下，政治联系与家族涉入之间的关系是否相同。

为了进一步验证结论，本文采用分段回归，将所有样本企业所在省份制度环境的平均得分8.51作为低制度质量和高制度质量的分水岭，进行分组回归。

三、稳健性检验

本文首先检验了模型对于制度环境变量数值的敏感性。用市场化指数当中各省份的排序取代得分值做回归分析，结果基本相同；同时本文在模型 2、模型 4 中加入了制度环境变量的二次项，回归结果均不显著，故本文的分析没有遗漏变量间重要相关关系；最后，本文分别选择制度变量平均值上下两省份的值作为临界点，回归结果依然显示制度环境水平较低时自变量回归系数显著；制度环境水平较高时，自变量回归系数不显著，说明临界点的存在具有稳健性。

四、数据来源

本文的样本来自于中共中央统战部、全国工商联等 2010 年对全国民营企业的调查数据。该调查每两年进行一次，本文采用的数据是 2010 年统计完成后的数据，也是本文写作时的最新数据。除去存在异常和不完整数据，共有样本企业 3530 家，涵盖了中国内地全部 31 个省、自治区、直辖市。这些企业全部是非公有制企业，在产业分布上涵盖了国家统计局《国民经济行业分类》中除“公共管理和社会组织”和“国际组织”外的全部大类。

【主要结论】

制度环境与家族涉入：家族企业的盛行与正式制度之间不是简单的线性关系。当制度环境在较低的水平时，制度环境的好坏与企业是否有家族成员涉入管理正相关；当制度环境在较高的水平时，制度环境的好坏与企业是否有家族成员涉入负相关。

政治联系与家族涉入：在制度环境水平较低的情况下，家族涉入与政治联系间存在着一定的正相关关系；但是在制度环境水平较高的情况下，两者的关系并不明确。这说明家族企业的政治参与和家族涉入两者的关系存在着基于制度环境的异质性。

【主要贡献】

第一，本文第一次在实证上发现了家族涉入和制度质量之间的倒 U 形关系，这丰富了关于家族企业的性质和盛行原因的研究，并且对于这一现象给出了解释。

第二，本文在探讨制度环境对于替代性机制的影响时，考虑了经济发展的内生影响，这也更贴近转型国家和新兴经济体的现实，使得本文的研究一定程度上完善了在更广泛的制度环境中研究家族涉入问题的研究。

第三，本文对现有文献所记录的典型性事实进行归纳后，分析了政治联系和家族涉入在制度环境水平较低时存在正相关关系的 3 种机制，并且利用中国民营企业调研数据进行了实证分析与检验。

此外，本文也为制度环境多样性对企业治理机制多样性的影响提供了佐证。

【前沿跟踪】

一个经济体在转型时期会面临很多的制度缺陷，如政府对经济的干预和对稀缺资源的控制，政府对企业的监管规则模糊粗放，这些缺陷会导致监管者具有很大的自由裁决权以及政府行为不规范，从而未形成依法办事的环境等(潘克勤，2010)，使企业有必要采取非市场策略以改善自己的生存空间，而政治联系就是其中最常见的一种方式。

既然制度环境难免会有缺陷，那么，不同企业在寻租行为方面又有何差异呢？杨继生和阳建辉（2015）[1]的实证结果表明：政治庇佑显著增加国有控股企业的管理成本，其管理效率约为民营控股企业的1/3。胡浩志和黄雪(2016)[2]研究发现，民营企业能够通过政治联系获得诸多租金收益，例如融资贷款、政府补贴、行业准入放宽等，因此政治联系被视为企业降低不确定风险的一种重要策略，但总体来看，民营企业通过寻租获得的政府补贴的使用效率不高，从而对企业绩效产生不利影响。

刘林（2016）[3]弥补了以往有关企业家政治联系的研究中笼统地把市场绩效与财务绩效混在一起的不足，主张的是企业家政治联系传递出有利的信号从而影响企业市场绩效，通过研究后发现企业家拥有政治联系的企业市场绩效比企业家没有政治联系的企业市场绩效更好，但是细分政治联系类型之后，则没有发现类似结论。

袁建国，后青松和程晨（2015）[4]基于政治关联与技术创新的视角，考察我国企业是否存在政治资源诅咒效应。结论显示企业政治关联阻碍了企业创新活动，降低了创新效率，且这一负面效应大约会持续到企业获得政治关联后的第三年，从而证实了我国企业存在政治资源诅咒效应，并在此基础上分析了政治资源诅咒的作用机制。而谢乔昕（2016）[5]基于政治关联与投资效率的视角，考察了民营企业政治关联对于投资效率的影响效应。结论显示：政治关联对民营企业投资效率具有显著负面影响，即政治联系程度越高，投资效率越低；同时，政治关联对于企业投资效率的影响受到地区政府干预程度的调节作用，在政府干预水平较高的地区，具有政治关联的民营企业具有更低的投资效率。陶厚永和李玲（2016）[6]基于高层梯队理论的视角，对高管身份跨界与民营企业成长之间的关系进行实证研究。得到的结果表明高管身份跨界范围对民营企业成长有显著的负向影响，而高管身份跨界级别的影响却是正向的，所以对于民营企业成长而言，高管身份跨界本身就是一把“双刃剑”。

【参考文献】

[1] 杨继生，阳建辉. 行政垄断、政治庇佑与国有企业的超额成本 [J]. 经济研究，2015 (4)：50-61，106.

[2] 胡浩志，黄雪. 寻租、政府补贴与民营企业绩效 [J]. 财经问题研究，2016 (9)：107-112.

[3] 刘林. 基于信号理论视角下的企业家政治联系与企业市场绩效的关系研究 [J]. 管理评论，2016 (3)：93-105.

[4] 袁建国，后青松，程晨. 企业政治资源的诅咒效应——基于政治关联与企业技术创新的考察 [J]. 管理世界，2015 (1)：139-155.

[5] 谢乔昕. 政治关联与企业投资效率——来自我国民营上市公司的经验证据 [J]. 技术与创新管理，2016 (2)：193-197.

[6] 陶厚永，李玲. 高管身份跨界的“双刃剑”与民营企业成长 [J]. 管理评论，2016 (10)：153-168.

（作者：王栋坤）

述评：《公司创业投资支持企业控制权配置实证研究》

论文原作者：王雷

期刊：《管理科学》2016 年第 29 卷第 4 期

【原文摘要】

控制权治理是公司治理的重要内容，由控制权配置带来的控制权收益是激励投资家物质资本和企业家人力资本投入的重要手段。本文基于不完全契约理论，从控制权收益和企业家人力资本的视角，研究公司创业投资支持企业的控制权配置问题。分析创业企业中公司创业投资者与企业家的控制权收益构成和类型以及企业家的人力资本专用性和专有性特征，厘清公司创业投资者与企业家各自私人收益、货币收益与其拥有的企业剩余控制权和特定控制权之间的对应关系。根据控制权共享收益来源，构建基于企业家人力资本专用性和专有性的控制权共享收益函数，分析控制权私人收益和战略收益、企业家人力资本专用性和专有性以及控制权收益与人力资本交互作用对公司创业投资支持企业剩余控制权和特定控制权配置的作用机理。以公司创业投资支持的 110 家不同行业上市企业 3 年数据为样本，运用面板数据混合回归模型，实证检验控制权收益、企业家人力资本及其交互项对中国经济背景下公司创业投资支持企业两类控制权配置的影响。

研究结果表明，公司创业投资者拥有的特定控制权和剩余控制权与企业家人力资本专用性正相关，与企业家人力资本专有性负相关，企业家控制权私人收益对公司创业投资者获得创业企业特定控制权比例具有正向影响，公司创业投资者控制权战略性私人收益对其自身获得创业企业特定控制权比例具有负向影响；企业家控制权私人收益正向调节企业家人力资本专用性与公司创业投资者剩余控制权占比之间的关系，负向调节企业家人力资本专有性与公司创业投资者剩余控制权占比之间的关系；公司创业投资者战略性私人收益负向调节企业家人力资本专用性与公司创业投资者剩余控制权占比之间的关系，正向调节企业家人力资本专有性与公司创业投资者剩余控制权占比之间的关系。由于不同产业类型的创业企业会给公司创业投资者和企业家带来不同的控制权收益，进而导致双方对控制权的关注程度和类型发生变化。同时，处于不同发展阶段的创业企业，公司创业投资者和企业家对剩余控制权、特定控制权关注的重点也不相同。因此，需要对不同类型的创业企业进行控制权分类治理。

研究结论为完善公司创业投资支持企业的控制权治理、提升控制权激励效果进而促进被投资创业企业发展具有重要的理论参考价值。

【问题导入】

公司创业投资母公司投资于新创企业的主要目标是获取新技术等战略性私人收益，因而对能够为其带来战略性私人收益的控制权分享极为关注，这种战略目标会影响创业企业的控制权配置过程。同时，能够为公司创业投资母公司创造新技术等战略性私人收益的新创企业的发展又高度依赖于企业知识创造和技术创新的主体，即稀缺的、创业团队关键的企业家人力资本。因此，从控制权收益和企业家人力资本的视角探讨公司创业投资支持企业的控制权配置问题，分析各因素对企业控制权配置的作用机理，为优化公司创业投资支持企业的控制权治理提出决策参考，进而促进被投资创业企业的发展，是公司创业投资支持企业公司治理的重要课题。

【研究设计】

本文首先从理论层面分析控制权收益、企业家人力资本对公司创业投资者剩余控制权和特定控制权配置的影响及作用机理，构建理论模型，提出研究假设。再构建计量经济模型对理论模型和研究假设进行检验。

一、关键变量选取和测量

1. 被解释变量

剩余控制权：用公司创业投资者拥有的董事会席位、执行董事（执行董事指目前在公司管理团队中任职的董事）比例、监事会席位比例 3 个指标的算术平均数来测量；

特定控制权：用公司创业投资母公司向创业企业派驻的人员（如管理人员、财务人员、技术人员等）数量的常用对数以及公司创业投资母公司对被投资企业每条控制链条上最低的持股比例之和这两个指标的算术平均数来测量。

2. 解释变量

企业家人力资本专用性：用创业企业董事长年度薪酬的常用对数来测量；

企业家人力资本专有性：用创业企业家受经济管理教育时间（以年计）、受工程技术教育时间（以年计）、工作经验（时间，以年计）、工作部门数4个指标进行主成分分析，测量企业家人力资本专有性；

企业家私人收益：用上市公司年报中的在职消费来测量；

公司创业投资者战略性私人收益：用创业企业的年度专利授权数来测量。

二、研究假设

假设H1：公司创业投资者拥有的剩余控制权（特定控制权）与创业企业家人力资本专用性呈正向关系；

假设H2：公司创业投资者拥有的剩余控制权（特定控制权）与创业企业家人力资本专有性呈负向关系；

假设H3a/3b：企业家控制权私人收益对企业家人力资本专用性（专有性）与公司创业投资者获得的剩余控制权比例之间的关系具有正（负）向调节作用；

假设H3c/3d：公司创业投资者控制权战略性私人收益对企业家人力资本专用性（专有性）与投资家获得的剩余控制权比例之间的关系具有负（正）向调节作用；

假设H4：公司创业投资者拥有的特定控制权与创业企业家控制权私人收益（投资者自身的控制权战略性私人收益）呈正（负）向关系；

三、数据来源

本文选取2008年至2011年在沪深A股市场IPO的806家公司，样本观测期为IPO及上市后三年。上市大公司参与公司创业投资活动有参股创投机构、控股创投机构或独立成立创投机构3种形式，本研究从上市公司年报入手，仔细查看上市公司的十大股东，根据股东中的创业投资机构是否由上市公司参股、控股或独立成立这3个方面选择样本。将符合以下3个条件的上市公司挑选出来：①十大股东中有其他上市公司的；②十大股东中有创投机构，但是创投机构是由大公司控股的子公司；③十大股东中有创投机构，这些创投机构有大公司参股。发现共有135家上市公司在IPO时有公司创业投资的支持。然后对样本进行筛选：①将样本中投资公司或者被投公司属于金融类企业的，或者主营业务为创业投资的，都予以剔除；②剔除研究期间已退市的被投公司和数据不全的被投公司；③在上市后3年内都获得公司创业投资支持的上市公司。由于满足条件的样本企业数据都是从上市当年到上市第3年的数据，而且满足公司创业投资均未退出企业这一严格要求，最终数据截止日期为2013年。共有110家上市公司符合条件，3年共计330个样本观测值。

【主要结论】

（1）创业企业家人力资本专用性和专有性对两类控制权配置的作用路径存在差异。公司创业投资者拥有的特定控制权与企业家人力资本专用性呈正向相关关系、与企业家人力资本专有性呈负向相关关系；企业家人力资本专用性对公司创业投资者获取创业企业剩余控制权具有正向影响，专有性对公司创业投资者获取创业企业剩余控制权具有负向影响；

（2）企业家控制权私人收益对公司创业投资者获得创业企业特定控制权具有正向影响，公司创业投资者控制权战略性收益对其自身获得创业企业特定控制权具有负向影响；企业家控制权私人收益正向调节人力资本专用性与公司创业投资者剩余控制权比例之间的关系，负向调节人力资本专有性与公司创业投资者剩余控制权比例之间的关系；

（3）公司创业投资者战略性收益负向调节企业家人力资本专用性与公司创业投资者剩余控制权比例之间的关系，正向调节企业家人力资本专有性与公司创业投资者剩余控制权比例之间的关系。

【主要贡献】

目前针对公司创业投资模式下创业企业控制权配置的大样本实证研究非常有限，尤其是基于中国经济背景下的经验研究更为缺乏。本文创造性地将剩余控制权和特定控制权的配置与治理进行区分，并充分厘清控制权收益的构成以及不同类型控制权收益的激励应存在的差异，分析公司创业投资支持企业的控制权动态配置机理，探求控制权收益和企业家人力资本对公司创业投资支持企业控制权配置的综合作用机制，以期为优化公司创业投资者与被投资企业企业家之间的控制权治理，提升被投资企业创业创新成功率提供决策参考。

【前沿跟踪】

现有文献对于公司创业投资的研究主要从影响 CVC 技术进步效应的因素、CVC 活动对于投资企业的影响等角度来进行研究。

影响 CVC 技术进步效应的因素：万坤扬（2015）[1]基于 CVC 项目异质性视角，探讨控股与非控股 CVC 项目治理结构下 CVC 投资组合多元化与企业价值关系的差异以及组织冗余调节效应的差异。研究发现：非控股型 CVC 项目治理结构下，CVC 投资组合多元化与企业价值之间呈“U 形”关系，组织冗余对两者关系具有积极的调节作用。万坤扬，陆文聪（2016）[2]研究发现：创业企业知识异质性与公司投资者知识创造之间存在“U 形”关系，吸收能力、卷入强度对此“U 形”关系有积极的调节作用。进一步研究发现，创业企业知识异质性与公司投资者知识创造之间在控股型 CVC 项目治理结构下呈“倒 U 形”关系，而在非控股型 CVC 项目治理结构下呈“U 形”关系。

CVC 活动对于投资企业的影响：陆方舟，陈德棉等（2014）[4]基于沪深上市公司 1999—2010 年 277 笔 CVC 投资数据，分析了投资目标和投资模式与投资企业价值的关系，发现投资目标与投资企业价值间并无显著相关关系，不同投资模式所创造的投资企业价值间存在显著差异，而投资目标与投资模式对投资企业价值存在交互影响。林子尧，李新春（2012）[4]研究发现，CVC 活动并没有为上市公司创造预期的财务回报和成长价值，CVC 投资金额越大，上市公司的财务绩效和成长价值均越低。CVC 活动为上市公司创造的价值主要体现在创新绩效方面，CVC 投资金额越大，上市公司的创新绩效越好，特别是当 CVC 活动具有显著的战略导向时。周莉，李韵（2014）[5]通过对 65 家上市公司成长性变化与其公司创业投资行为的相关性进行实证研究，得出结论：公司创业投资行为可以在一定程度上对上市公司的成长起到积极的作用，其中行业相关性和管理相关性与公司成长性之间的相关性显著，但是地域相关性被证明与成长性关系不显著。

其他角度关于 CVC 的研究：乔明哲，陈德棉等（2012）[6]运用博弈模型分析了公司创业投资的薪酬激励问题，结果表明：薪酬激励对公司创投家的努力程度具有正面影响，而对投资企业的支持力度具有负面影响。投资企业和公司创投家的能力与薪酬激励强度分别呈反向和正向关系，与对方的努力（支持）呈反向关系。项目战略利益与薪酬激励的关系则取决于投资企业和公司创投家能力的相对强弱。刘栩君，文红星（2015）[7]以君联资本为例对公司创业投资促进产业结构升级的作用机理进行了分析，结论表明：公司创业投资通过内部创新和外部创新两种方式，在支持被投企业创业与成长的过程中促使落后产能被淘汰，加速高新技术的商品化和产业化，同时吸引资金以及人才向高新技术产业方向流动，形成紧密程度介于组织之间和组织内部的创新集群，在整体上增加了行业研发费用以及高新技术产品产值占比，促使产业结构的调整与升级。

【参考文献】

[1] 万坤扬．公司创业投资对企业价值创造的影响机制——基于 CVC 项目异质性视角［J］．工业技术经济，2015（2）：27-33.

[2] 万坤扬，陆文聪．创业企业知识异质性与公司投资者知识创造［J］．科研管理，2016（2）：9-19.
[3] 陆方舟，陈德棉，乔明哲．公司创业投资目标、模式与投资企业价值的关系——基于沪深上市公司的实证研究［J］．投资研究，2014（1）：57-71.
[4] 林子尧，李新春．公司创业投资与上市公司绩效：基于中国数据的实证研究［J］．南方经济，2012（6）：3-14.
[5] 周莉，李韵．上市公司创业投资行为与自身成长性的相关性研究［J］．时代金融，2014（14）：204-205.
[6] 乔明哲，陈德棉，李金良．公司创业投资的薪酬激励问题分析［J］．运筹与管理，2012（2）：192-201.
[7] 刘栩君，文红星．公司创业投资对产业结构升级的影响研究［J］．经营管理者，2015（8）：9-11.

（作者：凌丽）

述评：《实际控制人直接持股可以提升公司价值吗》

论文原作者：邵帅　吕长江

期刊：《管理世界》2015 年第 5 期

【原文摘要】

随着中国资本市场的发展和投资者保护的加强，越来越多的实际控制人选择直接持有上市公司，本文试图分析这种新生的持股方式能否降低大小股东之间的代理成本从而提升公司价值。我们通过对 2004—2012 年 A 股民营上市公司的实证分析，发现自然人直接持股公司比金字塔结构公司具有更高的会计业绩（ROA 和 ROE）与市场业绩（Tobin's Q），并证实了直接持股通过改善公司治理提升企业价值的 3 种路径，即直接持股公司发生控制人变更的概率更低，实际控制人更愿意长期经营；大股东占款比例与关联担保发生概率更低，大股东侵占减少；实际控制人直接持有公司股份能够激励其更加关注公司业绩及市场价值。本文从股权安排的视角发现了一种降低代理成本的机制，给出了完善公司治理结构的路径，拓宽了两权分离理论的研究框架。本文的结果为未来民营企业上市公司的股权安排与资本市场监管提供了参考和建议。

【问题导入】

自 La Porta（1999）指出金字塔结构下的两权分离导致代理成本以来，控股股东和小股东间的代理问题就受到学术界广泛关注。然而，作者发现，一方面，中国民营上市公司的两权偏离度已远低于文献中东亚平均水平（Claessens 等，2000）使用 1998 年中国香港、印度尼西亚、日本、韩国、马来西亚、菲律宾、新加坡、中国台湾和泰国的股权数据，得到东亚国家或地区两权分离度平均为 74.6%）且逐年缩小，2010 年现金流权与控制权比例的中位数甚至为 100%，简单地沿用两权分离理论解释中国的经济现象愈加不足；另一方面，越来越多的实际控制人选择直接持股上市公司，至 2012 年底已有 400 余家，然而国内学术界对直接持股的研究却仍处于空白。这种新生的持股方式能否降低大小股东之间的代理成本进而提升公司价值？这是本文作者试图回答的问题。

【研究设计】

作者认为，相对于间接持股的金字塔结构公司，实际控制人直接持股在股权结构透明程度、股权退出难度、关联交易程度、个人财产权与公司财产权一致性等方面具有明显的公司治理优势，实际控制人直接持股更能降低大小股东之间的代理成本，从而提升企业价值。因此，提出假设：

H1：相对于实际控制人通过金字塔结构控股的公司，实际控制人直接持股的公司具有更高的会计业绩和市场业绩。

并且提出了其作用渠道的三点假设，分别为直接控股的公司发生实际控制人变更的概率更低，对控股股东的关联担保的概率更低，大股东占款发生比例更低。

作者还探讨了直接持股作为内部机制和其他内外部机制的激励约束之间的关系，提出了该机制与现金流权之间替代互补关系，以及直接持股与外部投资者保护的关系的两对竞争假设。

H2：在现金流权相对较高/低的样本中，实际控制人直接持股公司与实际控制人通过金字塔结构控股的公司间价值差异更加明显。

H3：在地区市场化指数相对较高/低的样本中，实际控制人直接持股公司与实际控制人通过金字塔结构控股的公司间价值差异更加显著。

一、模型设定

本文参考 Anderson 和 Reeb（2003）的模型和变量，使用会计业绩和市场业绩衡量企业价值，会计业绩使用年末总资产收益率（ROA）和年末净资产收益率（ROE）表示，市场业绩使用 TOBINQ 表示，建立如下模型：

$$ROA/ROE/TOBINQ=\beta_0+\beta_1 DIRECT1+\beta_2 TA+\beta_3 LEV+\beta_4 AGE+\beta_5 GROWTH+\beta_6 CEOSLR+\beta_7 STHD+\beta_8 IND+\beta_9 CPTEP+\beta_{10} VOL+\beta_{11} FAMILY+\beta_{12} FCEO+Year+Industry+\varepsilon$$

变量定义：ROA＝扣除非经常损益后的净利润/总资产；ROE＝扣除非经常损益后的净利润/股东权益；TOBINQ＝（公司股票市场价值+债务账面价值）/总资产，其中：非流通股权市值用流通股股价代替计算；DIRECT1 表示公司是否为直接持股结构，若为第一类持股结构则为 1，第四类持股结构为 0（作者将民营企业上市公司按持股结构分为 4 类。第一类是实际控制人以直接持股方式控股上市公司；第二类是实际控制人主要以直接持股方式控股上市公司，同时又通过法人实体持股（该法人实体为第二大股东且持股比例大于 5%）；第三类是实际控制人主要通过法人实体控股上市公司，法人实体为第一大股东，实际控制人又同时直接持有公司股份（该自然人通常为第二或第三大股东且持股比例大于 5%）；第四类是金字塔持股结构，即实际控制人只通过法人企业持有上市公司股份）；TA = Ln（总资产）；LEV = 总负债/总资产；AGE = 当年年度 - 公司成立年度；GROWTH = 最近一年主营业务收入增长率；CEOSLR = 总经理现金薪酬总额/年末总资产；STHD = 实际控制人的现金流权比例；IND = 独立董事在董事会的比例；CPTEP = 上年度资本支出/主营业务收入；VOL = 最近 12 个月股票收益波动率，代表公司风险；FAMILY 代表是否为家族企业，家族企业定义参考福布斯；FCEO 代表实际控制人（对于家族企业包括家族成员）是否担任 CEO。

本文对 H1、H2 的检验，均基于此模型。

二、假设检验

作者首先对于 H1，自然人持股对企业价值影响按上述模型对全样本中的第一类和第四类公司进行多元回归分析；同时为了解决内生性问题，使用 PSM 方法对两类公司进行配对，并对配对后的样本进行相同的回归分析。

接着作者依次检验实际控制人直接持股提升公司价值的三个作用渠道的假设。第一对两类持股方式的实际控制人变更频率差异进行验证，采用 Probit 回归，以未来一年是否发生实际控制人变更为被解释变量（变更为 1），控制变量与主模型一致，加入控制变量 TROUBLE 代表财务困境（上年度 ROE<0 为 1），进行回归分析。第二对两类控制方式占款比例差异进行验证，以 OCCR 代表其他应收款占应收账款的比例，OCCS 代表其他应收款占总资产的比例，使用均值中位数以及 T 检验比较其差异。第三对两类持股方式对控股股东的关联担保的概率差异进行验证，用 Probit 回归预测对控股股东的关联担保 ASSURE 发生的概率（当年发生为 1）。

其次作者对两对竞争假设进行检验。

一是验证持股方式降低代理成本的机制与现金流权之间的替代互补关系，将现金流权按当年的中位数分为高低两组，使用原模型和第一、四类公司样本进行回归，对比直接持股的价值提升作用在两组之间的差异。

二是验证直接持股与外部投资者保护的关系，将樊纲市场化指数作为外部投资者保护的替代变量，按照上市公司注册地所在地区市场化程度是否高于当年中位数以区分投资者保护程度的高低，仍使用原模型和第一、四类公司样本进行回归对比差异。

三、稳健性检验

1. 自选择的内生性问题

由于最初持股安排的动机可能会影响选择的后果，为了降低自选择问题带来的影响，使用 PSM 方法。分为两个步骤。一是对实际控制人选择直接持股的行为使用 Probit 回归进行预测；二是利用第一阶段的回归结果，得到公司选择直接持股的倾向得分，为每一家直接持股公司选择同年度、同行业、倾向得分最接近的金字塔结构公司作为配对样本，使用原模型进行回归，结果与预期一致。

2. 遗漏变量的内生性问题

为了排除遗漏持股方式动因而产生的内生性问题，首先，在实证研究中加入了直接持股的横截面变化研究，即直接持股与现金流权的替代互补关系与外部法律环境的依赖关系。如果实际控制人由于公司业绩优异而选择直接持股，那么样本内将不会产生上述变化。其次，作者计算了 2004—2009 年上市的第三类和第四类公司上市前后 3 年的业绩变化，结果证实两类公司上市前的业绩并无差异，实际控制人并非由于公司业绩优异而选择直接持股，从而排除了该内生性影响。

3. 上市板块差异的影响

为了排除板块差异以及遗漏公司形成方式变量的影响，作者对中小板进行了单独检验，且为了保证样本行业分布均衡，进行了年度、行业、资产规模的配对，结果与前者一致。

4. 税收的影响

作者说明，若实际控制人出于转让股份节税的目的选择直接持股，那么经营不再具有长期经营的目的，将与我们的结论相反，但回归结果的显著性说明股份转让节税不是主要影响因素。

四、数据来源

本文的数据来源于 CSMAR 数据库，选取了 2004—2012 年 873 家 A 股民营企业样本，其中实际控制人的持股方式数据来自作者的手工整理，经过样本筛选后，最终得到 4536 个公司面板数据观测值。

【主要结论】

（1）自然人直接持股公司比金字塔结构公司具有更高的会计业绩（ROA

和 ROE）与市场业绩（Tobin's Q）。

（2）验证了直接持股通过改善公司治理提高企业价值的路径：直接持股公司发生实际控制人变更的概率更低；大股东占款比例与关联担保发生的概率更低；实际控制人直接持有公司股份能够激励其更加关注公司业绩及市场价值。

（3）在现金流权低于样本中位数的公司，直接持股对企业价值的提升更显著，说明持股结构作为一种内部治理机制与现金流权的治理是一种替代补充关系；直接持股的价值提升作用在市场化程度高的地区更显著，说明内部治理机制需要依靠外部法律环境才得以执行。

【主要贡献】

本文的主要贡献在于发现了中国民营上市公司新兴的持股结构安排。

首先，研究了自然人直接持股的经济后果及其提升企业价值的路径，从股权安排的视角找到了一个降低代理成本的机制，给出了完善公司治理结构的路径。并且本文对股权安排的研究不再局限于两权分离与大股东利益侵占的研究框架，拓宽了代理问题与公司治理相关研究的思路。

其次，本文提出了“事前退出机制”的概念，在两权分离度较低的背景下，金字塔持股公司业绩表现较差可能不是因为掏空，而是因为这种持股方式便于实际控制人退出，也便于炒壳、卖壳等资本运作，而直接持股公司的实际控制人可能更加具有基业长青的目的。

最后，本文通过数据给出了持股方式和公司价值关系的新证据，认为在控股股东“一股独大”的背景下更能提升企业价值，本文的结论为未来民营上市公司的股权安排与资本市场监管提供了参考和建议。

【前沿跟踪】

实际控制人作为重要的公司股东信息，受到学者们的广泛关注。

我国《公司法》在 2005 年引入“实际控制人”概念，界定为“虽不是公司的股东，但通过协议、投资关系或者其他安排，能够实际支配公司行为的人”。明确实际控制人的概念有利于完善公司治理结构，保护合同相对人与广大投资者，防止实际控制人损害公司利益，保护中小股东和债权人利益，防范和抑制垄断行为，保护公平竞争。

围绕实际控制人的研究众多，这里主要整理实际控制人与公司业绩之间关系的文献，主要的研究角度有实际控制人的特征、实际控制人变更、实际控制人的持股情况等对公司业绩的影响。

杨超与山立威（2016）[1]发现家族企业实际控制人的任期与隧道行为、企业投资都呈倒U形关系，实际控制人的任期对隧道行为、企业投资的影响反映在企业绩效上，使得实际控制人的任期与企业绩效也呈倒U形关系，并在15年左右达到峰值。郭剑花（2012）[2]按照实际控制人性质划分后发现，国有企业捐赠对业绩的促进作用显著低于直接上市的民营企业，与间接上市的民营企业无显著差异，说明慈善捐赠对公司业绩的作用大小受实际控制人性质的影响[3]。

方茜（2016）[3]发现实际控制人变更能短暂提升上市公司当年的绩效，却在随后几年有显著的负向影响，且实际控制人多次变更对上市公司绩效的负向影响更为严重。

吴国鼎（2015）[4]发现在竞争性行业中，实际控制人持股比例对企业绩效的影响是显著为正的，而在非竞争性行业中，实际控制人持股比例对企业绩效的影响是不显著的；以所有制来看，在竞争性行业中，民营控股企业实际控制人持股水平的激励效应要大于国有控股企业；把国有控股企业分为中央控股企业和地方控股企业，则这两类企业中实际控制人持股比例对企业绩效的影响也因行业竞争性不同而不同。沈佳坤等（2016）[5]研究发现金字塔控股集团对目标公司具有较低的直接控制权时，实际控制人两权分离度的减小对公司价值有显著提升作用；金字塔内部其他股东以较大概率选择与终极控制人共谋时，会对公司价值有一定提升作用；金字塔外部大股东相对较少且结构分散时，难以形成规模的制衡力量以起到治理作用。

【参考文献】

[1] 杨超，山立威．家族企业实际控制人的任期如何影响企业绩效［J］．当代财经，2016（3）：65-76.

[2] 郭剑花．实际控制人性质、慈善捐赠与公司业绩［J］．广东商学院学报，2012（6）：66-74.

[3] 方茜．实际控制人变更能改善公司绩效吗？——基于股权结构变动的分析［J］．华东经济管理，2016（11）：141-149.

[4] 吴国鼎．实际控制人持股水平、行业竞争性与企业绩效［J］．当代经济科

学，2015（4）：100-109，127-128.
[5] 沈佳坤，孙秀峰，冯宝军．终极控制人行为对公司价值的影响［J］．财经科学，2016（8）：72-83.

（作者：张璐）

述评：《控制权转让、产权性质与公司绩效》

论文原作者：王甄　胡军

期刊：《经济研究》2016 年第 4 期

【原文摘要】

本文以 2003—2011 年 A 股发生终极控制人变动的上市公司为样本，考察了四类控制权变动对公司绩效的影响。结果发现：①国有转民营和民营转国有都能显著提高公司绩效，而国有转国有和民营转民营对公司绩效的提高并不显著；②民营转国有对公司绩效的提高源于隧道效应的减弱，而国有转民营对公司绩效的提高则是隧道效应的减弱和经理人代理问题的降低两方面共同作用的结果。以上结论说明，产权性质的改变在控制权转让过程中起到了积极的作用，不同所有制结构在治理问题上各有优缺点：国有企业往往面临更为严重的经理人代理问题，而民营企业的大股东隧道效应更为严重。所有权性质的转变导致治理形式的转换，新的治理形式克服了原先治理形式的缺点，从而提高了效率。本文结论有利于缓解“国进民退”的争论，同时为进一步推进混合所有制改革提供了经验证据。

【问题导入】

对处于经济转型过程的中国来说，“国进民退”是时刻受到关注的话题。有关“国进民退”问题的一个重要的争论是“国进民退”是市场的前进还是倒退，即“国进民退”是市场竞争优胜劣汰的结果，还是国家干预扭曲市场对资源的配置，违背市场化改革的行为（卫兴华和张福军，2011）？

有关民营化对公司绩效影响的研究或许为该争论提供了一个很好解答，之前国内外许多学者的研究成果都肯定了民营化的积极作用，这是否就意味着国有企业是低效率的？产权性质差异是否为影响公司绩效的一个显著因素？我们应该如何理解市场上有些公司出现的“国有化”现象？为了回答以上问题，以及深化认识控制权转让的影响及其内在机理，本文试图研究以下三个问题：①

产权性质差异是不是理解民营化积极作用的关键所在？②控制权转让对公司绩效的影响如何发挥作用？③对于不同类型的控制权转让，其作用机理是否存在差异？

为此，本文以2003—2011年A股发生终极控制人变动的上市公司为样本，研究了四类控制权变动（国有转民营、民营转国有、国有转国有以及民营转民营）对公司绩效的影响。

【研究设计】

一、实证假设

之前的国内外学者的研究结论绝大多数支持民营化有利于提高公司绩效。这些研究结果似乎说明，国有企业往往是低效率的，国有企业转让控制权给民营主体将有利于公司绩效的提高。但是，这不能很好地解释市场上有些企业出现“国有化”这一现象。

为了区分产权性质差异是不是影响公司绩效的一个关键因素，本文必须同时研究两类方向相反的控制权变动对公司绩效影响的异同，即公司控制权由国有性质主体转变为民营性质主体（以下简称国有转民营）和由民营性质主体转变为国有性质主体（以下简称民营转国有）。概括为以下两种相对立的情况：

①当国有转民营和民营转国有都能提高公司绩效时，说明国有控股并不必然意味着低效率，简单地以产权性质本身是“国有”还是“民营”来判断公司的绩效可能会导致错误的结论。

②当只有国有转民营能提高公司绩效时，说明产权性质的差异的确是影响公司绩效的一个关键因素，国有企业往往意味着低效率。

无论产权性质是否直接影响公司绩效，控制权转让对公司绩效的影响更深层次的原因应该是公司治理效率的变动。当一个公司存在大股东时，公司往往面临两类经典的代理问题，除了所有权和经营权分离所带来的经理人-股东之间的代理问题，还有一股独大所带来的大股东侵占小股东利益的隧道效应。而控制权转让以后公司的实际控制人发生了变动，新的控制人往往又会重新任命新的管理层。所以，控制权的变动使得公司的两类代理问题都不同程度地得到缓解。为此本文提出以下两个有待检验的假设：

H1：控制权发生变动前，大股东对小股东的侵占效应越强，控制权转让后绩效提高越显著。

H2：控制权发生变动前，经理人-股东间的代理问题越严重，控制权转让后绩效提高越显著。

相对于民营企业而言，国有企业高管的行政任命、官僚式的管理制度以及企业的多元目标和约束不足都会导致国有企业中存在比较严重的经理层代理问题。本文预期控制权转让后，由于经理人代理问题的减弱而提高公司绩效的作用在国有转民营样本中更为显著。概括为以下实证假设：

H3：由于经理人代理问题的减弱而提高公司绩效的作用在国有转民营样本中更显著。

二、模型

参考 Megginson 和 Netter（2001）、王红领等（2001）、胡一帆等（2006）、李广子和刘力（2010）以及杨记军等（2010）的研究结果，为了降低和缓解控制权转让过程中存在的自我选择偏差和对比偏差，本文运用二次差分方法控制对比组选择的问题，同时运用扩展的 Heckman 自我选择模型降低控制权转让过程中可能存在的自我选择问题。因此，本文设计以下回归方程：

$$R_{it}=\delta_0+\delta_1 X_{it}+\delta_2 \mathrm{CHANGE}_{it}+\mathrm{YearDummies}+\mathrm{FirmDummies}+e_{it} \quad (1)$$

$$D_{it}^*=\beta Z_{it}+\mathrm{IndustryDummies}+\mathrm{ListDummies}+\mu_{it} \quad (2)$$

$$\mathrm{CHANGE}_{it}=1 \ if\ D_{it}^*>0$$

$$\mathrm{CHANGE}_{it}=0 \ if\ D_{it}^*\leqslant 0$$

其中，R_{it}是公司的绩效指标（包括 ROA，ROS 和 ROE），X_{it}是能够影响公司绩效的公司特征因素，也包括看不见的公司效应（FirmDummies）和时间效应（YearDummies）。CHANGE_{it}是一个哑变量，公司控制权发生变动后取 1，否则取 0。①D_{it}^*是一个看不见的变量，Z_{it}是影响控制权变动的公司特征。$\delta=\{\delta_0, \delta_1, \delta_2, \beta\}$是要估计的参数，②其中 δ_2 反映的就是控制权变动对公司绩效的影响。

对于方程（1），该方程控制变量 X_{it}包括：LEVERAGE（杠杆比率）、K/S（资本性资产与销售收入的比率）、Y/S（主营业务收入与总的销售收入的比率）、SIZE（总资产规模，取对数）、GROWTH（资产增长率）、AGE（距离公司上市当年的时间）、TANGIBLE（资本性资产占总资产的比例）等。

对于方程（2），控制变量 Z_{it}除了加入所有均值方程控制变量，还进一步加入上一期的收益率（L，绩效变量）、每年每个行业发生控制权变动的公司数量（NUM）以及当年是否属于沪深 300 指数（MKTSTK）三个排外变量。鉴于样本限制，选择方程对公司的行业特征（IndustryDummies）以及上市交易所（ListDummies）进行控制。

深层次机理分析：

（1）为了进一步探究控制权转让对公司绩效的影响是短期效应还是长期

效应，本文选取民营转国有样本和国有转民营样本，进行分组回归，在回归时添加哑变量 $year\_i$，当控制权变动恰好发生 i 年时，该哑变量取 1。因此，CHANGE 的系数加上 $year\_i$ 的系数反映的就是控制权变动第 i 年对公司绩效影响的总程度。如果控制权变动对公司绩效的影响只是短暂的，我们将看到 $year_i$的系数（更准确的是 $year\_i$ 的系数加上 CHANGE 的系数）越来越小甚至是负的。

（2）本文基于一股独大所带来的大股东侵占小股东利益的隧道效应以及所有权和经营权分离所带来的经理人-股东之间的代理问题这两方面视角来解释公司控制权转让对公司绩效的影响。

① 大股东对公司资产侵占效应的减弱。本文选择公司的其他应收款净额作为衡量公司隧道效应的指标。首先计算每家公司每年其他应收款占净资产的比例。其次计算在控制权变动之前公司其他应收款占净资产比例的中位数，然后以该中位数排序，将比例最大的 50% 作为隧道效应相对严重的公司，当这些公司发生控制权变动后，T_index 取 1，其他情况取 0。T_index 的回归系数反映的就是控制权转让对公司绩效提高的作用中能归因于大股东隧道效应差异的部分。

②经理人-股东之间代理问题的减弱。本文选择前 5 大股东的股权及集中程度（即前 5 大股东的 Herfindahl 指数）作为衡量经理人代理问题的代理指标。本文首先计算每家公司每年前 5 大股东的 Herfindahl 指数，其次，对于每一家控制权发生变动的公司，本文计算在控制权变动之前公司前 5 大股东的 Herfindahl 指数的中位数，然后以该中位数排序，将比例最大的 50% 作为经理人代理问题相对严重的公司，当这些公司发生控制权变动后，M_index 取 1，其他情况取 0。因此，M_index 的回归系数反映的就是控制权变动对公司绩效提高的作用中能归因于经理人-股东之间代理问题差异的部分。

三、实证回归结果

1. 控制权转让对公司绩效影响实证结果

基于全样本的回归结果显示：伴随着公司控制人的变动，公司的绩效得到显著的提高。此外，为了更直观地反映各类型控制权转让对公司绩效的影响程度，本文对每一种控制权转让都设定单独的哑变量。本文发现，在考虑了相关公司特征后，控制权转让仅在国有转民营和民营转国有样本中能显著提高公司绩效，而在同一类型的控制权转让中其作用并不显著，这意味着国有企业面临的公司治理问题，通过转让控制权给民营主体能得到更好的解决，而民营企业面临的公司治理问题，通过转让控制权给国有性质主体能得到更好的解决。这说明控制权性质的转变在提高公司绩效方面起到了巨大的积极作用。

2. 深层次机理分析

(1) 加入哑变量 year_*i* 的分组回归结果显示：在国有转民营样本中，year_*i*的系数基本都不显著，且数字很小，而 CHANGE 的系数却跟之前的回归系数接近，说明控制权变动对公司绩效的提高是长期的，而且在各年之间没有显著差异。在民营转国有样本中，CHANGE 的系数不显著，而 year_*i* 的系数都较大而且基本都显著，说明控制权转让对公司绩效的影响在第一年还没有完全发挥出来，从第二年开始，公司的绩效开始提高，并且没有递减的趋势，也说明控制权变动对公司绩效的提高是长期的。这一结论也意味着控制权转让后绩效的提高不是主要源于盈余管理（王克敏和刘博，2014），因为盈余管理不可能长期存在。

(2) 大股东对公司资产侵占效应的减弱：回归结果显示，无论在国有转民营样本还是民营转国有样本中，*T*_index 的系数都是显著的，说明控制权之所以能提高公司绩效一个重要的原因是隧道效应的减弱。假设 H3 得到证实。

(3) 经理人-股东之间代理问题的减弱：回归结果显示，在国有转民营样本中，*M*_index 的系数是显著的，说明控制权之所以能提高公司绩效的另一个重要原因是国有企业中委托代理问题的减弱。而在民营转国有样本中，*M*_index的系数不显著，说明委托代理问题在民营企业中差异并不显著。

四、稳健性检验

本文做了如下稳定性检验：(1) 参考 Lennox 等（2012）的研究建议，本文对自我选择模型的估计过程本身的脆弱性进行了稳健性检验。(2) 控制权转让以后公司治理水平的改善。本文直接检验了控制权转让后公司两类代理问题的变化。(3) 考虑资产重组和收购等的影响。(4) PSM 配对对比分析控制权转让对公司绩效的影响。(5) 其他相关稳健性检验。除了以上考虑的控制变量，本文还进一步控制了其他可能影响公司绩效的变量，CHANGE 的系数几乎没有变动。

五、数据来源

本文利用的数据来自于 CSMAR 的股东研究数据库，剔除样本区间内发生 2 次（含）以上实际控制人变动的公司。最终保留四类控制权发生转让的样本：国有转民营、民营转国有、国有转国有以及国有转民营。所有样本都剔除金融和公用事业公司。2003—2011 年最终样本Ⅰ（国有转民营）包含 126 家控制权发生变动的公司；最终样本Ⅱ（民营转国有）包含 27 家控制权发生变动的公司；最终样本Ⅲ（国有转国有）包含 61 家控制权发生变动的公司；最终样本Ⅳ（民营转民营）包含44家控制权发生变动的公司。③ 此外，控制权未发生变动且始终由国有性质主体控制的公司有739家，控制权未发生变动且始终是民营性质控制人控制的公司有465家。

【主要结论】

（1）无论控制权是由国有性质主体转让给民营性质主体，或是反之，公司的绩效都得到长期、显著的提高。

（2）进一步研究发现，控制权转让能提高公司绩效的一个重要原因是控制权转让以后公司大股东侵占效应降低。

（3）控制权转让以后经理层-股东之间代理问题的减弱也是国有转民营后公司绩效提高的原因所在。

【主要贡献】

本文的可能贡献在于：①样本的可靠和翔实。②为民营化的积极作用是源于公司治理效率的提高，而非简单的产权性质差异提供了经验证据。③从微观视角提供了控制权转让对公司绩效影响的作用机制，发现控制权转让之所以能提高公司绩效的原因在于经理人代理问题和大股东侵占效应的减弱。

【前沿跟踪】

现代的公司治理问题不仅仅是股东与经理人之间的代理问题，在股权结构日益分散和复杂化的今天，实际控制人概念的提出有助于人们透过纷繁复杂的结构安排，直接发现公司行为的真正操纵者，为公司完善公司治理结构、规制公司行为提供了新的视角。对实际控制人控制权、持股水平和两权分离的研究主要关注其对公司价值、企业绩效、公司投入、盈余管理、信息披露等的影响。

王立章，王咏梅和王志诚（2016）[1]运用我国A股上市公司2003—2013年的数据，研究了两权分离度对通过股价同步性所刻画的市场信息传递的阻隔程度。研究结果发现：①两权分离度和实际控制人性质与股价同步性正相关，而股权制衡度与股价同步性负相关；②实际控制人的国有性质以及股权制衡度的提高显著降低了两权分离对股价同步性的正向影响。邵帅和吕长江（2015）[2]通过对2004—2012年A股民营上市公司的实证分析，发现自然人直接持股公司比金字塔结构公司具有更高的会计业绩与市场业绩，并进行了路径分析；实际控制人直接持有公司股份能够激励其更加关注公司业绩及市场价值。王敏和庞彦（2015）[3]以2010—2013年民营上市公司为样本，研究实际控制人控制权、高管激励对企业研发投入的影响，结果显示增强高管激励可以提高研发投入，实际控制人的控制力与企业研发投资负相关，实际控制人担任董事长或总经理对高管薪酬激励与研发投入的关系存在正面影响，对股权激励与研发投入的关系存在负面影响。吴国鼎（2015）[4]利用我国A股上市公司2008—2012年的数据，研究了实际控制人持股水平、行业竞争性与企业绩效的关系。研究发现，在竞争性行业中，实际控制人持股比例对企业绩效的影响是显著为正的，而在非竞争性行业中，这一影响是不显著的；分所有制来看，在竞争性行业中，民营控股企业实际控制人持股水平的激励效应要大于国有控股企业；把国有控股企业分为中央控股企业和地方控股企业，则这两类企业中实际控制人持股比例对企业绩效的影响也因行业竞争性不同而不同。

刘汉民，王芳华（2016）[5]考虑到了家族企业的特殊性，以817家沪深上市家族企业为样本，分析不同实际控制人类型下企业的股权结构与绩效之间的关系。结果表明不同实际控制人类型下，股权结构对绩效的影响并不相同，当实际控制人为一人时，家族企业两权分离度与企业绩效正相关，而股权集中度和股权制衡度的不同衡量指标对企业绩效的影响不一致；当实际控制人为多人时，股权制衡度和两权分离度对绩效的影响不显著。

【参考文献】

[1] 王立章，王咏梅，王志诚．控制权、现金流权与股价同步性［J］．金融研究，2016（5）：97-110.

[2] 邵帅，吕长江．实际控制人直接持股可以提升公司价值吗？——来自中国民营上市公司的证据［J］．管理世界，2015（5）：134-146，188.

[3] 王敏，庞彦．实际控制人特征、高管激励与研发投入［J］．财会月刊，2015（32）：10-14.

[4] 吴国鼎．实际控制人持股水平、行业竞争性与企业绩效［J］．当代经济科学，2015（4）：100-109，127-128.

[5] 刘汉民，王芳华．不同实际控制人类型下股权结构与绩效的关系——来自中国817家上市家族企业的经验统计［J］．经济与管理研究，2016（5）：98-104.

（作者：王栋坤）

述评：*In the Name of Charity*：*Political Connections and Strategic Corporate Social Responsibility in a Transition Economy*

论文原作者：Karen Jingrong Lin，et al
期刊：Journal of Corporate Finance，2015（32）：327-346

【原文摘要】

This study investigates whether firms in China use corporate social responsibility (CSR) to build political networks and, if so, how such CSR decisions affect firm performance. We bypass the empirical difficulty of measuring the value of political networks by using an event study approach. Specifically, we examine how abrupt termination of existing political connections caused by replacement of city mayors affect Chinese listed companies' CSR choices. We find that when a mayor is replaced, the level of and the propensity for CSR activity increase. Such increases are more prominent in firms for which political connections are more valuable, namely, non-state controlled firms, smaller firms, and firms operating in cities ruled by more corrupt government. In addition, we find that firms that spend resources to bond with a new government via CSR activities are rewarded: these firms receive higher levels of government subsidies or have a greater propensity to receive future government subsidies. These firms also outperform firms that do not invest in political networking via CSR. Our studyadds direct evidence to how and through what channel CSR affects firm performance. We also contribute to the CSR literature on politically motivated CSR strategies.

【问题导入】

在全球经济一体化的市场背景下，企业逐渐成为社会的主体，掌握着大量的经济与社会资源，对于全社会的可持续发展，企业理应承担更多的社会责任。然而，责任投资会无形增加企业成本，这种增加的成本对企业来说究竟是好事还是坏事呢？对此问题的研究，正向和负向关系的支持者都有。那么，“黑箱”中的什么机制或者渠道造成了这种不同的结论呢？已有文献研究了CSR的利他动机、战略动机和管理职能动机，那么对于新兴市场和转型经济体而言，是否还存在着其他动机呢？

针对以上两个问题，文章以中国为研究背景，试图从企业社会责任（CSR）对企业财务绩效（CFP）的影响渠道和动机入手，分析两者之间的关系，以此为基础提出视角：政治关联。并且对政治关联的度量，已有文献常采用的是企业内部董事长或CEO的个人经历，而本文则选取官员更迭与否这一企业外部的哑变量，更具新意。

【研究设计】

一、实证设计

（1）本文的主要研究问题是官员更迭这一事件是否对CSR表现水平存在影响，并且这种影响在不同类型企业之间是否存在差异，为此做如下回归：

$$\begin{aligned}\ln(\mathrm{CSR}_{it}+1) = {} & \alpha_0+\alpha_1\mathrm{Turnover}_{i,t-1}+\alpha_2\mathrm{CEOPC}_{i,t-1}+\alpha_3\mathrm{Cash}_{i,t-1}+\\ & \alpha_4 ROA_{i,t-1}+\alpha_5\mathrm{BTM}_{i,t-1}+\alpha_6\mathrm{Leverage}_{i,t-1}+\alpha_7\mathrm{TOP1}_{i,t-1}+\\ & \alpha_8\mathrm{Size}_{i,t-1}+\alpha_9\mathrm{FirmAge}_{i,t-1}+\sum_{j=1}^{11}\beta_1\mathrm{Industry}_j+\\ & \sum_{k=1}^{4}\gamma_k\mathrm{Year}_k+\sum_{l=1}^{5}\rho_i\mathrm{Region}_i+\in_{it}\end{aligned}$$

式中 $\ln(\mathrm{CSR}_{it}+1)$ 为企业年报或公告披露的捐赠金额；$\mathrm{Turnover}_{i,t-1}$ 为市长是否更替的哑变量；控制变量包括 $\mathrm{CEOPC}_{t,t-1}$，即CEO的政治资源，这体现企业在政府官员发生变更后重新建立关联的能力，以及一些常用的财务指标，模型固定了行业、年份和区域。

不同类型企业对政治关联的需求可能不同，本文按照是否为国有企业、企业规模大小（以总样本企业市值的中值为界）和当地政治腐败程度大小（以2006年世界银行发布的投资环境报告中企业用于招待政府官员费用支出的中值为界）三类形式划分子样本，运用同样模型来做回归分析。

（2）进一步在（1）的基础上，分析原有政治关联由于官员更迭中断后，企业是否会更倾向于做CSR，以期重新获得政治关联，文章建立模型：

$$\begin{aligned}\mathrm{Prob}(\mathrm{CSR}_{it}>0 = {} & \alpha_0+\alpha_1\mathrm{Turnover}_{i,t-1}+\alpha_2\mathrm{CEOPC}_{i,t-1}+\alpha_3\mathrm{Cash}_{i,t-1}+\\ & \alpha_3\mathrm{ROA}_{i,t-1}+\alpha_5\mathrm{BTM}_{i,t-1}+\alpha_6\mathrm{Leverage}_{i,t-1}+\alpha_7\mathrm{TOP1}_{i,t-1}+\end{aligned}$$

$$\alpha_8 Size_{i,t-1} + \alpha_9 FirmAge_{i,t-1} + \sum_{j=1}^{11} \beta_j Industry_j + \sum_{k=1}^{4} \gamma_k Year_k + \sum_{t=1}^{5} \rho_l Region_l + \in_{i,t}$$

（3）分析官员更迭后，企业以 CSR 形式重新建立政治关联带来的长期效应，即政府补贴增多和企业财务绩效更好：

$$Subsidy_{i,t+1} = \alpha_0 + \alpha_1 PositiveCSR\_chg_{i,t} + \alpha_2 CEOPC_{i,t} + \alpha_3 Size_{i,t} + \alpha_4 Staff_{i,t} + \alpha_5 NSOE_{i,t} + \alpha_6 Leverage_{i,t} + \alpha_7 FinancialDistress_{i,t} + \alpha_8 RichRegion_{i,t} + \alpha_9 TOP1_{i,t} + \sum_{j=1}^{11} \beta_j Industry_j + \sum_{k=1}^{4} \gamma_k Year_k + \sum_{l=1}^{5} \rho_l Region_l + \in_{i,t}.$$

被解释变量 $Subsid_{i,t+1}$ 为企业所获补贴额，包括常规补贴和偶然补贴两种情形；主要解释变量 $PositiveCSR\_chg_{i,t}$ 指官员更迭后，存在增加 CSR 投入企业的哑变量；此外新增变量 $Staffm_{i,t}$ 衡量企业财政负担，$FinancialDistress_{i,t}$ 为企业财务困境，$RichRegion_{i,t}$ 为财政收入在总样本中值以上区域的企业。

$$Performance_{i,t+1\ or\ t+2} = \alpha_0 + \alpha_1 PositiveCSR\_chg_{i,t} + \alpha_2 CEOPC_{i,t} + \alpha_3 Size_{i,t} + \alpha_4 Staff_{i,t} + \alpha_5 NSOE_{i,t} + \alpha_6 Leverage_{i,t} + \alpha_7 FinancialDistress_{i,t} + \alpha_8 RichRegion_{i,t} + \alpha_9 TOP1_{i,t} + \sum_{j=1}^{11} \beta_j Industry_j + \sum_{k=1}^{4} \gamma_k Year_k + \sum_{l=1}^{5} \rho_l Region_l + \in_{i,t}$$

对财务绩效的影响分析，被解释变量 Performance 按照 ROA、ROE 和 ROS 的三种代理指标，以及（t+1）和（t+2）的两种时间维度，共做了 6 次回归。

二、数据与样本

文章查阅中国市级层面政府网站，摘录其市长变更公告，由于数据可得性将样本时间范围确定为 2005 年至 2009 年，最后手工汇总整理得出市长变更的数据；CSR 数据也是手工收集，选取指标为上市公司年报或临时公告中的捐赠额，文章排除了对重大灾难事件（如汶川地震）的捐赠，因为这可能与公司的长期政治目的不相关。然后，财务数据和公司治理数据来自于 CSMAR；省级市场化指数来自于国家经济研究中心。

最终，文章得到 2005—2009 年，291 个市级城市 1553 家上市公司的 6911 个观测值。

三、稳健性检验

（1）受限被解释变量。总体样本中 2745 个观测值（占比 39.72%）没有 CSR 行为，这种非正态的被解释变量可能会对回归系数造成低估，为此作者运用 Tobit 模型重新将全部模型回归一遍，得出同样的结果。

（2）替代变量。一方面，对 CSR 的衡量用 CSR 的增量，即（$CSR_{i,t}$ - $CSR_{i,t-1}$）替代 CSR 表现水平，即 $CSR_{i,t}$，增量形式的回归结果能更好支持原假设；另一方面，市长变更的虚拟变量 $Turnover_{i,t-1}$原模型指 t 或 $t-1$ 年发生市长变更，则取值 1，稳健性检验时重新对此进行了定义。由于企业年报是截止 12 月份，这之前发生的市长更迭，企业还存在通过 CSR 及时建立政治关联的时间可能，故稳健性检验时将 $Turnover_{i,t-1}$取 1 定义为（$t-1$）年至 t 年 6 月或 9 月，回归结果与原模型相似，仅系数更小，说明采用 CSR 重新建立政治关联是种更及时和短期的行为。

（3）删除可疑值。一是剔除金融危机年份（2008—2009 年）数据；二是市长频繁更迭可能存在政治不稳的异常值，故删除样本期内 $Turnover_{i,t-1}$ 更迭达 3 次的观测值。结果仍然成立。

四、内生性

可能存在忽略的因素对 $Turnover_{i,t-1}$ 和 $CSR_{i,t-1}$ 均有影响，为此文章采用 GMM 方法。已有文献研究表明官员年龄和地方人均 GDP 对政府人事变动影响显著。两者中官员年龄又与本文 CSR 不相关，故文章采用官员年龄作为工具变量，而将地方人均 GDP 纳入控制变量。

【主要结论】

本文采用 2005—2009 年，291 个市级城市中 1553 家上市公司的 6911 个观测值，实证得出：

（1）当市长发生更替后，当地上市企业的 CSR 水平和倾向都将增加；

（2）这种增加在非国有企业、小企业和高腐败程度地区企业中更为明显；

（3）企业通过 CSR 建立的政治关联，未来会为企业带来更多的回报，如更多的财政补贴和更好的财务绩效表现。

【主要贡献】

（1）现有对 CSR 与 CFP 关系的研究，正向和负向结论均有。本文从实证角度得出，一方面对具体企业而言，通过 CSR 建立政治关联，可以为企业带来额外的财政补贴和超额的财务绩效，从而支持股东价值最大化的观点；另一方面，对全社会总体企业而言，政治关联建立起的比较优势，是对公平竞争市场环境的一种破坏，会造成资源的浪费，从而支持了 CSR 的社会成本观点。

（2）本文最闪光之处，便是将官员更迭与否这一哑变量作为对政治关联的一种衡量。一方面，避免了前期文献对政治关联度量不一致带来的研究结果差异；另一方面，对通过 CSR 建立的政治资本，这种已有研究指出但未度量的指标也做到了量化。

（3）前期对于 CSR 的动机研究，包括利他动机、战略动机和管理职能动机，本文以新兴经济体为背景，提出了政治关联动机。

【前沿跟踪】

现有 CSR 与 CFP 的关系研究较为丰富，各自的切入点不一而足。这里不讨论 CSR 对 CFP 的直接影响，而注重于梳理类似本文的间接影响，具体可分为横向市场和纵向政府两个方向：

（1）横向调节作用。CSR 能促进企业的横向联系，进而拓展企业市场资源，获得更高的财务回报。如 Saeidi, S. P. 等（2015）[1]采用伊朗 205 家工业和消费业企业数据，指出 CSR 与 CFP 之间存在着间接的作用机制，并且实证得出持续竞争优势、信誉和消费者满意度这三种中介机制的正向调节作用；于洪彦等（2015）[2]基于企业社会资本的视角，研究结果发现，企业横向联系对企业社会责任与企业绩效的关系起到了倒 U 形的调节作用。

（2）纵向调节作用。企业通过 CSR 得以与政府建立良好的社会关系，这种政治关联构成企业竞争的比较优势。如 Cull, R.，等（2015）[3]认为政治关联能有效缓解企业的融资约束，进而提高企业财务绩效；朱蓉和徐二明（2015）[4]基于高阶理论和制度理论的视角，研究了银行高管的政治关联对企业社会责任战略和经济绩效的影响，并得出均为正向的结论；张川等（2014）[5]进一步将企业政治关联区分为代表委员类和政府官员类两种类型，以 2007—2011 年中国化工行业上市公司为样本，研究发现不同类别的政治关联方式对企业社会责任的影响路径存在显著差异。

【参考文献】

[1] Saeidi, S. P., et al. How Does Corporate Social Responsibility Contribute to Firm Financial Performance? The Mediating Role of Competitive Advantage, Reputation, and Customer Satisfaction. Journal of Business Research, 2015, 68 (2): 341-350.

[2] 于洪彦，黄晓治，曹鑫．企业社会责任与企业绩效关系中企业社会资本的调节作用 [J]．管理评论，2015 (1)：169-180.

[3] Cull, R., et al. Government Connections and Financial Constraints: Evidence from a Large Representative Sample of Chinese Firms. Journal of Corporate Finance, 2015 (32): 271-294.

[4] 朱蓉，徐二明．银行高管政治关联、社会责任与企业绩效 [J]．上海金融，2015 (6)：97-102.

[5] 张川，娄祝坤，詹丹碧．政治关联、财务绩效与企业社会责任——来自中国化工行业上市公司的证据 [J]．管理评论，2014 (1)：130-139.

（作者：张昌）

述评：*China's Secondary Privatization: Perspectives from the Split-Share Structure Reform*

论文原作者：Li Liao　Bibo Liu　Hao Wang

期刊：Journal of Financial Economics，2012，April

【原文摘要】

The Split-Share Structure Reform granted legitimate trading rights to the state-owned shares of listed state-owned enterprises（SOEs），opening up the gate to China's secondary privatization. The expectation of privatization quickly boosted SOE output，profits，and employment，but did not change their operating efficiency and corporate governance. The improvements to SOE performance are positively correlated to government agents' privatization-led incentive of increasing state-owned share value. In terms of privatization methodology，the reform adopted a market mechanism that played an effective information discovery role in aligning the interests of the government and public investors.

【问题导入】

股权分置提出于 2005 年，但上市公司的股权分置结构却在我国证券市场诞生前的 20 世纪 80 年代中期股份制试点时期就已存在。中国股市中非流通股的形成与早期股份制改革试点具有实验性质等特殊的历史背景有关，分置结构在极大消除了当时经济改革阻力的同时，也留下了严重的公司治理问题。在数次试错后，2005 年中国证监会公布的《关于上市公司股权分置改革试点有关问题的通知》标志着股权分置改革的正式启动，截至 2007 年底已基本完成，共计 1260 家上市公司进行了分置改革。

那么这一涉及一千多家上市公司的改革壮举，给企业究竟带来了怎样的影响呢？本期选取的推文不仅对股改的前因后果进行了细致的回顾，更从多角度分析了股改对公司业绩带来的影响及其影响路径，行文精彩，值得一读。

【研究设计】

文章的理论部分对股权分置改革进行了详细回顾，包括：股权分置结构如何形成，基于两种价格确定机制的分置结构给公司治理与股市和公司债券衍生市场发展带来的问题，股改之前的试错以及股权分置改革的实施四个方面。按照对我国股改的分析，作者提出研究假设。对许多经济体和行业的实证结果表明，进行私有化改革后企业业绩得到提高，因此，作者提出：

假设一：经历股改的企业中，国有企业比非国有企业获得更多的业绩改善；

股改后，国有股不再为账面价值而是市场定价，国企代理人的表现将通过国有股的市价作为评估，相应得到奖励或惩罚，增强了代理人的激励作用，因此作者提出：

假设二：改革的私有化效益使国有企业得到的业绩提升与国企代理人的支持活动正相关；

在股改中引入市场机制搭建了公众投资者与国企代理人信息沟通的桥梁，国企代理人或支付较高的协议价格或提供可信赖的改革后资本收益的预期，因此为了检验市场机制的信息发现功能，作者提出：

假设三：私有化效益带来的业绩提升与公众投资者对改革的支持率正相关，而与协议价格负相关。

一、实证设计

1. 概念界定

一是对国有企业与非国有企业的界定。若该企业的最终控制人为政府，那么定义为国有企业，包括以下四种情况：直接或间接控股50%以上、直接或间接拥有30%以上投票权、政府的投票权使其可任命50%以上的董事和政府对股东大会的决策有重大影响。

二是对私有化效益的界定。作者指出，研究私有化的最大优势在于上市国有企业与非国有企业同时进行股权分置改革，相对于非国有企业，改革不仅使国有企业取消了分置结构，还消除了深化私有化的法律障碍。因此，改革对国有企业相比非国有企业有额外的影响，这种私有化影响的差额，即为国企的私有化效益。

2. 指标度量

因变量：私有化效益使用三个指标度量，分别是营业收入、营业利润、股票收益。前两者代表公司业绩，通过 DID，首先把非国有企业按照规模和行业分为 25 组基准组合，再通过规模和行业将国有企业与基准 25 组相匹配，分别算得国有与非国有样本每组的两变量改革后三年与前三年中位数的差值，最后用国有样本中位数变化值与相应基准组的非国有中位数变化值相减，得到私有化效益值；后者股票收益首先是根据三因子模型，算得样本企业的预期收益率，原始收益率减去预期收益率得到样本的调整收益率，同样拿国有 25 组的中位数变化值与非国有相减得到私有化效益值（用规模和账面市值比作为划分 25 个组别的依据用以进行稳健性检验）。

表 1 为变量定义：依次为假设一中使用的公司业绩和治理指标、假设二中代理人支持活动的代理变量、假设三中市场机制的代理变量：

表 1　　变量定义

变量类型	变量与变量解释
产出	营业收入
	营业利润
	总资产
雇员	雇员人数
支出	资本支出
生产率	营业收入与雇员人数之比
	营业利润与雇员人数之比
	ROE
	ROA
营业效率	应收账款周转率
	销售财务费用率
	资产周转率
破产风险	现金与负债总额比率
	资产负债比
	流动比率

续表

变量类型	变量与变量解释
公司治理（样本中涉及该行为的公司占比）	关联交易
	涉及控股股东的关联交易
	向控股股东贷款
公司治理（涉及金额与营业收入之比的中位数）	关联交易（%）
	涉及控股股东的关联交易（%）
	向控股股东贷款（%）
公司代理人的支持活动	集团上市哑变量，改革后国企的控股股东集团上市则为1
	资本注入哑变量，改革后国企的控股股东向国企注入资金则为1
	筹资次数，指改革后国企进行外部融资的次数
市场机制的代理变量	协议价格，指股改方案中协议价格
	支持率，指参与股改方案投票的公众投资者的支持人数与总人数的比例

另外控制了非流通股与流通股的比率、公司市值的自然对数、H股/B股(设为哑变量，若是则为1)、行业、年份等效应。

3. 实证方法

对于假设一的检验，作者初步对全样本股改前后三年的业绩和公司治理指标的中位数差值进行威尔科克森检验；其次对国有企业样本的因变量进行威尔科克森检验，发现调整后的营业收入和营业利润衡量的私有化指标均显著。

对于假设二的检验，由下列公式对进行混改的国有企业样本进行分位数回归检验（因为回归模型中的误差项不满足标准正态分布，此时若使用OLS回归结果是有偏的，这里使用分位数回归，放宽了对误差项分布的假设条件）：

$$\mathrm{IMP}_i^{\mathrm{PRIV}} = \alpha_i + \beta^{\mathrm{GroupList}}\mathrm{GroupList}_i + \beta^{\mathrm{AssetInject}}\mathrm{AssetInject}_i + \beta^{\mathrm{FundRaise}}\mathrm{FundRaise}_i + \sum_{j=1}^{N}\beta_j^{\mathrm{Control}}\mathrm{Control}_{i,j} + \varepsilon_i$$

因变量为前文介绍的衡量私有化的三个指标，主要解释变量见表1中的指标介绍。

同样，对于假设三的检验，由下列公式对进行混改的国有企业样本进行分位数回归检验：

$$\mathrm{IMP}_i^{\mathrm{PRIV}} = \alpha_i + \beta^{\mathrm{Consider}}\mathrm{Consider}_i + \beta^{\mathrm{Approval}}\mathrm{Approval}_i + \sum_{j=1}^{N}\beta_j^{\mathrm{Control}}\mathrm{Control}_{i,\,j} + \varepsilon_i$$

二、数据来源

公司财务数据和股权分置改革的数据来自于国泰安数据库，并根据 Wind 数据进行交叉校验；由于在 2007 年新会计准则修正之前数据库无公司营业收入和营业利润数据，从公司每年年报中获取。截至 2007 年底有 1260 家公司完成了股权分置改革，除去金融业以及信息不完整的 228 家公司。

最终样本包含 1032 家公司，其中 633 家为国有控股，399 家为非国有控股，包含每家企业股改前后三年的数据。

【主要结论】

（1）研究发现，在不牺牲经营效率的情况下，股改后的国有企业产出和生产率都有显著的提高，私有化的预期刺激了国企代理人采取快速措施以提高国企业绩的动力。

（2）未发现股权分置改革使公司治理水平显著提高，这可能与未根本改变所有制结构有关。

（3）与其他转型经济体认为新的管理层有助于改善私有化后的企业业绩相反，作者研究表明，私有化后对现有管理层的激励也具有积极的作用。

（4）与之前我国私有化试错的失败相比，引入市场机制比直接从上到下指令性的私有化方式更有效率，尤其在我国进入深化改革的特殊阶段。

【主要贡献】

在此之前，还未有学者对中国股权分置改革的私有化效应进行评估，由此本篇文献填补了对股权分置改革整体回顾和评估的研究空白。

作者不仅检验了国企与非国企改革前后的业绩表现的变化，还衡量了改革中国企的私有化效应即国企相较于非国企业绩的变化；并进一步探讨了私有化效应的来源，为我国未来的私有化改革提供了政策建议。

【前沿跟踪】

股权分置改革作为国企改革进程中资本市场发展上的重大事件，受到国内外学者的广泛关注，仅政策效果的分析上，就有着从市场效应到公司治理与业绩效应以及投资者保护效应和盈余质量效应等诸多角度，篇幅所限，这里仅对公司治理与业绩效应的近期文献进行综述。

认为国企在股改中表现逊色于非国有企业的有：赵乐和王琨（2016）[1]发现股权分置改革后非国有企业的高管薪酬业绩敏感度显著提高，同时发现只有在公司治理结构完善的公司，该积极作用才能显现出来，此外，由于国有股流通限制、政府薪酬管制以及高管政治追求等因素，作者并没有发现在股权分置改革后国有企业高管薪酬业绩敏感度有显著改善。陈信元和黄俊（2016）[2]发现由于代理成本的下降及对管理层监督的加强，股权分置改革后公司业绩因股权层级的降低而上升，股权分置改革对公司股权层级及经营绩效的影响在非国有公司中更显著。顾玲艳（2015）[3]研究认为股权分置改革改善了民营上市公司治理环境，控股股东与民营上市公司的利益趋同性增强，上市公司绩效得到一定提高。

从分行业角度评价国企股改效应：林莞娟等（2016）[4]研究表明，非国家重点战略行业公司在股改后，其国有股权下降幅度显著高于战略行业公司；同时，国有控股下降使非战略行业公司的盈利能力和市场评价指标有显著提高。

进一步对股改影响业绩的路径分析中，孙超等（2014）[5]的研究结果表明控股股东增持行为的确能带来短期的累计超额回报，具有一定的支持效应，但长期市场业绩反而较差；控股股东的增持行为并不受股改进程、所持股份比例的影响。

从近年来关于股权分置改革对公司业绩与治理的影响的文献，我们不难发现，虽然股改有助于国企业绩提高，但相比于民营企业，国企在公司治理方面并未有大的进步，未来国企这一存量的经济体仍必须继续改革，如何攻坚，还需理论界与实务界共同努力探讨。

【参考文献】

[1] 赵乐，王琨．大股东监督、高管激励和薪酬业绩敏感度——基于股权分置改革研究［J］．投资研究，2016（12）：4-15.

[2] 陈信元，黄俊．股权分置改革、股权层级与企业绩效［J］．会计研究，2016（1）：56-62，96.

[3] 顾玲艳．中国民营上市公司控股股东与上市公司利益趋同性研究——来自股权分置改革前与全流通后的比较证据［J］．商业经济与管理，2015（6）：76-85.

[4] 林莞娟，王辉，韩涛．股权分置改革对国有控股比例以及企业绩效影响的

研究 [J]. 金融研究, 2016 (1): 192-206.
[5] 孙超, 新夫, 全怡. 股权分置改革对大股东增持行为影响 [J]. 财会通讯, 2014 (15): 41-44, 129.

(作者: 张璐)

述评：*Costs and Benefits of Friendly Boards During Mergers and Acquisitions*

论文原作者：Schmidt　Breno

期刊：Journal of Financial Economics，2015，117（2）：424-447

【原文摘要】

Finance theory predicts that board independence is not always in the shareholders' interest. In situations in which board advice is more important than monitoring, independence can decrease firm value. I test this prediction by examining the connection between takeover returns and board friendliness, using social ties between the CEO and board members as a proxy for less independent boards. I find that social ties are associated with higher bidder announcement returns when the potential value of board advice is high, but with lower returns when monitoring needs are high. The evidence suggests that friendly boards can have both costs and benefits, depending on the company's specific needs.

【问题导入】

已有研究表明独立董事兼具监督和咨询两大功能，因此作为一种公司治理机制，我国自 2001 年起已强制引入独立董事制度。但一个有趣的现象是，我国 1/4 的上市公司聘请了远高于监管最低线的独立董事人数，甚至甘愿为此支付天价报酬。那么，这种支出对企业而言是有害（cost）还是有益（benefit）的呢？以往对此的解释主要关注独董个体的“属性”特征，包括个数（比例）、受教育程度、职业经历和性别等，却对其“关系”特征有所忽视。从社会网络视角看，每位上市公司独立董事无不嵌入特定的社会网络之中，其行为决策也必然受到其所处社会网络的影响。进一步，作为公司决策的重要执行人 CEO，如若其与董事处于企业之外的同一社会网络，这种友好型的董事会形态（friendly board）会对企业经营决策产生何种影响？上市公司独立董事的功能价值又究竟体现在何处呢？

针对以上问题，本期推送的文章以企业并购这一决策为切入点，将董事特征拓展至“关系”层面，分析 CEO 与董事成员的社会关系对公司价值的影响。

【研究设计】

简单分析董事会特征与企业财务绩效间的关系是草率的；并且董事会的监督和建议职能也并非对企业所有的决策有直接影响。为此，作者将研究背景设为企业并购，具体而言：

一、变量与模型

因变量：累计超额收益（CARs），取市场模型收益调整了的股票收益。其中，市场模型估计取自 CRSP 每日权重指数，估计区间取并购公告日前 230 天至前 11 天。

自变量：CEO 与董事成员间社会关系虚拟变量（SocialTies），是否同属于以下企业外组织：俱乐部、非营利组织、背景机构、网络团体和同期校友。其中，董事成员需满足至少担任此职 3 年。

调节变量：

（1）监督职能（Monitor），选取指标有：企业超额现金流（高于行业均值）、CEO 占企业较少股权、CEO 高的根基指数（大于 2）、独立机构的长期持股比例、业绩表现差驱使的多样化并购（多样化并购×前 3 年营业收入变化）和并购浪潮时期（20 世纪 60 年代）；

（2）建议职能（Advice），选取指标有：董事成员有目标企业的行业经历、外部董事与其他公司董事的关联性（均值）、外部董事的中心程度、是否为低研发企业（非整个 Compustat 数据库前 25%）、外部董事的交易业绩（高于行业均值）、董事的金融经验（至少 1 个董事成员为 CFO 或银行高管）。

然后，作者采取主成分分析法降维，得出监督和建议职能总的代理变量。

控制变量：

（1）收购方特征：企业规模（总资产）、账面市值比（行业均值代替）、杠杆率（行业均值代替）、已有经验（并购公告前 230 至 11 天的超额购买和持有收益）、目标公司关联性（收购方和目标方社会关系的均值）、董事会人数和外部董事比例。

（2）交易特征：支付方式（全现金或股份）、目标公司类型（上市、非上市、子公司）。

二、研究设计

实证分析，文章分为两步。第一是看社会关系对并购公告收益是否存在影响；第二是使用聚类分析法，按照监督和建议职能的高低，细分成4个子样本（高监督+高建议、高监督+低建议、低监督+高建议、低监督+低建议），再看上述影响是否存在子样本间差异。

1. 社会关系与董事双职能

首先，文章按照控制变量，再加社会关系和外部董事比例这两个变量，固定年份效应回归；然后，再加入社会关系与建议职能的交叉项以及社会关系与监督职能的交叉项，分别回归；最后，在上步基础上再加入董事监督和建议职能指标。结果显示：社会关系与董事建议职能的交叉项显著为正；相反，社会关系与董事监督职能的交叉项显著为负。此外，作者还对社会关系的度量采用了替代变量（董事会中与CEO具有社会关系的比例），重新回归结果不变。

2. 监督与建议职能子维度

文章按照监督与建议职能的构成维度，做了子维度与社会关系的交叉项回归。结果显示：建议职能中除了外部董事的中心程度、低研发外，均显著；监督职能中均显著。

三、数据与样本

文章数据按类型不同来自三个数据库。董事成员信息来自BoardEx；公司财务信息来自Center forResearch in Security Prices（CRSP）和Compustat；并购信息来自Securities Data Company（SDC）。

由于2000年以前，可能存在企业存活的偏差，故设立样本时间为2000—2011年。对于并购数据，又做了如下四步筛选：收购方需是公开上市交易企业，其并购公告日前230天到后3天股票收益已知；并购交易已完成，并且交易额超过1000万美元或至少占收购方市值1%；并购前收购方持股少于50%，之后100%以及数据可识别性和数据库间的匹配性。最终，文章得到2000—2011年共计6857个并购观测值。

四、内生性

董事会构成和企业价值，会受共同因素造成的同步影响，具有较强的内生性。总的来说，如果并购机会是可预见的，并且董事会调整也及时，那么最优的董事会结构就会促使并购交易；相反，如果并购机会不是那么明显和董事会结构调整具有黏性，那么，董事会构成就没必要是最优的了。为缓解此内生性问题，作者做了如下检验：

（1）连续收购。对于倾向于以连续并购获得战略性成长的公司，未来的并购机会可能更显见。作者按照样本期内公司实施并购的次数分为最大市值次、1次、2次和大于等于3次的子样本回归。结果表明，对于非系列收购方的企业，其CEO社会关系的影响效应更强。

（2）董事先于CEO任职。作者将外部董事中任命早于CEO的，归为内部人士，将此部分排除在外，重新计算CEO与董事会的社会关系。回归结果不变。

【主要结论】

文章基于2000—2011年6857个并购样本，研究了不太独立（即友好）的董事有时会有利于追求企业并购的公司股东。结果得出：

第一，当董事会建议的潜在价值更高时，CEO与董事成员间的社会关系会带来更高的并购收益；

第二，当董事会监督的潜在价值更高时，CEO与董事成员间的社会关系会带来更低的并购收益。结论表明，友好型的董事会可以根据公司的具体需求，既可成收益，也可为成本。

【主要贡献】

（1）将并购活动引入，研究董事监督和建议两种职能对企业价值的影响。

（2）对CEO与董事之间社会关系的度量，也比前期研究仅仅区分内部和外部董事，更具说服力。

（3）测试4组不同的董事职能组成的模型，其中特别关注董事会独立性提高公司价值的这一情形。

【前沿跟踪】

现有研究对并购、董事特征以及两者间关系均有涉及，概括而言：

（1）对并购的研究。陈建勋等（2017）[1]基于过度自信理论，选择联想和微软的跨国并购案例，归纳和提炼了过度自信的维度结构及其诱发机制和作用机制，研究结果表明，CEO在并购前期通过刻意理性行为有意识地积极为后续的跨国并购做准备，继而通过建构、重塑和协作三个作用机制来激发组织不同层次的人员参与跨国并购过程从而完成并购。张弛和余鹏翼（2017）[2]利用2009—2015年中国企业222起跨国并购数据进行实证分析，结果发现正式制度距离与被并购的企业属于敏感行业负相关，对于水平并购尤为显著；水平并购中非正式制度距离与跨国并购绩效负相关，对于垂直并购，非正式制度距离与跨国并购绩效关系不显著。

（2）对董事会特征的研究。刘春等（2015）[3]以我国财政分权下的地方保护主义为制度背景，以2002—2010年由我国A股上市公司所发起的异地非关联并购事件为研究对象，考察了异地独董在异地并购中的咨询功能。买生和杨一苏（2017）[4]则分析探讨了董事会特征与企业社会责任之间的关系，研究表明：两者呈现U形关系。

（3）两者关系方面。万良勇和胡璟（2014）[5]利用社会网络分析方法，实证研究了我国上市公司独立董事在董事网络中的网络位置对公司并购行为的影响，研究发现：上市公司独立董事的网络中心度越高，公司越容易发生并购行为，表明独立董事的网络联结有助于其更好地为并购决策提供咨询建议服务；进一步研究发现，在正式制度环境越差的地区，独立董事的网络中心度与并购行为的正向关联越明显。

【参考文献】

[1] 陈建勋，耿伟芝，赵正一．跨国并购中CEO的过度自信：理性还是非理性？——基于扎根研究的案例分析［J］．财经研究，2017（3）：107-120.

[2] 张弛，余鹏翼．制度距离对中国企业跨国并购绩效影响的差异性——基于水平与垂直并购的比较［J］．国际经贸探索，2017（2）：44-58.

[3] 刘春，李善民，孙亮．独立董事具有咨询功能吗？——异地独董在异地并购中功能的经验研究［J］．管理世界，2015（3）：124-136，188.

[4] 买生，杨一苏．董事会特征对企业社会责任的影响研究［J］．财会通讯，2017（6）：71-75.

[5] 万良勇，胡璟．网络位置、独立董事治理与公司并购——来自中国上市公司的经验证据［J］．南开管理评论，2014（2）：64-73.

（作者：张昌）

述评：《业绩考核制度可以促进央企创新吗》

论文原作者：余明桂　钟慧洁　范蕊

期刊：《经济研究》2016 年第 12 期

【原文摘要】

关于国有企业是否需要进行民营化改革的问题存在两种对立的观点。一种观点认为只有民营化才能彻底解决国企效率问题，另一种观点则认为民营化不仅不能解决国企现存问题，还可能导致严重的国有资产流失。本文以 2009 年国资委修订的《中央企业负责人经营业绩考核暂行办法》（以下简称新的《考核办法》）为切入点，研究这项不涉及民营化的央企高管业绩考核制度对企业创新的作用及经济后果。本文以此次修订为自然实验，采用双重差分法进行检验，发现相对于不受该项制度影响的民营企业来说，央企的创新水平在新政策实施后显著提高。而且，此次修订的考核办法可以显著提高创新对企业价值的边际贡献。上述检验结果意味着，国有企业即使不进行民营化的产权改革，仅仅通过改变高管的激励机制，也可以提高企业效率。因此，民营化很可能并不是解决国有企业效率问题的唯一途径。本文不仅有助于在理论上澄清关于国企民营化改革的争议，而且有助于拓展和深化企业激励机制和企业创新的相关研究。

【问题导入】

十八届三中全会通过的《中共中央关于全面深化改革若干重大问题的决定》，明确提出“积极发展混合所有制经济，鼓励非公有制企业参与国有企业改革，鼓励发展非公有资本控股的混合所有制企业”。这一文件肯定了混合所有制对于促进经济发展、完善国企改革的重要性。因此，探究混合所有制改革对于推进国企改革、实现国有资本保值增值具有重要的现实指导意义。

作为混合所有制改革形式之一的国企民营化，经历了长期的发展，也越来越受学术界的广泛关注。但对于国有企业是否需要进行民营化，存在两种对立观点，孰是孰非尚未达成一致，那么，民营化是不是提高国有企业效率的唯一途径呢？本期推送的文献，将以央企高管业绩考核制度作为切入点，分析新的《考核办法》对国有企业中央企创新的影响，为澄清民营化改革的争议提供一种可能的视角。

【研究设计】

国资委于2004年推行的原考核办法，以利润总额和净资产收益率作为年度指标，以国有资产保值增值和主营业务收入增长率作为任期指标，对央企负责人实施奖惩。而2009年颁布的新考核方法，用经济增加值（EVA）取代了净资产收益率，新的EVA指标计算，不仅加回当期确认费用的研发与开发费，还加回当期确认为无形资产的研发支出。因此大大降低了高管对于研发投入导致净利润下滑而产生的顾虑，进而提高进行创新活动的积极性。

因此，作者提出假设：2010年新的《考核办法》能够提高央企创新水平。

一、实证设计

基于上述分析，实证部分作者拟回答两个问题。第一，新的《考核办法》是否能促进企业创新？第二，如果能够促进创新，那么这种创新水平的提高能否增加企业价值？

（1）新的《考核办法》是否能促进企业创新

本文以央企样本作为实验组，以民营企业样本作为对照组，采用双重差分法DID检验新的《考核方法》对央企创新水平的影响（本文将最终控制人为国有资产管理委员会的企业界定为央企，将终极控制人为个人或者民营主体的企业界定为民企）。模型设定如下：

$$\text{LnPatent}=\alpha+\beta_1\text{Central}_{it}+\beta_2\text{After}_{it}+\beta_3\text{Central}_{it}\times\text{After}_{it}+\beta_4'X_{it}+\varepsilon_{it}$$

其中LnPatent表示企业创新水平，本文分别采用当期、未来一期和未来两期上市公司及其子公司的发明专利申请数作为企业创新的代理变量。虚拟变量Central为1时代表央企，为0时代表民营企业。After是代表新政策实施前后时间段的虚拟变量，2010年及以后为1，以前为0。交互项系数反映新政策实施前后央企与民营企业创新水平的变化差异，根据假设，预测显著为正。X为控制变量，见表1：

表1　变量定义

变量名称	变量简称	变量描述
企业规模	Size	公司期末总资产的自然对数
董事会规模	Boardsize	董事会人数的自然对数
杠杆率	Lev	期末债务账面价值与资产账面价值之比
机构投资者持股比率	Institution	机构投资者持有公司股票与公司股票总数之比
成长机会	*Q*	(每股价格 x 流通股份数+每股净资产 x 非流通股份数+负债账面价值) /总资产
企业现金持有水平	Cash	企业期末货币资金与总资产之比
研发支出	RD	企业当年资本化研发费用和费用化研发费用之和与总资产之比
利润总额	Tprofit	企业期末利润总额/期初总资产
经济增加值	Eva	企业期末经济增加值/期初总资产
国有资产保值增值率	Soavir	任期内各年度年末国有资本及权益同年初国有资本及权益的比率的乘积
主营业务收入平均增长率	Gincome	任期内三年主营业务的平均增长率
员工平均工资	Staffwage	支付给职工以及为职工支付的现金/企业员工总数
综合资本成本	Wacc	以剩余收益法计算股权资本成本，以（短期借款+长期借款）/总资产，作为债权资本成本
营运成本	Wcr	(流动资产-流动负债) /总资产
融资可得性	Bankloan	(短期借款+长期借款) /总资产
年度虚拟变量	YearD	控制年度
行业虚拟变量	IndustryD	控制行业，根据中国证监会2012年颁布的《上市公司行业分类指引》划分的上市公司所属行业，本文样本去掉了金融业后，分属于18个行业

（2）稳健性检验

①以地方国有企业为对照组进行DID检验。DID检验方法要求对照组完全没有受到事件的影响，虽然不能完全“干净”地剔除所有实施EVA考核的地方国有企业，但依然可以用地方国有企业为对照组进行稳健性分析，且

不实行 EVA 的地方国企仅仅包含时间趋势，使用其作为对照组可以很好地消除央企实验组中的时间趋势。结果显示交互项系数显著为正，符合本文假设。

②以研发投入作为创新的代理变量进行 DID 检验。EVA 考核直接影响企业的研发投入，因此本文用研发支出与总资产的比值和研发支出与营业收入的比值来作为创新的代理变量进行稳健性检验，结果显示交互项依然显著，表明新的《考核办法》实施后，央企的研发投入显著增加，该结果与理论分析一致。

③匹配检验。考虑到使用 DID 的前提之一是实验组与对照组的选择是随机的，而央企是国民经济支柱，往往涉及领域特殊，央企和民企的分组存在一定的自选择问题，需进一步进行稳健性检验。这里作者采用 PSM 对实验组和对照组进行匹配。首先以上述模型所采用的所有控制变量对央企与民企分组变量进行 probit 估计，以预测值作为得分，根据得分以最近邻匹配的方法进行实验组与对照组的匹配，最后按照原模型进行双重差分检验。检验结果基本一致，说明在控制了自选择问题后，本文的结论保持不变。

④其他检验。一是采用具有政治关联的民企作为对照组，以减弱国企与民企特征的差异；二是为消除 CEO 变更对结果的影响，删除在新的《考核办法》实施当年 CEO 变更的 201 家公司样本，然后重新进行 DID 检验；三是采用上市公司及其子公司的三项专利之和、上市公司及其关联公司的发明专利申请数、上市公司及其关联公司的三项专利数之和分别作为企业创新的代理变量进行稳健性检验，以上检验结果均保持稳健。

（3）央企创新水平的提高能否增加企业价值

现有文献指出，创新可以提高企业对人力资本和有形资产的利用效率，还提高了企业的市场价值；技术创新也为企业带来有价值的垄断力量；同时创新对于企业生产力和收益的贡献随着创新成果的增加而增加。为了证明央企创新能力的提高是否带来企业价值的边际贡献，作者设计如下模型：

$$Q = \alpha + \beta_1 \text{After}_{it} + \beta_2 \text{Lnpatent} + \beta_3 \text{After}_{it} \times \text{Lnpatent} + \beta'_4 X_{it} + \varepsilon_{it}$$

$$Q = \alpha + \beta_1 \text{Central}_{it} + \beta_2 \text{After}_{it} + \beta_3 \text{Lnpatent} + \beta_4 \text{Central}_{it} \times \text{After}_{it} + \beta_5 \text{Central}_{it} \times \text{Lnpatent} + \beta_6 \text{Central}_{it} \times \text{After}_{it} \times \text{Lnpatent} + \beta'_9 X_{it} + \varepsilon_{it}$$

第一个模型检验在央企样本中，企业创新水平对企业价值的影响在 2010 年前后是否存在差异。第二个模型以央企为实验组，民企为对照组，检验央企创新水平对企业价值的影响在 2010 年前后是否存在差异。这里使用托宾 Q 值作为企业价值的代理变量，控制变量除前文模型中的控制变量外加入滞后一期

的托宾 Q 值，LnPatent 为当期和滞后一期的专利数对数。通过观察 After×LnPatent 的系数显著为正，说明仅对央企样本进行检验，专利对企业价值的边际贡献在 2010 年后增加；通过观察 After×LnPatent×Central 的系数显著为正，说明以民营企业为对照组进行检验，央企的专利对企业价值的边际贡献在 2010 年后显著增加。两种检验结果都表明，新的《考核办法》提高了创新对企业价值的边际贡献。

二、数据来源

本文以 2007—2012 年，即新的《考核办法》实施的前后 3 年为样本区间，选取深沪两市 A 股中央企业和民营企业上市公司作为初始样本，经过剔除金融类公司、ST、*ST 公司，最终得到 6 年 6158 条观测值，其中中央企业 1798 条，民营企业 4360 条。

作者通过手工整理并建立上市公司的公司树，从而确定该上市公司及其关联公司的详细情况（上市公司及其子公司、孙公司、联营企业、合营企业的名称目录以及每个公司与上市公司的关系），然后以网络数据采集技术（爬虫）在佰腾科技网收集了公司树中所有企业的专利数据，获得所有上市公司及其子公司和关联公司 2007—2014 年的专利申请数据。企业财务数据及企业特征数据来源于国泰安数据库、同花顺数据库、Wind 数据库以及上市公司年报。

【主要结论】

（1）相对于不受该项制度影响的民营企业来说，央企的创新水平在新政策实施后显著提高。

（2）此次修订的考核办法可以显著提高创新对企业价值的边际贡献。

（3）研究结果表明，国有企业即使不进行民营化的产权改革，仅仅通过改变高管的激励机制，就可以显著提高企业的创新水平和企业价值，即产权民营化很可能并不是提高国有企业效率问题的唯一途径。

【主要贡献】

本文的贡献可能有以下三点：

第一，有助于从激励机制视角丰富和拓展企业创新影响因素的相关研究；

第二，有助于从企业创新视角丰富和拓展高管激励经济后果的相关研究；

第三，有助于从理论上澄清有关民营化产权改革的争议。

【前沿跟踪】

2017年政府工作报告指出，混改将是2017年国企改革的主攻方向。按照控股主体的不同，混合所有制有国有资本控股型混改模式和国有资本参股型混改模式，而后者即本期推文中所称的国企民营化。学者们对我国国企民营化改革进行了大量的研究，集中关注民营化是否有效地提高了企业绩效以及民营化是否增强了企业创新能力。这里笔者将围绕这些问题对最近文献进行梳理。

一部分学者认为，民营化有力地促进了国企发展。何杰锋，张林（2016）[1]运用因子分析法和Wilconxon符号秩检验发现，民营化对经营绩效的提升作用是持续而显著的。孔高文等（2013）[2]考察了不同类型控制权转移对企业绩效的影响，总体上，在盈利能力、经营绩效以及成长性方面，民营化企业在转移之后表现得要比国有化企业好（国进民退）。

另一部分学者实证发现，民营化未能促进国企发展。钟昀珈，张晨宇，陈德球（2016）[3]研究发现，民营化抑制了企业的创新效率，企业的专利数量显著减少，且民营化抑制企业创新效率的一个重要途径是关联交易显著增加，投资显著减少，民营化后非国有大股东更多地表现出掏空动机，减少了创新活动，降低了创新效率。张春虎（2014）[4]以广东省自来水产业为例，研究发现广东省自来水产业近30年的民营化改革对整个产业经济效率的改善效果并不明显。叶会，季凤梁，程晓（2016）[5]利用盈利质量因子作为绩效替代变量分析时发现：民营化后公司的盈利质量并没有提高，反而显著下降，尤其是地方政府控制的或者位于竞争性行业的国有上市公司，民营化后盈利质量下降更明显。张淼（2015）[6]研究发现，国企控制权转移到民企并未比其他控制权转移的公司给目标公司带来更好的长期财务业绩。霍春辉，王书林（2013）[7]发现国有控股上市公司通过控制权转移而实现的民营化只在短期内改善了企业绩效，并没有真正提升企业的长期绩效，国有控股上市公司的控制权转移是无效率的。

国企民营化对企业绩效与创新的影响存在截然不同的两种观点，分歧的主要原因是进一步研究的可行方向。

【参考文献】

［1］何杰锋，张林．国有企业民营化效果的实证研究［J］．调研世界，2016（10）：43-46.

［2］孔高文，杨洋，孔东民．产权变更与企业绩效：基于中国工业企业数据的大样本研究［J］．兰州商学院学报，2013（3）：36-44.

[3] 钟昀珈，张晨宇，陈德球．国企民营化与企业创新效率：促进还是抑制？[J]．财经研究，2016（7）：4-15.
[4] 张春虎．民营化、竞争与自然垄断产业的效率——以广东省自来水产业为例［J］．经济体制改革，2014（4）：115-119.
[5] 叶会，季凤梁，程晓．民营化改善公司绩效了吗？——基于盈利质量视角的分析［J］．会计与经济研究，2016（6）：30-45.
[6] 张淼．基于DEA的经济绩效视角分析新疆工业企业民营化改革［J］．四川理工学院学报：自然科学版，2015（4）：95-100.
[7] 霍春辉，王书林．国有企业的控制权转移效率问题研究——以国有控股上市公司为例［J］．经济管理，2013（3）：107-118.

（作者：张璐）

述评：《民营化企业的股权结构与企业创新》

论文原作者：李文贵　余明桂

期刊：《管理世界》2015 年第 4 期

【原文摘要】

在广泛探讨混合所有制的背景下，本文分析民营化企业的股权结构对企业创新的影响。利用中国工业企业数据库的数据，分别以创新投入和创新产出衡量企业创新，我们得到如下检验结论：第一，非国有股权比例与民营化企业的创新活动显著正相关。第二，在不同的非国有股权中，个人持股比例和法人持股比例更高的民营化企业更具创新性，但外资持股比例和集体持股比例对民营化企业的创新不具有显著影响。第三，非国有股权对民营化企业创新的促进效应主要源自经理人观，而不是政治观。用工具变量控制内生性后，上述结论依然成立。本文的研究结果有助于澄清有关混合所有制的争议，对进一步深化中国国有企业产权改革具有重要的政策含义。

【问题导入】

混合所有制是当前广泛探讨的热点话题。在国有企业改革层面，混合所有制鼓励国有资本、集体资本以及其他非公有资本等交叉持股和相互融合，以此优化企业股权结构。自 20 世纪 90 年代开始，中国允许民间资本和外国资本参与国企改革，但遗憾的是，鲜有研究从创新活动的角度关注改制企业股权结构的经济后果。那么，非国有股权比例更高的民营化企业是否开展了更多的创新活动呢？若有，不同类型的非国有股对创新的影响是否存在显著差异呢？进一步，这种影响的途径机制又是什么呢？这些问题的解决，能帮助我们更全面地认识所有权安排对于改制企业发展乃至整个经济增长的重要性。

本期推文选取《管理世界》上的一篇文章，以民营化企业为研究对象，深入分析非国有股权比例对企业创新的影响及其作用途径。

【研究设计】

一、实证假设

1. 非国有股权比例对民营化企业创新的影响

创新活动不同于一般的生产性活动，它往往具有长周期、高风险、高投入及异质性等特点。非国有股权对企业创新的影响存在以下可能：第一，更高的非国有股权比例有助于降低政府对民营化企业投资决策的干预；第二，更高的非国有股权比例有助于民营化企业完善公司治理以缓解代理问题。

对此，提出假设，非国有股权比例更高的民营化企业会开展更多的创新活动。

2. 不同类型的非国有股权比例与民营化企业创新

中国工业企业数据库将非国有资本区分为个人资本、集体资本、法人资本以及外国资本等几种类型，不同民营主体对企业创新的影响可能存在重要的差异。

（1）外资股权：外资持股至少能为企业开展创新活动带来改善公司治理和技术外溢两个好处。因此，作者预期，外资股权有助于促使民营化企业开展更多的创新活动。

（2）法人股权：对民营化企业来说，更高的法人持股比例有助于减少政府对企业的干预，提升持股主体改善企业治理机制的意愿。因此，文章预期，法人股权能显著促进民营化企业的创新活动。

（3）个人股权：民营化企业的个人股权多以管理者持股的形式存在，它通过促使管理者利益和股东利益趋于一致而约束管理者的败德行为，进而使得企业在投资决策过程中承担更多有利于价值增值的创新项目。因此，作者提出，个人股权比例更高的民营化企业有更多的创新活动。

（4）集体股权：民营化企业的集体股权很多是以职工集体持股的形式存在，这使得职工在企业中具有双重身份，因而可能无法促使企业完善公司治理。因此，文章预期，集体持股最终对企业创新活动的影响有限。

3. 区分政治观和经理人观的作用

无论是政治观还是经理人观，都能解释非国有股权对民营化企业创新活动的促进效应，作者从以下 3 个方面对这两种理论的作用进行区分。

第一，政治观认为，政府干预是国有企业绩效低于民营企业的重要原因。如果非国有股权对企业创新活动的促进效应主要源自政治观，那么，非国有股权比例更高的民营化企业，所遭遇的政府干预应该显著更少。

第二，经理人观认为，国有企业由于缺乏具有较强动机监督和激励管理者的投资者，导致管理者在经营决策中存在严重的代理问题。如果非国有股权比例对企业创新的促进效应主要源自经理人观，那么，非国有股权比例更高的民营化企业，经营活动中产生的代理成本应更少。

第三，为了提供更稳健的证据，文章参考根据 Gupta（2005）、李广子和刘力（2010），进一步将样本企业区分为部分民营化和完全民营化进行检验。

二、模型

（一）为了检验民营化企业的非国有股权比例对创新的影响，待检验模型设定为：

$$\text{Innovation}_{it} = \alpha + \beta_1 \text{Nonstate}_{it} + \beta_2' X_{it} + \varepsilon_{it} \quad (1)$$

在模型（1）中，Innovation_{it}是民营化企业的创新活动变量，文章选用三个指标进行衡量：第一，虚拟变量 Inno_1 指如果企业在当年度的研发支出大于0，对其赋值为1，否则为0；第二，Inno_2 定义为企业年度研发支出占总资产的比例；第三，Inno_3 指企业年度新产品产值占主营业务收入的比例。Nonstate_{it}被定义为除了国有资本以外的其他所有资本占实收资本比例之和。X 指控制变量，包括：企业规模（Size）、资产负债率（Leverage）、企业绩效（Roa）、成长性（Gsales）、企业设立年限（Fage）、政府补贴（Subsidy）。

（2）为了检验不同类型股权比例对民营化企业创新活动的影响，待检验的模型设定为：

$$\text{Innovation}_{it} = \alpha + \beta_1 \text{Foreign}_{it} + \beta_2 \text{Personal}_{it} + \beta_3 \text{Legalp}_{it} + \beta_4 \text{Community}_{it} + \beta_5' X_i + \varepsilon_{it} \quad (2)$$

模型（2）是将模型（1）中的变量 Nonstate_{it} 分解为 4 个变量。其中，Foreign_{it}定义为外国资本和中国港澳台资本占企业实收资本的比例；Personal_{it}代表个人所有权比例；Legalp_{it}代表法人所有权比例；Community_{it}则代表集体所有权比例。

（3）为了区分政治观和经理人观在非国有股权影响企业创新中的作用，从以下 3 个方面展开检验：

首先，将全样本以中值为界分为非国有股权比例高组和非国有股权比例低组，对比分析在民营化前后两组受政府干预的情况和代理成本是否存在显著差异。

其次，以员工雇佣情况以及工资支付情况衡量政府干预，检验民营化企业的非国有股权比例与政府干预之间的关系；根据 Ang 等（2000）和罗进辉（2012），以经营费用率和资产周转率衡量代理成本，检验非国有股权比例对民营化企业代理问题的影响。

模型分别设定为：

$$\text{regulation}_{it} = \alpha + \beta_1 \text{Nonstate}_{it} + \beta'_2 X_{it} + \varepsilon_{it} \quad (3)$$

$$\text{agency}_{it} = \alpha + \beta_1 \text{Nonstate}_{it} + \beta'_2 X_{it} + \varepsilon_{it} \quad (4)$$

模型（3）中，变量 regulation_{it} 代表政府干预，分别用员工比率（企业雇用的员工人数/总资产）和工资比率（企业的应付工资/主营业务收入）衡量；模型（4）中，变量 agency_{it} 代表代理成本，分别用经营费用率（企业管理费用和销售费用之和/主营业务收入）和资产周转率（主营业务收入/资产总额）衡量。

最后，将样本企业区分为部分民营化和完全民营化（控制权转移）采用模型（1）进行检验。按照 Gupta（2005）的分析逻辑，如果非国有股权比例对创新活动的促进效应在部分民营化的企业存在，那么也就表明经理人观成立。

三、稳健性检验

（1）内生性问题：①对企业民营化前财务特征的分析，考量政府是否保留了更多大规模企业的控制权；②将自变量滞后一期；③将样本企业所在城市的年平均气温作为变量 Nonstate_{it} 的工具变量。

（2）政府干预的地域差异。文章分析的一个隐含假设是政府或官员对国有企业的干预动机或干预程度是同质的。事实上，可能并非如此。因此，文章按照企业所在地区的制度环境，将样本区分为政府干预强和政府干预弱等两个子样本组进行检验。

（3）其他稳健性检验：①将研发强度定义为年度研发支出除以销售收入；②根据企业控制权在民营化过程中是否转移，将自变量 Nonstate_{it} 定义为一个虚拟变量（如果民营化后企业由非国有主体控股，变量 Nonstate_{it} 取 1；否则取 0）；③使用样本企业 2005—2007 年的平均值进行检验；④增加中国市场化指数这一控制变量；⑤排除 100%转让股份的企业样本，进行检验；⑥拓展样本，文章将 2002—2004 年实施民营化的企业作为检验对象，分析它们在民营化后 3 年内的创新活动是否受到股权结构的影响。

这些检验结果均不存在实质性改变。

四、数据来源

文章将“民营化企业”定义为实收资本中国有资本所占比例由 100%变为小于 100%的企业，数据来源于国家统计局 2002—2007 年中国工业企业数据库。

受数据库限制，作者以 2004 年实施民营化的企业为样本，并将这些企业与 2005—2007 年的数据进行匹配后，共得到 3369 个初始观测值；然后，删除资产负债率大于 1、职工人数小于 8 以及销售收入等于 0 的样本观测值。最后，在剔除主要变量存在缺失的样本后，本文共得到 3054 个年度观测值。

【主要结论】

基于中国工业企业数据库 2002—2007 年的数据，本文分析非国有股权比例对民营化企业创新活动的影响。

第一，分别采用研发投资和新产品产值衡量企业创新，检验结果发现，非国有股权对民营化企业的创新活动具有显著的促进效应。

第二，将非国有股权分为外资持股、法人持股、个人持股以及集体持股等 4 种类型，检验发现，外资持股比例与民营化企业的创新的相关性不显著。

第三，法人持股和个人持股比例越高的民营化企业具有显著更强的创新活动。

第四，进一步区分了政治观和经理人观在非国有股权影响民营化企业创新中的作用，检验结果支持经理人观，而不支持政治观。

【主要贡献】

理论贡献方面：第一，有助于从民营化企业股权结构的视角丰富和拓展企业创新的相关研究；第二，有助于从企业创新的视角拓展和深化关于民营化的理论研究。

现实贡献方面：第一，有助于更全面地认识外国资本、个人资本、法人资本以及集体资本等不同类型的股权在促进中国企业转型升级中的不同作用；第二，有助于澄清有关混合所有制企业股权结构安排的争议，对进一步深化中国国有企业的产权改革，以及通过完善公司治理促进创新具有重要的政策含义。

【前沿跟踪】

关于股权结构和企业创新之间关系的研究，现阶段学者把重点集中在股权集中度和股权制衡这两方面，以研究其对于企业创新的影响，具体而言：

股权集中度与创新方面：许玲玲（2015）[1]基于我国地区制度环境存在较大差异的背景，进行的检验发现：位于市场化进程较高地区的企业，股权多元化越高越有利于促进企业技术创新，而位于市场化进程较低地区的企业，股权越集中越有利于促进企业技术创新。丁亚峰和杨陈（2015）[2]以 2009—2011 年沪深两市上市公司的数据为样本进行研究，结果表明：垄断市场结构下，股权集中度、研发人员投入和资金投入与创新绩效具有显著的正相关关系；在竞争市场结构下，股权集中度与研发人员投入对企业创新绩效的影响并不显著相关。李健等（2016）[3]基于托宾 Q 投资模型，以 2007—2014 年 A 股制造业企业为研究对象进行实证研究，结果发现：企业创新持续投资活动存在外部融资约束，政府补助有助于缓解这种外部融资约束；而企业股权集中度会弱化政府补助对创新可持续性的正向影响；并且在非民营企业中和货币政策紧缩时期，股权集中度减弱政府补助平滑创新投资波动的作用更显著。

股权制衡和创新方面：尹开国和施婷婷（2016）[4]以我国 2008—2013 年披露研发投入的医药行业上市公司为研究对象进行分析，结果表明：总体而言，股权制衡、管理层持股与企业的技术创新投入显著正相关；进一步，不同产权性质的企业内股权制衡、管理层持股对技术创新投入的影响存在差异，股权制衡对民营控股上市公司技术创新投入的影响更为显著。周娜和鲍晓娟（2016）[5]选取 2014 年中国 A 股 200 家信息技术上市公司作为样本，通过均值比较和多元回归分析发现：股权类型中国有股和高管持股比例与公司绩效关系不显著，法人股与公司绩效显著正相关；股权集中度单独对公司创新绩效不起显著作用，加上股权制衡因素，与公司创新绩效显著正相关。

【参考文献】

[1] 许玲玲．制度环境、股权结构与企业技术创新［J］．软科学，2015（12）：22-26.

[2] 丁亚峰，杨陈．股权集中度、研发投入对创新绩效的影响——基于不同市场结构的比较研究［J］．财会通讯，2015（21）：46-49.

[3] 李健，杨蓓蓓，潘镇．政府补助、股权集中度与企业创新可持续性［J］．中国软科学，2016（6）：180-192.

[4] 尹开国，施婷婷．股权制衡、管理层持股与技术创新投入——基于医药行业上市公司面板数据的分析［J］．财会月刊，2016（2）：125-128.

[5] 周娜，鲍晓娟．集中与制衡：信息技术行业股权多元化对国企改革的启示［J］．重庆邮电大学学报：社会科学版，2016（4）：105-112.

（作者：王栋坤）

述评：*Does Transfer of Control Rights and Private Benefits of Control Increase Efficiency? Evidence from China's Privatization of the SOE's*

论文原作者：Shulin Wang　Mahfuzul Haque & Steven Lamb
期刊：Journal of Chinese Economic and Business Studies, 2017

【原文摘要】

This study assesses China's overall privatization efficiency from the perspective of private benefits of control. Results suggest that there is no statistically significant change in the firm's performance after the transfer. However, ROE is negatively correlated with the magnitude of block premiums at the point of purchase. The research also finds that the average private benefit of a private controlling shareholder is significantly higher than that of a state-controlling shareholder. Obtaining private benefits of control is often the private buyers' main acquisition motive. However, private benefit undermines the future corporate performance; therefore, lowering the private benefits may help improve the efficiency of privatization. As of now, privatization by means of controlling right transfer among listed companies is inefficient in China.

【问题导入】

企业私有化是指将企业的控制权和所有权从国家转移到私有实体，于 20 世纪 80 年代在英国兴起，随后 90 年代全球范围内掀起了历史上最大的一次私有化运动。中国作为世界最大的发展中经济体，在改革发展的过程中，同样通过私有化刺激外资和市场活力。

中国的私有化过程可分为三个渐进的阶段。第一时期（1993—1996 年）成立股票市场，政府允许国有企业出售部分股份，同时保持主导地位，主要意图是解决资金短缺的问题，很少涉及控制权的转让，故并不被视为私有化；第二时期（1997—2004 年）该阶段政府开始允许非关键领域的国企全面私有化，转移控制权；第三时期（2005 年至今）中国资本市场正式启动股权交易改革，旨在消除非流通股，引导证券市场进入全流通时代，政府鼓励国有资产退出竞争行业并逐步将这些资产合并到重要行业。

虽然关于私有化的文献很丰富，但较少学者关注买家购买企业产权的动机。究竟是为了改善公司业绩表现而获取股权增值，还是通过操纵公司获取私人收益？本次推送文献将从控制权转移后所有者私有化收益的变化入手分析中国国企私有化的效率问题。

【研究设计】

作者假设控制权转移的收益分为公共收益与私有收益。公共收益为控制权转移带来的所有股东利益的提高；而控制权的私有收益是以侵害其他股东利益为代价而获得的利益。

若公共收益大于私有收益，则表明企业收购是有效率的；否则为无效率。

一、实证设计

第一步，作者首先研究私有化对样本企业绩效的影响，使用因子分析方法，从盈利能力、资产管理能力、成长性和偿债能力四个方面的 14 个指标分析企业绩效变化，具体见表 1：

表 1　**变量定义**

变量类型	变量名称	变量描述
盈利能力	资产收益率	净资产/总资产
	净资产收益率	净利润×2/（年初净资产+年末净资产）
	现金流量总资产比率	CROA：经营现金流/上期总资产
	每股收益	净利润/总股本
	主营业务收益率	主营业务利润/主营业务收入
资产管理指标	总资产周转率	主营业务利润/总资产
	流动资产周转率	主营业务利润/总流动资产
	存货周转率	主营业务成本/平均库存

续表

变量类型	变量名称	变量描述
成长性	主营业务收入增长率	主营业务收入/（上期主营业务利润-1）
	总资产周转率	本期总资产/上期总资产
	净资产周转率	本期净资产/上期净资产
	资产负债比率	总资产/总负债
偿债能力	流动比率	流动资产/流动负债
	速动比率	速动资产/流动负债

通过使用因子分析，提取六个因素，满足特征值大于或接近1的条件，累计方差贡献率超过70%。将因子的方差贡献率与累计方差贡献率作为分配给该因子得分的权重，得到样本企业控制权转移前一年、控制权转移当年、第二年、第三年的分数值，较高的分值意味着更好的企业绩效。

通过比较年份间分值变化发现：公司转让后一年业绩迅速下滑，第二、三年有所反弹但仍未达到原有水平，当控制了行业差异后，结果仍一致，可初步证明从私人买家方面看，自收购以来，未能从公司业绩增长中追求收益，支持主要收购动机为获取控制权私有收益。

第二步，比较私有公司与国有公司的平均控制权私有收益差异，作者沿用Han和Ye（2004）的模型测算控制权的私有收益，如下：

$$PBC = w(P-V)/V$$

其中，PBC为股票溢价，w为转移的股份对应的现金流权比例，P为转移股份的每股协议价格，V为每股净资产。

基于197家中国上市公司的样本，按上式衡量控制权私有收益水平得到私有化样本中股本溢价的平均值为17.081%，显著高于重组样本的1.595%，与初步结论相吻合。

第三步，检验控制权的私有收益是否会对公司业绩产生不利影响，将第二步中的股票溢价作为私有收益的代理变量，使用ROA、ROE、CROA（描述见步骤一中表格）作为公司业绩的代理变量，通过SPSS 16.0检验发现，在5%的显著水平下，私有收益与公司业绩负相关，验证了其对公司业绩的负面影响。

第四步，为了有效抑制私有收益，作者研究了控制权私有收益的决定因素，将其分为内部外部两类。其中内部因素包括控股权比例、盈利能力、财务杠杆、企业规模和上市公司的所有权性质；外部因素为行业、法律环境和会计准则。通过多元回归方程，以股票溢价作为因变量，内外部因素作为自变量进行检验，结果发现，控股权比例并不显著，而盈利能力与股票溢价负相关，公司规模与私有收益的值负相关，所有权性质变为私有的企业平均私有收益高于国有重组企业，法律环境和会计准则的影响不显著。

二、数据来源

本文一共选取了1998—2008年的197家中国上市公司样本，其中进行私有化的有110家（满足六个条件：控制权变化前为国有企业；变化后为私有企业；股份通过议价销售；删去了金融业上市公司；有公开交易价格；控制权转移已完成），87家国有重组企业作为对照组。

控制权转移数据以及企业财务数据均来自CCER数据库。

【主要结论】

本文研究发现，私有控股股东的平均私有收益大于平均公众收益，中国通过上市公司控制权转移形式的私有化效率较低。

【主要贡献】

（1）本文选取了更为丰富的绩效评价指标，对企业业绩变化进行全面分析。

（1）作者的研究，把时间从控制权转移前一年延长到转移后第三年，以检验其对企业绩效的影响效果，结果更为准确。

【前沿跟踪】

大量文献对所有权变更对企业绩效的影响进行了研究，结论不一，具体而言：

较多学者认为所有权变更后国企经营绩效提高（Shi W.，et al，2017[1]；何杰锋，张林，2016[2]；穆薇等，2015[3]；孔高文等，2013[4]）；但也有学者指出民营化后业绩改善可能是前期盈余管理释放的结果，并利用较为可靠的盈利质量因子作为绩效替代变量分析发现民营化后公司盈利质量反而下降（叶会等，2016）[5]，穆薇等（2015）等学者也得出了一致的结论；对两种相反的观点解释，Wang S. 认为可能是由于以往研究采用的业绩指标过于单一，样本时间跨度过短，改进后实证发现，国企所有权转移后企业业绩表现无显著变化（Wang S. et al.，2016）[6]。

【参考文献】

[1] Shi W., Sun J. The Impact of Privatization on Efficiency and Profitability [J]. Economics of Transition, 2016, 24 (3): 393-420.

[2] 何杰锋，张林．国有企业民营化效果的实证研究 [J]. 调研世界，2016 (10): 43-46.

[3] 穆薇，佟岩，刘雪辉，等．上市公司民营化：短期信号效应还是长期业绩改进 [J]. 会计之友，2015 (6): 96-101.

[4] 孔高文，杨洋，孔东民．产权变更与企业绩效：基于中国工业企业数据的大样本研究 [J]. 兰州商学院学报，2013 (3): 36-44.

[5] 叶会，季凤梁，程晓．民营化改善公司绩效了吗？——基于盈利质量视角的分析 [J]. 会计与经济研究，2016 (6): 30-45.

[6] Wang S., Haque M., Lamb S. Does Transfer of Control Rights and Private Benefits of Control Increase Efficiency? Evidence from China's Privatization of the SOE's [J]. Journal of Chinese Economic & Business Studies, 2016, 14 (4): 1-18.

（作者：张璐）

述评：家族企业 CEO 更换过程中的利他主义行为

论文原作者：魏春燕　陈磊

期刊：《管理世界》2015 年第 3 期

【原文摘要】

以 2004—2013 年沪深两市上市家族企业为样本，本文研究家族企业 CEO 更换过程中的利他主义行为。基于 CEO 更换年份附近的大清洗行为，本文研究发现家族企业 CEO 更换过程中存在利他主义，体现为离任 CEO 在离任前通过多计提减值准备的方式为继任 CEO 制造“秘密储备”。进一步研究表明不同类型的 CEO 更换体现出了不同程度的利他主义，家族成员内部权力交接时，离任 CEO 的利他主义行为最为明显，其次是职业经理人传家族成员。而家族成员传职业经理人和职业经理人传职业经理人时，主要体现为继任 CEO 在更换当年的大清洗行为。本文的结论对家族企业 CEO 更换的相关研究具有借鉴意义，也有助于资本市场投资者理解和认识家族企业 CEO 更换年份附近的大清洗行为。

【问题导入】

家族企业是一种世界范围内普遍存在的企业形态。《福布斯》杂志 2013 年的报告表明，我国 A 股家族上市公司正面临交接班的高发期。家族企业的传承和继任是家族企业成长和发展的关键。以往研究大多集中在家族企业的效率、代理问题和信息披露等方面，对家族企业权力交接过程中的行为研究较少；并且主要基于委托代理理论，讨论代理冲突，而忽视了利他主义在家族企业研究中的重要性。

那么利他主义对家族企业的行为有何影响？若有，又是何种影响？本期推送选取的文章正是基于 CEO 更换前后的大清洗行为，研究家族企业 CEO 更换年份附近与其他企业不同的特征以及不同类型的权力交接与利他主义的关系。

【研究设计】

一、研究假设

家族企业主更有动机帮助接班人顺利接手家族企业。受中国传统的家文化影响，单向的亲代利他主义倾向更为严重 。因此，家族企业的“大清洗”可能由离任 CEO 完成，以便为继任 CEO 调节未来利润制造“秘密储备”，帮助继任 CEO 树立领导权威，赢得投资者信心。据此，提出以下假设：

H1：家族企业 CEO 更换过程中存在利他主义行为，体现为离任 CEO 在离任前通过多计提资产减值准备的方式为继任 CEO 制造“秘密储备”。

家族企业的 CEO 更换可以划分为 4 种类型：家族成员内部传递、家族成员传职业经理人、职业经理人传家族成员和职业经理人传职业经理人。父辈离任者不惜牺牲个人利益为后辈继任者的未来业绩制造“秘密储备”；当权力交接给职业经理人时，父辈离任者的这种利他主义行为是有保留的；职业经理人传家族成员时，可能会受家族大股东的压力或董事会的授意影响；职业经理人传职业经理人时，双方都没有动机实施利他主义行为。因此，提出以下假设：

H2：不同类型的权力交接中利他主义行为的程度不同，最明显的是家族内部成员代际交接，最不明显的是职业经理人传职业经理人。

二、实证模型

（1）采用 Heckman（1979）提出的两阶段模型。第一阶段为是否发生 CEO 更换的 Probit 模型：

$$\begin{aligned} \text{CEOTOV} = {} & \alpha_0 + \alpha_1\text{ROE} + \alpha_2\text{ROE}_{t-1} + \alpha_3\text{Loss}_{t-1} + \alpha_4\text{Restate} + \\ & \alpha_5\text{Age} + \alpha_6\text{Tenure} + \alpha_7\text{Dual} + \alpha_8\text{Mshare} + \alpha_9\text{FCEO} + \\ & \alpha_{10}\text{Change} + \alpha_{11}\text{CR1} + \alpha_{12}\text{Size} + \alpha_{13}\text{Lev} + \alpha_{14}\text{MTB} + \\ & \text{IND} + \text{Year} + \varepsilon \end{aligned} \tag{1}$$

CEO 更换（本文定义的 CEO 更换不包括董事长更换，除非董事长兼任总经理）是指 CEO 在当年发生变更，发生了取 1，未发生则取 0；并且 CEO 更换当年定义为 $t=0$。

模型（1）用以识别家族企业 CEO 更换的影响因素。主要的解释变量包括 5 个方面：①公司业绩：当年业绩（ROE）、上年业绩（ROE_{t-1}）和上年是否亏损（Loss_{t-1}）；②盈余管理：是否发生财务报表重述（Restate）；③CEO 个人特征：年龄（Age）、任期（Tenure）、两职合一（Dual）、持股比例（Mshare）和是否为家族成员（FCEO）；④控制人特征：实际控制人是否发生改变（Change）和股权集中度（CR1）；⑤公司特征：规模（Size）、财务杠杆

(Lev) 和成长性 (MTB)。

(2) 第二阶段为 CEO 更换对"大清洗"的回归模型。继任 CEO 倾向于在继任初期进行向下的盈余管理，也被称为"大清洗"或"洗大澡"，如大额计提减值准备、冲销不良资产、提前确认费用等，既是为了推卸责任，将亏损归罪于前任 CEO，也是为了给未来年度盈利拓展空间，创造"秘密储备"来调节利润。本文选取资产减值作为大清洗的衡量指标，原因在于资产减值相较于其他指标而言更为隐蔽，收益期更长。

$$WD = \beta_0 + \beta_1 CEOTOV + \beta_2 \lambda + \beta_3 CEOTOV \times \lambda + \beta_4 Big10 + \beta_5 Big10 \times CEOTOV + \beta_6 WD_{t-1} + \beta_7 Loss + \beta_8 NK + \beta_9 WL + \beta_{10} Smooth + \beta_{11} NAS + \beta_{12} Size + \beta_{13} Lev + \beta_{14} MTB + IND + Year + \varepsilon \quad (2)$$

在模型 (2) 中纳入 Inverse Mill's Ratio (λ) 意味着把样本自选择偏误视为遗漏变量问题，λ 即为被遗漏的变量。如果回归系数 β_2 显著不为 0，表示选择阶段和结果阶段的误差是相关的，证实了样本自选择偏误的存在。同时，我们在模型中加入了 λ 与 CEOTOV 的交乘项，目的在于允许 λ 在 CEO 更换组和 CEO 非更换组之间存在差异。

资产减值 WD 的计算公式如下：WD= (当期资产减值准备增加额-当期资产减值准备转回或转销额) /期初总资产。

扭亏 NK 表示公司上一年亏损本年度盈利时取 1，否则取 0；平滑利润 Smooth 表示当 NK = 0 且减值前净利润/期初总资产大于该变量的 3/4 分位数，等于减值前净利润/期初总资产，否则为 0；NAS 表示新会计准则，2007 年及之后年度取 1，否则取 0。

三、数据来源

本文选取 2004—2013 年沪深两市上市家族企业为样本。家族企业控制权信息通过查阅上市公司年报整理而得，CEO 更换数据和财务数据来源于 CSMAR。依照下列规则处理：①剔除了金融类上市公司，因为该行业适用的会计准则与其他行业不同；②剔除了当年新上市公司，因为变量计算需要上年的财务数据；③剔除了当年退市和股东权益为负的公司，这类公司被视为异常值；④剔除了无法判定 CEO 更换类型和财务数据缺失的公司。最终得到有效样本 4308 个。

四、稳健性检验

(1) 区分可转回资产减值和不可转回资产减值，本文进一步按照财务报表附注中披露的减值项目明细将资产减值区分为可转回部分和不可转回部分，支持了本文利他主义与不同类型权力交接关系的假设。

（2）使用可操纵应计项目衡量大清洗，操纵应计项目也是管理者进行大清洗的手段之一，操纵风险较大，相对而言计提大额资产减值准备符合会计稳健性的要求，为了避免应计项目大清洗对本文结论的影响，我们进一步检验了家族企业 CEO 更换年份附近的应计项目盈余管理，结果依然稳健。

（3）使用替代性方法衡量资产减值，本文进一步基于利润表中确认的资产减值损失来衡量资产减值，具体计算方法为当期资产减值损失除以利润总额，结果支持本文假设。

（4）使用替代性方法衡量 CEO 更换，为了严格界定 CEO 更换，本文进一步将样本限定于总经理和董事长同时发生变更的公司，发现了更为显著的结果，支持本文假设。

【主要结论】

研究结果发现在利他主义的驱动下，家族企业 CEO 更换年份附近的大清洗行为呈现出与其他企业不同的特征。具体而言：

（1）一般企业往往选择在 CEO 更换当年进行大清洗；

（2）家族企业的大清洗却主要发生在 CEO 更换的前两年，通过多计提资产减值来实现，体现了家族企业权力交接期的利他主义行为；

（3）家族内部成员权力交接时，家族 CEO 的利他主义行为最为明显，其次是职业经理人传家族成员；

（4）家族成员传职业经理人和职业经理人传职业经理人时，主要体现为继任 CEO 在更换当年的大清洗行为。

【主要贡献】

（1）拓展了家族企业的研究。本文通过研究 CEO 更换年份附近的大清洗行为验证了家族企业权力交接期存在利他主义，为当下实务界和学术界普遍关注的家族企业权力交接问题，提供了新的研究思路和视角。

（2）补充了 CEO 更换与盈余管理的相关文献。本文基于家族企业的研究发现，在利他主义的驱动下，家族企业的离任 CEO 倾向于在离任前通过多提资产减值的方式为继任 CEO 制造“秘密储备”。

（3）本文基于家族上市公司 CEO 更换与资产减值的研究，有助于资本市场投资者理解和认识家族企业权力交接期的利他主义动机和大清洗行为。

【前沿跟踪】

现有文献主要从利他主义等角度研究家族企业代际传承中行为的动机，从创新能力角度研究代际传承的影响，具体而言：

一、利他主义

胡宁（2016）[1]从差序格局角度研究发现：创一代离任前一期公司应计和真实盈余管理的负向程度随着继任者与离任创一代关系强度的提升而提升，并且在真实盈余管理过程中主要通过研发广告等费用性操控手段进行盈余管理；而在履新当期，受益于离任创一代的前期利他主义行为，新任董事长并没有进行过激的负向盈余管理。贺小刚等（2016）[2]提出了有限利他主义，并通过上市家族企业数据得出了自我雇佣的家族成员并不会简单地采取纯粹利他主义行为，而是有限利他的相对理性行为这一结论。

二、创新能力

汪祥耀等（2016）[3]将家族企业传承进程分为参与管理、共同管理和接收管理三个阶段，研究传承进程的不同阶段推动还是抑制了家族企业创新，结果发现家族企业代际传承会导致企业创新活动的减少。赵晶和孟维烜（2016）[4]研究发现代际传承要求继承人具备多种合法性基础，而代际差异往往使继承人处于合法性劣势地位，导致继承人产生强烈的“速胜”动机，影响企业创新水平，而增强继承人社会资本、缩小社会资本代际差异则有利于降低代际传承对企业创新的负面影响。

【参考文献】

[1] 胡宁．家族企业创一代离任过程中利他主义行为研究——基于差序格局理论视角［J］．南开管理评论，2016，19（6）．

[2] 贺小刚，李婧，张远飞，连燕玲．创业家族的共同治理有效还是无效？——基于中国家族上市公司的实证研究［J］．管理评论，2016，28（6）．

[3] 汪祥耀，金一禾，毕祎．家族企业代际传承推动还是抑制了创新［J］．商业经济与管理，2016（12）．

[4] 赵晶，孟维烜．继承人社会资本对代际传承中企业创新的影响［J］．中国人民大学学报，2016，30（3）．

（作者：陈旖晴）

述评：家族控制、风险投资和企业 R&D 投资

论文原作者：唐清泉　黎文飞　蔡贵龙

期刊：《证券市场导报》2015 年第 1 期

【原文摘要】

本文以 2007—2012 年 A 股上市家族企业为样本，研究风险投资对家族控制企业 R&D 投资机制的影响。研究发现，家族控制的风险规避行为抑制了企业的 R&D 投资；有风投背景的家族企业能显著地增加 R&D 投资，并对家族控制权与 R&D 投资关系产生调节作用，但这种调节的有效性只在家族控制权较低的企业才成立。进一步研究发现，不同特征的风投对家族控制企业的 R&D 投资产生的影响不同。风投声誉越高和持股比例越多，对家族控制权与 R&D 的调节作用越强；国有风投和本地风投对家族控制权与 R&D 的调节作用更强，而联合风投与独立风投没有显著差别。

【问题导入】

在我国民营上市公司中，家族企业占据了半壁江山。然而，根据 2011 年首份《中国家族企业发展报告》，我国多数家族企业创新能力不足，研发活动尚不活跃，制约了家族企业的持续发展。R&D 投资是企业创新的原料和基础，如果家族企业不进行 R&D 投资，可持续发展就成为无源之水。因此，摆在面前的一个问题就是，如何才能增加家族企业 R&D 投资，促进家族企业的创新？我国对风投是否能够以及如何促进企业创新的研究远远滞后于国家政策需求和现实实践。因此，我们急需研究家族企业的 R&D 投资机制，以揭示家族控制企业对 R&D 投资的风险偏好；如果 R&D 投资不足，是否有其他力量，比如风险投资来驱动或改变这种状态。

具体说来，理论研究需要回答以下几个问题：①是什么抑制了家族企业的 R&D 投资；②家族企业 IPO 后尚未退出的风投是否能促进 R&D 投资？③风投影响 R&D 投资的机制是什么？④不同特征风投的作用有何差异？

【研究设计】

一、理论分析与研究假设

1. 家族控制与企业 R&D 投资偏好

理论上，家族控制与 R&D 投资偏好的关系存在两面性。

一方面，家族控制有利于增加 R&D 的投资。由于家族企业的所有者通常又是管理者，所有者和管理者利益的一致性可以缓解进行长期投资（比如 R&D）过程中的代理问题。管家理论的利他主义认为，家族企业管理者对自己的家族企业有更强的心理归属感和成就感，家族企业家具有长远的投资视野，而不局限于短期收益。

另一方面，家族控制也可能抑制 R&D 投资。首先，家族管理者可能不具有管理企业上市后进一步发展的知识技能，不利于企业的长远发展战略决策；其次，晋升锦标赛机制的缺失抑制了非家族员工努力工作的积极性；最后，家族企业继任的排他性，职位上升的限制等原因，导致招聘和留住高技能人才方面存在一定的困难。同时，家族内部冲突会影响企业经营的稳定性；家族成员可能为了自己的私利掏空上市公司，进行创新投资的活动将减少。

虽然理论上存在家族控制与 R&D 投资偏好的对立假说，但已有实证研究表明，家族企业更多的是风险规避者。因此作者提出假设：

H1：在其他条件一定的情况下，家族控制权与 R&D 投资负相关。

2. 风险投资对家族控制企业 R&D 投资的影响

风投和被投资家族企业的合作，可以为家族企业提供金融资源、智力资本和社会关系等方面的帮助，对企业的研发创新行为起到重要的推动作用。因此作者提出假设：

H2：在其他条件一定的情况下，有风投背景的家族企业加大了 R&D 投资。

作者认为，当家族控制权大于一定比例的时候，家族势力控制、主导着企业的投资决策，而家族决策的治理机制和家族成员的知识局限性，使得家族企业 R&D 投入的动力不足。此时，风投委派到家族企业的董事很难在董事会上有所作为，主要起到的是价值保护作用。

但当家族控制权低于某一临界值时，风投在董事会任职和拥有的投票权可能对企业的决策起到重要的作用，在必要的时候甚至可以解雇或更换家族高管成员。在这种情况下，风投有动力和能力为家族企业提供更多的增值服务，完善公司的治理结构，促进家族企业增加 R&D 的投资。此时，风投起到价值创造的作用。因此作者提出假设：

H3：在其他条件一定的情况下，风投只对低家族控制权与 R&D 投资的关系产生调节作用。

二、模型设定

为验证各假设，本文采用多元线性回归模型。其中模型 1 用于检验假设 H1，模型 2 用于检验假设 H2，模型 3 用于检验假设 H3，变量的定义见表 1。

$$R\&D = \alpha_0 + \alpha_1 Family + \alpha_2 Roa + \alpha_3 Size + \alpha_4 Cashflow + \alpha_5 Debt + \alpha_6 Age + \alpha_7 Tobin's\ q + \alpha_8 Hightech + \alpha_9 Year + \xi \quad (1)$$

$$R\&D = \alpha_0 + \alpha_1 Family + \alpha_2 VC + \alpha_3 Roa + \alpha_4 Size + \alpha_5 Cashflow + \alpha_6 Debt + \alpha_7 Age + \alpha_8 Tobin's\ q + \alpha_9 Hightech + \alpha_{10} Year + \xi \quad (2)$$

$$R\&D = \alpha_0 + \alpha_1 Family + \alpha_2 VC + \alpha_3 Family \times VC + \alpha_4 Roa + \alpha_5 Size + \alpha_6 Cashflow + \alpha_7 Debt + \alpha_8 Age + \alpha_9 Tobin's\ q + \alpha_{10} Hightech + \alpha_1 Year + \xi \quad (3)$$

表 1　　**变 量 定 义**

变量类型	变量名称	变量符号	变量描述
因变量	研发投资	R&D	研发支出/营业收入
	风险投资	Vcdum	十大股东有风投为 1，无为 0
		Vchold	风投持股比例
解释变量	风投类型	Reputation	2007 年度被清科评为前 50 最佳风投为 1，无为 0
		Soe	国有风投为 1，非国有风投为 0
		Syndicate	联合风投为 1，独立风头为 0
		Location	本地风投为 1，异地风投为 0
	家族控制权	Family	家族对上市公司的控制权比例
		Famdum	家族控制高于中位数为 1，低于为 0
控制变量	盈利能力	Roa	本期总资产/上期总资产
	企业规模	Size	总资产的自然对数
	资产负债比率	Debt	总资产/总负债
	成长性	Tobin's *q*	市场价值/期末总资产
	现金流	Cash flow	（企业当期未分配利润+当前固定资产折旧+当期无形资产摊销+当期长期待摊费用的摊销-当期所分配股利、利润和偿付利息所支付的现金）/年初总资产
	企业年龄	Age	1+企业成立时间的自然对数
	高科技行业	Hightech	高科技企业为 1，非高科技企业为
	年度变量	Year	0 处于当年为 1，其余为 0

三、回归结果

模型 1 的回归结果显示，家族控制权（Family）与 R&D 投资显著负相关，且在 1%水平上显著。这说明，家族控制企业对 R&D 投资产生抑制作用，假设 1 得到验证。

模型 2 的回归结果显示，无论是用风投的虚拟变量还是风投持股，风投与家族企业的 R&D 投资都显著正相关，且在 1% 水平上显著，这说明风险投资提供增值服务对家族企业的 R&D 投资产生了显著的促进作用，而且风投持股越多，作用越显著，假设 2 得到了验证。

模型 3 的回归结果显示，在家族控制企业的全样本中，家族控制权与风投的交叉乘积项（Family×Vcdum）不显著，说明风投对家族控制企业 R&D 的投资影响力是非常有限的。作者进一步以中位数为界，将样本分为家族控制强组和家族控制弱组两个组分别进行回归。回归结果显示，在高家族控制组中交叉项（Family×Vcdum）不显著，说明在家族控制权很强时，风投不能调节家族控制权与 R&D 投资的关系。在家族控制低组中，交叉项在 10% 的水平上显著为正。说明在家族控制权相对较低时，风投调节了家族控制权与 R&D 投资的关系，缓解了家族控制对 R&D 的负向关系，假设 3 得到验证。综上，在家族控制权相对较低时，风投不仅能抑制家族控制权对 R&D 投资产生的不利影响，而且总体上促进了家族企业的 R&D 投资。作者还在全样本的回归中加入交叉项（Family×Vcdum×Famdum），结果显示系数为负，这同样证明了假设 3。

四、稳健性检验

1. 风投特征的影响

不同特征的风投，可能对家族控制企业的影响和发挥作用的程度不同。前文已指出，只有低家族控制组才对 R&D 投资有调节作用，因此作者仅对低家族控制组根据不同特征分别进行回归。回归结果显示，声誉越高、风投持股比例越多，对家族控制权与 R&D 投资的调节作用越强；国有风投和本地风投对家族控制权与 R&D 投资的调节作用更强，而是否联合风投则没有显著差异。

2. 稳健性分析

为了控制一般机构投资者也可能对 R&D 投资产生的影响，作者加入机构投资者变量进行控制，主要结果不变。用滞后一期的盈利能力重复上述过程，主要变量结果仍然一致。此外，作者剔除主板上市的样本，重新对样本进行回归，结果仍然不变。为检验样本是否存在自选择偏差问题，作者进行了 Heckman 二阶段回归。结果显示，逆米尔斯比率系数显著，且模型的主要解释变量结果保持不变。

五、数据来源

本文以 2007—2012 年在沪深交易所上市的制造业和信息技术业家族企业为样本，判断标准为：①最终控制人可追溯到个人或家族；②最终控制人必须是其直接或间接持股上市公司的第一大股东的 A 股上市公司。作者对样本进一步进行了筛选：①剔除个人或家族对上市公司的控制权小于 10%的样本，剔除实际控制人为两个或两个以上非家族成员平均持股的样本；②剔除 R&D 数据缺失和财务数据缺失的样本。最后本文筛选出 1648 个年度观测值。

家族控制权、风投，R&D 数据为手工收集。家族控制权的计算方法参照 Porta R.，等（1999）[1]。由于 R&D 非正态，参照 Chen 和 Hsu（2009）[2]的方法，对 R&D 进行 Box-Cox 变换。

风投样本的收集遵循以下标准：①在公司年报的十大股东中，名称为“风险投资”、“创业投资”、“创业资本投资”默认为风投；②十大股东公司名称中含有如“高科技投资”、“产业投资”、“创新投资”、“科技投资”、“投资管理”和“高新投资”等字样的则通过百度进一步确定，如果其主营业务为创业投资、风险投资则认为是风投。同时作者通过《中国风险投资年鉴》、清科《中国创业投资暨私募股权投资机构名录 1000》等多方面进行确认，尽量确保数据的准确性。其他财务指标源于 CSMAR。

【主要结论】

本文利用 2007—2012 年沪深交易所 IPO 及上市后的家族企业数据，考察了风投对我国家族企业 R&D 投资机制的影响，得到如下结论：

（1）家族控制权对 R&D 投资有抑制作用。这表明，中国的家族控制人凭借控制权做出保守的投资决策，是风险规避的保守者。

（2）有风投背景的家族企业能显著地提升 R&D 投资。原因是风投提供的金融资源、专业知识和监督管理等对家族企业的 R&D 投资产生了显著的促进作用，从而有利于增强家族企业的创新能力。

（3）风投只对低家族控制权与 R&D 投资产生调节作用。这表明，在家族控制势力很强时，风投没有足够的能力去影响家族企业的强势控制和对 R&D 投资的风险偏好。

【主要贡献】

本文结论的启示如下：

第一，由于家族企业的风险规避性，在独立董事还不能发挥较好的治理功能，也不能促进企业的 R&D 投资的情况下，风投作为外部投资者对家族企业的研发创新具有重要的促进作用。

第二，风投调节家族控制权与 R&D 投资的关系不是无条件的，如果家族控制权比例过高，风投即使参股家族企业，也不能影响董事会的决策，增强企业研发创新的动力。因此，家族企业要保持一个适度的控制权比例，才能有利于风投发挥治理作用。

第三，不同类型的风投在 IPO 之后继续留在企业和 IPO 之前有不同的动机和作用。这提醒我们注意，风投的动机和治理行为在不同的情景下会发生变化。

【前沿跟踪】

风险投资与技术创新之间的关系受到了越来越多的关注[3]，学者们就“风险投资是否能促进技术创新”这一命题进行了多方面的研究。

一、风投是否能直接促进创新

金永红和蒋宇思等（2016）[4]运用中国创业板上市公司数据，研究发现有 VC 持股的公司，其创新投入水平要显著地高于没有 VC 持股的公司，且 VC 持股比例与公司的创新投入水平成正相关关系。陈思等（2017）[5]研究发现：VC 的进入促进了被投企业创新，表现为专利申请数量的显著增长，外资背景的 VC 和多家 VC 联合投资对被投企业创新活动的促进作用更强；且 VC 投资期限越长，对创新的促进作用越强。

杨胜刚和张一帆（2017）[6]研究发现：①风险投资的持股背景并不能影响企业的创新投入与产出；②风险投资持续地持股会使企业的研发投入增加，研发效率提升；③风险投资持股时间越长，企业的创新产出越高；④与普通风险投资相比，有声誉的风险投资对企业创新的促进效果更明显。

吴涛和赵增耀（2016）[7]研究发现，风险投资参与能够显著提升创业板上市公司创新绩效，其作用主要是通过促进风险企业提高研发强度和商业运营能力实现的。实证分析结果还显示，风险投资对创业板上市公司非发明专利数量的提升作用显著，而对发明专利数量的增加无显著影响，这表明风险投资对风险企业技术创新的影响具有一定的局限性。

邓超和刘亦涵（2016）[8]以 2009—2014 年中国创业板上市企业为研究样本，研究发现，无论从研发创新资源（研发投入强度、研发人员占比）还是研发创新成果（授权专利数）角度，风投机构行业专业化投资强度对目标企业研发创新能力都具有显著正向影响。进一步研究发现，风投机构行业专业化投资强度与目标企业研发创新成果呈倒“U”形关系。

邹双和成力为（2017）[9]以2009—2012年创业板制造业企业为例，采用倾向得分匹配法研究发现：上市前第1年进入企业的风险投资对企业创新绩效的促进作用不显著，上市前第2年进入企业的风险投资能够显著持续地促进企业创新绩效；上市前第2年进入企业的风险投资对渐进式创新绩效的促进作用大于对突破式创新绩效的促进作用。

赵先进和李雪（2016）[10]基于1997—2010年我国七大战略性新兴产业中的240家上市公司数据研究发现：风险投资数量、风险投资的早期进入都能显著提高企业的技术创新绩效。

二、风投与其他因素对于创新的共同作用

赵毅等（2016）[11]研究发现：外部风险投资持股在企业上市后仍是影响企业创新投入的重要因素；外部风险投资持股比例的不断提高将会显著改善CEO由于弱权而造成的企业创新投入水平较低的问题，但对强权型CEO与企业创新投入活动之间的关系不具有显著的调节作用。

综上，可以看出目前研究总体肯定了风险投资对技术创新的促进作用，但这个正向效应受到持股时间、持股比例、风险机构声誉等多种因素的影响，其中最关键的是风投是否能够通过发挥其增值服务的作用促进创新。

【参考文献】

[1] Porta R., Lopez-DE-Silanes F., Shleifer A. Corporate Ownership Around the World [J]. Journal of Finance, 1999, 54 (2): 471-517.

[2] Chen H. L., Hsu W. T. Family Ownership, Board Independence, and R&D Investment [J]. Family Business Review, 2009, 22 (4): 347-362.

[3] 谢雅萍，宋超俐．风险投资与技术创新关系研究现状探析与未来展望［J］．外国经济与管理，2017，39（2）：47-59.

[4] 金永红，蒋宇思，奚玉芹．风险投资参与、创新投入与企业价值增值［J］．科研管理，2016，37（9）：59-67.

[5] 陈思，何文龙，张然．风险投资与企业创新：影响和潜在机制［J］．管理世界，2017（1）：158-169.

[6] 杨胜刚，张一帆．风险投资对企业创新的影响——基于中小板和创业板的研究［J］．经济经纬，2017（2）：147-152.

[7] 吴涛，赵增耀．风险投资对创业板上市公司技术创新影响的实证研究［J］．科技管理研究，2016，30（14）：27-33.

[8] 邓超，刘亦涵．风投机构行业专业化投资强度对企业创新能力的影响［J］．科技进步与对策，2017，34（5）：80-85.
[9] 邹双，成力为．风险投资进入对企业创新绩效的影响——基于创业板制造业企业的 PSM 检验［J］．科学学与科学技术管理，2017（2）：68-76.
[10] 赵先进，李雪．风险投资、研发资本与战略性新兴产业的技术创新［J］．科技管理研究，2016，36（13）：90-95.
[11] 赵毅，戚安邦，乔朋华．强权 CEO 能更好地利用风险投资进行创新吗？［J］．科学学与科学技术管理，2016，37（9）：155-168.

（作者：吴泳涛）

调研访谈

拜访美国东部著名高校二十日调研报告

顾露露* 左 瑞**

经过半个多月的多方联系和周密计划，2017 年 7 月 25 日—8 月 14 日，我们动身前往美国东部地区开展对于当地八所著名高校的调研。本次调研主要目的有两个：一个是感受美国东部名校校园校貌以及校园文化，另一个是学习当地名校经管专业、学科的教育教学理念、经管类专业本科课程设置和博硕士研究生申请相关细节，并对比国内高校当前的做法，希望能得到一些更直观的感受，对国内高校经管专业的教育教学现状提出一点针对性的意见和建议。

本次拜访的八个高校包括哈佛大学、麻省理工学院、波士顿学院、耶鲁大学、哥伦比亚大学、纽约大学、杜克大学和北卡罗来纳大学教堂山分校。路线是从北卡罗来纳科技三角区的两个高校（杜克大学和北卡罗来纳大学教堂山分校）开始，途经纽约，拜访哥伦比亚大学和纽约大学，然后继续北上，经过纽黑文拜访耶鲁大学，最后到达波士顿，拜访哈佛大学、麻省理工学院和波士顿学院。

一、校园产业与门禁制度

本次调研的总体感受是美国东部名校都有非常深厚的校园文化底蕴和各具特色的人才培养诉求。如地处波士顿的哈佛大学和麻省理工学院和地处纽黑文的耶鲁大学都有自己的博物馆，哈佛大学和耶鲁大学还分为艺术博物馆和自然科学博物馆。各校的博物馆各具特色，哈佛大学和耶鲁大学博物馆有来自全球各大洲的藏品，价值连城，充分体现了两个学校的国际视野和经济实力；而麻省理工学院的博物馆主要陈列的是高新技术发明作品。陈列品中不仅有成名教授团队的高新技术发明，还有名不见经传的学生们的创意作品，充分体现了活

---

* 中南财经政法大学金融学院副教授、博士生导师、文澜青年学者。

** 美国北卡罗来纳大学教堂山分校商学院本科生。

泼开放、鼓励创新的浓厚氛围；各大名校的图书馆都是校园中最精美的标志建筑物，耶鲁大学和杜克大学还有专门的珍本和手抄书图书馆，藏书价值不菲。与以中规中矩的古建筑为特色的其他七大高校不同，以理工见长的麻省理工学院的校园建筑个性张扬，现代感十足。哥伦比亚大学在曼哈顿岛上城区，地处闹市，建筑中西合璧。历时几百年的老图书馆、教育学院等建筑和现代感十足的化学大楼和物理大楼相映成趣；纽约大学则是全开放式，没有自己单独的校区。学校的建筑散落在纽约曼哈顿岛的下城区，学校的大楼以插一面紫色的校旗与其他城市建筑相区别；以体育见长的杜克大学和北卡罗来纳大学教堂山分校的体育场馆建筑令人影响深刻。

美国东部各大名校的校园都是对公众开放的。但是各大高校各学院也因地制宜地制定了自己的门禁制度。比如耶鲁大学和杜克大学的图书馆都对公众开放，只要不打扰老师的工作和学习的学生，还可以拍照；但是哈佛大学的图书馆只有本校的师生持 ID 才可进入；如前所述，纽约大学是全开放式校园。但是我们去拜访商学院教授的时候，发现商学院大楼（STERN BUILDING）并不对外开放，只有自己的员工和预约的拜访者持个人 ID 经保安检查才准许入内；耶鲁大学的经济学院、管理学院等大楼有严格的门禁制度，但是麻省理工学院的斯隆商学院、杜克大学的商学院、社科学院却都很开放，外人可以直接进入参观；波士顿学院的 Maloney Hall 综合大楼也是对外开放的。在参访哥伦比亚大学的时候，我们进入化学大楼二楼咖啡厅拜见老师没有人阻拦，但是当我们想进教育学院大楼参观的时候（听说胡适和陶行知曾经在教育学院学习过），却被门口的女保安们义正词严地拒绝了。

二、宗教信仰和校园文化

作为国际化程度很高的美国名校，其校园文化的包容性和多元化是重要特征之一。所以对一线的教学科研人员在课堂上的言论也是有要求和限制的，特别是相关政治、种族和文化等敏感性的话题。教师在课堂上选择谨慎和中立的言论才是妥当的。因为课堂上教师的倾向性语言可能会被国际生或者不同种族或宗教信仰不同的学生们理解为歧视，造成不必要的麻烦。如我们见到的一个讲授爵士乐课程的老师（一个有趣的美国老头）也只有在多媒体出故障，请同学们在咖啡厅喝咖啡的时候才会和个别同学私下讨论一些政治相关的话题。

在我们所参访的几个大学集聚的城市，如波士顿、纽约和教堂山等，各式装饰庄严华丽的教堂密布，充分体现了美国是一个很重视宗教信仰的国家。基督教徒都有周日去教堂做礼拜的习惯，因此教堂也是人们沟通交流和社区活动的重要场所和载体。但是据说美国的公立高校是不允许有宗教倾向的，而这一点对于私立学校没有约束。究其原因是公立高校受各级政府资助，代表着广大纳税人的利益和诉求，不应因为宗教信仰的偏向，形成有意或者无意的歧视；而私立高校则对学校捐资人负责，因此所受宗教信仰的约束较小。教堂山各类基督教的教堂林立。北卡罗来纳大学教堂山分校被教堂环绕，但是却没有自己的教堂；杜克大学却有自己历史悠久，建筑独具特色的杜克教堂。究其原因，北卡罗来纳大学教堂山分校是公立大学，而杜克大学是私立大学。

美国公立大学对州内学生收费低廉，因而成为州内家境普通的学子们的首选。许多美国本地学生往往更关注高等教育投资的回报问题，对于高校的排名却没有那么关注。他们会因为名校不提供奖学金而去选择非名校。这一点可能让许多排名至上的中国学生和家长不解。公立高校北卡罗来纳大学教堂山分校本州内学生居多，对国际生而言也是性价比最高的美国高校之一。北卡罗来纳大学教堂山分校的不同学院由于受捐赠情况不同，财力参差不齐。强势学科如医学、生化、商学等学院大楼装潢豪华，科研、教学设施先进、高端；而部分人文类学科，如哲学，虽然学科在全美排名非常领先，但是直观感觉教学楼就朴实许多。

而另外七所私立高校学费不菲，资金实力雄厚。如杜克大学的校园建在一片森林里，还有占地面积很大，以不同国家特色命名的杜克花园。其中中校区以杜克教堂为代表的校园校舍古典霸气，不少建筑物上的雕塑精美绝伦，历史感和传承的贵族气息浓厚。珍本和手稿图书馆的馆藏丰富（我们还在其中发现了中国针灸技术的相关藏品和描述）。而西校区各学院建筑现代感很强，教学、科研设施完善。如法学院的大楼高端大气、上档次，令我们印象深刻。美国私立高校收费虽不断在提高，但是近年来亚裔学生的占比还在不断提高。我们在杜克大学商学院学生中心（FOX STUDENT CENTER）看到的亚裔面孔比例远远高过位于同一地区的北卡罗来纳大学教堂山分校，这也从一个侧面看出亚洲国家的经济实力在不断提升。

三、美国高等教育与主流价值观

众所周知美国的主流价值观是自由和平等，其主流文化的特点在于包容和多元化民族融合。在纽约参观自由女神像的时候，每位参观者拿到的语音解说版本中都会解释自由女神像的来历及其所代表的自由、平等理念；开往自由女神像的轮渡还会专门有一站，停靠在一个陈列美国移民历史博物馆的小岛上。这个博物馆里展示着两百年前美国的移民历史，用一个个普通人的故事和设计的互动小环节讲述美国移民先辈艰难创业、用勤劳的双手以及聪明才智建立起今日强大美国的过程。回程的轮渡上语音解说员还会归纳总结，主旨是号召美国人对主流价值观的推崇和维护，宣扬美国的爱国主义精神。无独有偶，在波士顿游历期间，我们参观了波士顿茶党博物馆，主要记录美国独立战争的导火索——波士顿倾茶事件的来龙去脉。其表现形式是让每个参与者作为倾茶事件的当事人参与集会，表达对殖民当局的愤怒并巧妙绕过船上的武装力量，亲自动手捣毁英国殖民统治者倾销的茶叶，之后通过秘密通道逃跑的过程。尽管表现形式更活泼，但是其对于爱国主义教育以及核心价值观——独立、自由和平等的宣扬和教育都是类似的。

美国的高等教育，特别是顶级高校的精英教育中，对于追求真理和自由等理念的宣扬和倡导也是不遗余力的。如不少顶尖高校校训都是以自由、平等、真理、光明为主题。如哈佛大学的校训——真理；耶鲁大学的校训——光明与真理；斯坦福大学的校训——让自由之风劲吹；哥伦比亚大学——因你就是那生命之源，借着你的光我们得见光明；霍普金斯大学的校训——真理必叫你们得以自由；北卡罗来纳大学教堂山分校的校训——光明与自由等等。

即便如此，这种自由、平等、开放和融合的理念在精英教育中却不见得能完全兑现。首先，美国高校的隐性等级制度是存在的。排名在一个层次的高校院系以及研究者之间的沟通和联系是受欢迎，也是较充分的；被认为不在一个层面上的院系和学者之间的沟通会减少；排名差距很大的学校之间沟通就会有障碍；再者从专业细分上来看，不同高校之间的优势专业和研究领域各不相同。专业越细分所导致的信息不对称越严重，在不同细分领域学者之间的沟通频率就会下降。众所周知，不同专业领域的交叉融合是学术创新的重要思路，但是客观现实是细分专业学术圈的形成减少了相关专业领域之间专家的沟通合作。如在常人看来经济学和金融学应该是相关度非常高的两个学科。在中国的学科分类中，金融学是隶属于应用经济学下的二级学科。但是在研究领域经济学和金融学却分属于不同学术圈，两个学术圈之间的话语体系存在着很大不同，研究范式、角度也有较大差异。美国高校中的金融学和会计学多隶属于商科范畴，而经济学则作为基础学科存在。虽然有在两个学科交叉领域开展研究的学者，但是分属两个不同学科的学者所处的学术圈交流有限；最后不同语言体系、不同族裔的科研实力差异较大，也形成了隐性的圈子（势力范围）。经管类学科研究前沿在北美。从总体上来看全球经管类专业期刊的影响因子排名中，北美的期刊最多，影响力最大。从发文章的角度来看，个人认为北美的经管类研究学者有着先天的学术优越条件；再者期刊主编所属的国家、意识形态体系和语言文化族裔种群不同对于入选论文会有很大影响。从传统的数据来看，欧美主题，特别是美国主题的相关学术文章更容易被英文期刊所录用刊发。语言和文化的差异也会导致期刊选文的偏好。当然，随着中国经济的发展和国力增强，越来越多的国外研究者对中国问题产生兴趣，中国选题的论文近几年来在英文期刊的中选率也在逐步提高。

四、美国经管类本科课程设置特点①

早就耳闻美国的本科教育宽进严出，本科教育质量在全球范围之内颇具竞争力；也经常听说美国本科生的学习强度很大。学生普遍反映课程任务紧，作业密度大，完成作业需要查阅的背景资料多，授课教师把关严，考试检查频繁且不讲人情等等。网上还有许多帖子描述美国本科生熬夜查资料，辛苦准备课业作业和考试等，让我们感觉美国是把中国的高考学习模式引入本科教育之中。还有在美留学的学生反映美国本科教育的共性就是难找共性，无论是选课还是课外活动，学生选择的范围很广，自由度很高，对本科生的培养中更强调个性的培养而淡化集体意识培养等。

本次我们参访的美国东部八大名校以私立大学为主，包括一所公立大学。除随堂听课之外，我们访问了这几大高校的官方网站，试图通过学习和了解他们本科课程设置的特点，进一步深入了解美国本科教育和人才培养的主旨精神。我们的网站搜索结果令人惊讶：各大高校学制、毕业总学时、学分，单位课程学分以及毕业要求、绩点的设置和转换各项相关规定及表达方式五花八门，乍一看上去令人眼花缭乱，并没有统一和标准化的课程设置模板可以总结归纳。比如有的学校要求修满学分就可毕业，但是另外一些学校要求必须修满八个学期才能毕业；有的学校培养方案上是以学分来显示课程培养要求，有的以学时来体现，而另外一些学校则以课程数目来表示；有的学校课程一般都是三个学分，但是另外一些学校一门课程基本是一个学分，因此毕业要求总学分不同等等。所以我们的第一判断是各大高校在本科课程设置上的自由度很高，基本上根据自身不同的办学理念、学术优势来完成，想要总结出一个规律并不容易。

但是规律还是要总结的。因为不管是中国还是美国，本科生的课程设置培养方案都有通识教育和专业教育的部分。我们就从这两大部分的课程设置特点来谈好了。

① 本部分的资料信息均来自上述美国东部八大高校官方网站。

从我们搜集到的信息来看，八大高校对于通识课程都非常重视，而且对于通识课程需要培养的学生素质各方面写法虽有不同，但是培养理念是高度一致的。各大高校都注重学生写作能力的培养和加强，注重学生在逻辑思辨、外国语、文化多元、文学和艺术、自然科学、社会科学、全球视野等方面的培养。通识课程的学时要求一般均衡分布在这几个主要方面。如哥伦比亚大学的通识教育主要从以下 9 个方面开展，且每部分不少于 3 个学分：

1. Writing（写作）
2. Literature/Humanities（人文）
3. Foreign Language（外国语）
4. Art Humanities（人文艺术）
5. Music Humanities（音乐素养）
6. Global Core（全球视野）
7. Contemporary Civilization/Social Science（当代文明/社会科学）
8. Quantitative Reasoning（量化推理）
9. Science（自然科学）

耶鲁大学通识教育注重培养学生 6 个方面的修养或技能，每点基本上是要求修满两门课程的学分，涵盖的 6 个方面如下：

1. Area requirement in the humanities and arts（two course credits）（人文艺术，两门课程学分）
2. Area requirement in the sciences（two course credits）（自然科学，两门课程学分）
3. Area requirement in the social sciences（two course credits）（社会科学，两门课程学分）
4. Skills requirement in foreign language（at least one course, depending on preparation）（外国语，最少一门课程学分）
5. Skills requirement in quantitative reasoning（two course credits）（量化推理，两门课程学分）
6. Skills requirement in writing（two course credits）（写作，两门课程学分）

哈佛大学致力于培养学生八项修养和技能：①

1. Aesthetic and Interpretive Understanding（审美和解释性理解）
2. Culture and Belief（文化和信仰）

① 遗憾的是哈佛大学通识课程具体每个方面的课程数和学时信息没有查到。

3. Empirical and Mathematical Reasoning（实证和数学推理）

4. Ethical Reasoning（伦理推理）

5. Science of Living Systems（生命系统科学）

6. Science of the Physical Universe（天体物理科学）

7. Societies of the World（世界和社会）

8. The United States in the World（世界中的美国）

波士顿学院关注培养学生10个方面的修养和技能：

1. Arts（艺术）

2. Cultural Diversity（文化多元化）

3. History（历史）

4. Literature（文学）

5. Mathematics（数学）

6. Natural Science（自然科学）

7. Philosophy（哲学）

8. Social Science（社会科学）

9. Theology（神学）

10. Writing（写作）

如果说要找不同的话，八所学校中麻省理工学院的通识教育课程的构成最特别。因为该校所有本科生都默认拿理学士学位，因此在通识教育课程设置中理科相关课程的比重更大，而且有专门的体育课程学分要求和游泳课程学分要求。

1. Science Requirement（Chemistry, Physics, Mathematics, Biology）（自然科学，包括化学、物理、数学、生物等6个学分）

2. Humanities, Arts, and Social Sciences（HASS）Requirement; at least two of these subjects must be designated as communication-intensive（CI-H）to fulfill the Communication Requirement（人文、艺术和社会科学三门中至少两门要达到交流密集程度CI-H，8个学分）

3. Restricted Electives in Science and Technology（REST）Requirement（自然科学和技术限选，2个学分）

4. Laboratory Requirement（实验，1个学分）

5. Physical Education Requirement（Swimming requirement, plus four physical education courses）（体育，游泳加上四门体育课，8个学分）

在专业课程设置方面，各大高校的特色各异，因而差异非常明显。和国内高校的课程设置相同，同一所学校不同经济学和商科本科项目培养中还分文学士（B. A.）和理学士（B. S.）学位。各大高校的经济学学位项目通常设在文理学院或者经济学院，部分学校商学院（北卡罗来纳大学教堂山分校 kenan-flagler 商学院、纽约大学斯特恩商学院、麻省理工学院斯隆商学院和波士顿学院管理学院）有商学学士培养项目，包括金融学、会计学、管理学、计算机科学等等。纽约大学斯特恩商学院的本科商学项目细分多达十二个，给学生的选择很多。商科课程设置主要从初阶开始，然后是中阶课程，还有专业选修课程。金融相关本科商学项目的先修课程包括宏微观经济学，一般会重视数学和计量经济学课程设置比重。初阶和中阶课程之间也都有先修课程要求来体现学习的循序渐进。麻省理工学院斯隆商学院的本科商学项目通识课程学分为 25 个，专业课程学分一般为 180 个。由于有计算机和人工智能方面师资的优越性，斯隆商学院部分本科商学项目中开设了人工智能、互联网、机器人传感技术等的相关课程（如商业分析专业，BUSINESS ANALYSIS），十分有趣。

另外哈佛大学、耶鲁大学和杜克大学等几个实力雄厚的高校商学院没有提供经济学或者商科的本科培养项目。哥伦比亚大学商学院也没有单独的本科培养计划，而是和文理学院合作提供商科相关本科项目。有意思的是哈佛大学经济学院的教学大纲显示经济学本科生修商科课程建议去麻省理工学院斯隆商学院或者哈佛大学肯尼迪学院。

除此之外，八所高校都非常注意推动本科生的国际交流项目。八大高校的海外本科交换项目都很多，合作高校的档次很高，学生可自由申请心仪的海外学校进行半年到一年的交换学习。

五、美国研究生教育及其特点

我们很好奇占地面积巨大、装修精美豪华的哈佛大学和耶鲁大学商学院既然不招本科生，那么主要是在干什么？因此就访问了这两家高校的相关网站。幸运的是两大高校的相关信息基本上在网站上可以搜索到，其中我们最关心的教研人员相关信息中不仅包括本学院、机构的科研教授人员的信息，还包括在读博士生的信息，特别是马上毕业将进入就业市场的博士生的信息。我们发现哈佛大学商学院除了自己教工的科研项目之外，主要有 MBA、博士、高管进修、数字化网络教育等人才培养项目。哈佛大学商学院有八个博士项目，包括会计和管理、商业经济、健康政策管理、管理学、市场营销、运营行为学、战略、技术和运营管理学，并没有金融学博士项目。从今年进入就业市场的 12 个毕业生来看，哈佛商学院的博士项目总人数应在 60~70 人。哈佛大学采用的是多导师共同指导的培养计划，每个博士生一般有3~4个指导导师，通常1人为主，其他2~3人为辅。而耶鲁大学管理学院也是类似的情况，主要人才培养项目包括MBA \ MAM \ MMS，博士、高管进修以及联合专业培养项目。耶鲁大学管理学院的网页显示他们的博士项目目前有58人，分布在金融、会计、市场营销、运营管理和少量法律和金融双专业几个方向。其中金融学专业博士有21人，占博士项目总培养人数的36%强。今年在就业市场上的博士生有6人，而且目前已有1人被哈佛商学院聘用了。

美国的研究生教育中，硕士生和博士生教育的侧重点不同。通常经管类硕士生被作为过渡学位，主要的就业市场是实务部门；而博士生则主要是为高校和科研院所培养专业科研人才。换句话说选择博士学习，实际上是选择毕业之后到高校搞科研，即便也有部分博士生最后在实务部门就业。虽然美国的直博申请难度很大，但是和中国国内的高校相比，美国本科生直接申请硕博连读项目更多，申请的门槛更低。申请成功的博士候选人也可以在中途的课业考试阶段转成硕士项目，提前进入就业市场。个人感觉这种培养模式有其优越性。因为5年的硕博连读培养过程更加系统，在年龄相对较小的阶段进入博士项目中的学生科研潜力会更大，可塑性会更强，博士候选人的基础知识在课业考试阶段更可预期，导师和所指导的博士候选人之间也会更加了解，方便双向选择和后期的科研合作。而且硕博连读项目还能留住部分自己培养的优秀学生，形成优质生源，增强本院校的科研实力。

总之，本次赴美东部八大名校的调研收获很多，使我们对美国名校教育教学理念和方法有了一个初步的认识，对我们今后的工作和学习会有不少裨益，达到了我们预期的目的。但是鉴于我们知识面的欠缺以及时间的限制，走马观花，难免以偏概全，形成错漏。希望今后有机会通过多种方式修正补充，也希望读者同仁不吝赐教，多多指正，谢谢！

附录一　美国高校研究生申请

一、美国经管类研究生申请之意愿篇

相信对于经管类专业的同学来说，去美国读研究生（硕士/博士）是一个很热门的选择。本节主要会从自身条件和意愿两个方面来讨论研究生项目选择的问题。

两个项目都可以在本科毕业的时候就申请。博士生项目一般耗时五年，前两年主要上高阶课程，意为培养学生的基本研究技能，后三年则是寻找自己感兴趣的研究方向写论文。硕士耗时一年半到三年不等，以上课为主，一般不要求写毕业论文。在美国，硕士项目多半以就业为导向，而博士项目多半是以研究为导向的。但是，学生在念完硕士之后如果还有深造的兴趣，也可以申请博士项目，但是读博士的时间不会因为参加过硕士项目而缩短。

总体来说，倾向于业界就业的同学申请硕士项目可能会更合适。一是博士项目时间成本太高，和硕士项目之间的三年时间差足以让人从职场新人变成中低层管理人员；二是经管类的研究内容和实际操作天差地别，就算读了博士对职业生涯的帮助也十分有限。经管类硕士的学费昂贵且少有奖学金，对家庭的经济负担比较重，但是硕士项目更有弹性。因为其进可为申请博士积攒研究经验，退可为找工作增加筹码。

对于坚决想要从事研究工作的同学来说，本科毕业直接申请博士是对自己以后的职业发展更有助益的。一方面，由于研究工作需要投入大量的时间精力，一个人的职业生涯实际上是十分有限的。在这种情况下，早开始进行专业学术训练就可以多争取一两年的黄金时间，也有更大的几率出更多的成果。另一方面，这样也可以尽快减轻家里的经济负担。一般博士生都有全额奖学金，所以无需支付学费，还可以覆盖自己的个人开销，只要生活习惯不奢侈，自给自足还是没有问题的。不过本科生由于研究机会很少，而且准备博士申请材料繁多，直接申请博士难度很大。

如果确定了想读博士，各个专业博士项目的录取几率和就业方向也是很重要的考量部分。商学院博士的专业会分得很细，在申请的时候申请人就要选好自己的细分专业。比如说，想要申请××大学×××商学院的博士生项目，就需要确定自己到底是要申请会计学、金融学还是管理学的博士，相应的准备材料也会由于细分专业的不同而变化。进了商学院之后，虽然一二年级的博士生都在一起上研究生课，但是他们的研究方向已经固定了。其实商学院里也有过转细分专业的先例，不过多数人不会这么选择，因为机会成本会比较高。商学院的录取几率一般会非常低，每个项目只会在百余人的申请中选择一到两个，如果能够录取到三到四个人，就是非常大的项目了。好处是，商科博士的就业前景比较好，只要是从不太差的项目毕业之后都很有可能在学界找到终身轨迹教职（tenure-track professor），如果想去业界薪酬也十分可观。经济学的博士在申请的时候不讲究细分专业，申请人肯定会有比较偏爱的领域，但是经济学院不要求申请人在博士生项目之前就明确自己的研究领域。所以，想做发展经济学和动态理论的学生递交的申请会被送到同一个录取委员会。很多教授甚至不赞成学生在博士之前就确定自己的研究领域。申请经济学博士的好处是每个项目的录取人数会多很多，一个大一点的项目一年甚至可以录取十几人。这么做的弊端是每年市场上的博士生供应过量，所以留在学界的比例应该比商科博士要低一些，即便可以留在学界，能就职的学校的专业排名也会低一些。同学们可以根据自己的个人习惯和研究兴趣大概斟酌一下到底要申请什么门类的博士项目。

总而言之，经管类专业有意在美国申请研究生项目的同学，可以根据个人条件、志向和家庭经济状况来看自己到底是申请硕士还是博士项目。如果有意于申请博士，那么可以再进一步考量自己到底是想读商科的博士还是经济学的博士。下一节里，我们会粗略地讨论一下博硕士生申请的准备过程，希望对大家有帮助。

二、美国经管类研究生申请之材料准备篇

在上一节讨论完美国研究生培养项目的不同特点后，我们在这一节谈谈经管类研究生申请准备工作。

美国高校各学院录取委员会每年会收到几百份申请材料，然而只会录取很有限的申请人，特别是博士申请人。他们录取的都是同一种人：有研究潜力的人。研究潜力首先表现在学术水平上，其次是基础技能，最后则是希望有可信的同行对这位申请人研究潜力的认可。我们本次赴美访谈中了解到一些顶尖高

校录取委员会的专家们希望录取哪些有研究潜力的学生以及申请材料如何体现的相关信息，总结如下。一家之言，仅做参考。

标准化分数、绩点、推荐信和个人陈述是申请博硕士生项目的主要材料，有些学校可能会要求申请者附上一篇 30~40 页的写作样例（writing sample）。以哈佛商学院的要求为例：

1. Resume
2. Statement of Purpose
3. TOEFL scores
4. Current GMAT or GRE scores
5. Transcripts for all college/university degrees and courses
6. Three letters of recommendation

第一项是个人简历，这份简历需要更加侧重于突出自己的研究经历。

第二项是个人陈述部分，字数从 250 词到 750 词不等，主要陈述自己的研究背景、关注领域、研究目标和长期规划。这一部分更加需要申请者去表现一些简历里没有空间去展示的内容。如果申请者研究经历比较薄弱，录取委员会则希望他们至少显示出对于该领域的了解。针对这一部分网络上有大量的写作教程，这里也就不多作讨论。

第三项是语言标准化考试的分数。有的学校可以接受雅思分数，但是多数学校只接受托福分数，所以建议只想考雅思的同学们慎重。语言分数对于非英语母语的申请者来说，其意义是给予录取委员会一个信号：语言不会成为我学术路线上的阻碍。换言之，录取委员会一定会筛选掉分数不合格的申请者，但是分数一旦通过录取委员会的预期值，超出的分数得到的边际效益是递减的。同理，低于录取委员会预期的 GRE/GMAT 分数会让申请者直接被淘汰，但是超高分也不会有很大助益。所以有志于此的同学合理安排备考周期比较重要。

第四项是大学以来的所有成绩单，这一份资料的信息量就会比前三项大很多。从最浅层来说，成绩单可以最直接地鉴定申请者是不是一名优秀的学生。在这一层面上，绩点（GPA）更类似于前面讨论过的标准化分数。排名靠前的博士生/硕士生项目通常更多考虑绩点在 3.8/4.0（3.6/4.0）以上的学生，所以如果申请者来自以卡绩点严格著称的大学，在这一轮会有一些先天劣势。往深层一点讨论，成绩单不仅仅体现出申请者的学习能力，还可以展现出申请者掌握的研究工具（skill set）。在绩点都相同的情况下，除经济专业之外修了 6 门数学课的学生会比修了 6 门政治课的学生更加具有优势。如果申请者能够进入前几轮筛选，他们成绩单里修的科目则会被考量得更细致。比如说，这位学生有没有学线性代数和概率统计？他/她的高阶数学上的是动态系统还是拓扑学？他/她有没有编程基础？如果从成绩单可以看出来这位申请者在本科阶段或者本科以及硕士阶段打下了良好的基础，经济学/商学的研究技能已经比较完备了，那么这位申请者被录取的几率就会更大。除此之外，成绩单还和推荐信有很大的关系，这一点会在下一段细讲。

最后一项也是重中之重，三封推荐信。下面会讨论一些推荐信的隐性要求。有些录取委员会的成员会坦率承认，推荐信是他们最看重的申请材料。首先，推荐信最好要由学术工作者写。班级辅导员或者实习期间的上司写的推荐信固然可以表现出申请者的优秀，但是他们在和申请者的相处中更多感受到的是申请者的工作能力而并非学术潜力。并且由于不在学术界，他们也难以知晓学术潜力意味着哪些方面的能力。所以，有条件的申请者尽量还是要请教授甚至讲师来写推荐信。其次，写推荐信的人要真正了解申请者。有一些同学会陷入一种误区，认为越有影响力的教授写的推荐信就越有分量，于是找不太熟悉的大牌教授疯狂套磁。事实上，一封大牌教授写的泛泛之词并不能让录取委员会知道申请者具体有没有做研究的潜力。反而那些了解申请者的研究工作者写的细致、全面的推荐信显得更加可靠，因而分量更重。如果学生在某门课上表现亮眼并且找任课教授写推荐信，那么这位教授写的推荐信会十分可信。即便是套磁，也要在沟通过程中全方位地展示申请者的学术潜力。最后一点是，国内读本科的申请人可以选择参与国外的交换项目，然后在此期间找北美的学术工作者写推荐信。经管类学术界的圈子不大，所以也会很看重推荐人的身份。推荐信的质量相同的情况下，在熟悉的教授写的推荐信和不熟悉的教授写的推荐信之间，录取委员会肯定会选择前者。

由于篇幅有限，有些内容我们就不展开了。美国博硕士申请的准备道路阻且长，祝愿各位申请人都能获得理想的结果。

附录二　美国东部名校参访纪实

今天早晨踏上期待已久的赴美旅行。虽然这不是我第一次去美国，但是之前是因公出差开会，往返时间短，除去倒时差的时间，行色匆匆，没有从容感受、思考和比较的时间。即使有拜访美国高校的想法，也只是走马观花，以参观校园风光为主。对美国名校的人才培养模式，研究生、博士申请以及牛人的科研生活知之不多。而这次因私出访我可是做了功课的，还游说女儿积极参与策划，希望对美国顶尖高校有更具体的认识和了解。

我计划访问的第一站是北卡罗来纳州的名校，包括杜克大学和北卡罗来纳大学教堂山分校。据说这两个学校是著名的北卡罗来纳州高新科技三角地区的核心高校，是IT、医药、化工密集型机构和人才汇聚的地方。三角的第三家高校是北卡罗来纳州立大学。出访之前对这几家高校了解有限。几个最直观的认识：①杜克大学是美国前十高校之一，北卡罗来纳州立大学排前三十；②北卡罗来纳大学教堂山分校的著名校友之一是篮球明星乔丹；③杜克大学和北卡罗来纳大学教堂山分校都有北美大学生篮球强队。两个大学比邻而居，性状与中国的北大与清华、武大与华科类似。特别是每到篮球赛季，热闹非凡，两家高校篮球队打得难解难分；粉丝们互相对掐，场面十分火爆。然后呢？然后就没有了。

此次拜访教堂山，首先有人预约去感受一节爵士乐课程——爵士音乐会，令人期待；然后还计划去旁听一节本科的通识课程——哲学课，虽然发来的阅读材料我还没时间通读，这要是放在以前，我会觉得不可思议：一个金融学专业的学者去听这种完全不相关的课程是不是很无聊？可是越是接触北美的顶尖级本科教育，越是发现他们对于本科生的课程要求中通识课程的占比非常高。而且通识课程的选课范围极广，弹性很大。你可以去选天文、地理、史前生物、考古、中东政治、西班牙语、爵士乐、哲学等任何你感兴趣但是和你专业完全不相关的课程。可以在教授的指导下夜观星象，用远程控制的望远镜去观测远在智利的星团；或者去欧洲、亚洲或者大洋洲去做交换生，体验全球范围、规模上千人的马克思主义大会，看金发碧眼白皮肤的老外批斗资本主义，呐喊全世界无产者联合起来……

当然，和国内的课程设置相比，这种模式会不会过分挤压学生的专业学习时间？会不会影响毕业生对本专业技能的掌握而对就业产生负面影响？由于初来乍到，了解不深，个人觉得做出相应评判还为时过早，等此行结束的时候再做个初步判断吧。